당신도 명리의 고수가 될 수 있다

사 주 명 리

四柱命理
완전정복

5차원
물상
입체통변기법

사주명리 완전정복 기초완성

초 판 발 행 2019년 06월 01일
초 판 인 쇄 2019년 06월 01일

지 은 이 무공無空 김낙범
펴 낸 이 김 민 철
펴 낸 곳 문 원 북
디 자 인 정 한 얼 (haneol0426@gmail.com)
일러스트 김 유 나 (lacryma83@naver.com)
등록번호 제 4-197호
등록일자 1992년 12월 5일
주   소 서울시 마포구 토정로 222 한국출판콘텐츠센터 422
대표전화 02-2634-9846   팩 스 02-2365-9846
이 메 일 wellpine@hanmail.net
홈페이지 http://cafe.daum.net/samjai

ISBN 978-89-7461-438-6

사주명리 완전정복 시리즈 4권을 출판하고
마지막 종결편으로 5차원 물상 입체통변기법을 집필하게 되었습니다.

1권에서는 기초완성편으로 사주명리의 기초적인 지식을 기술하였고
2권에서는 용신분석편으로 격국용신, 억부용신, 전왕용신, 조후용신에 대한 이론
    과 응용을 기술하였으며
3권에서는 통변특강편으로 1권과 2권에서 습득한 지식을 활용하여 실제 사주팔자
    를 통변하는 방법을 기술하였으며
4권에서는 운세활용편으로 인생의 대운을 거치면서 성장운세와 하락운세의 시기
    를 가늠하는 방법을 기술하였습니다.
5권에서는 전문가가 응용할 수 있는 물상 통변기법으로서 필자가 터득한 5차원 물
    상 입체통변기법을 서술하였습니다.

우선 기초적인 간지물상으로서
1차원에서는 천간지지의 각 글자의 특성을 기술하였으며
2차원에서는 천간과 천간의 관계, 지지와 지지의 관계를 기술하였고
3차원에서는 60갑자의 유기적인 관계를 기술하였으며

고급적인 간지물상으로서
4차원에서는 사주팔자가 대운을 운행하는 시공간을 기술하였고
5차원에서는 대운에 의하여 변화된 사주팔자가 세운을 운행하는 시공간을 기술하
였습니다.

마지막으로 물상 입체통변기법을 활용하여 실제 통변하는 방법과 개운의 비결을
제시하였으므로 이를 참고하여 기법을 더욱 더 발전시키고 나아가 혼란스러운 삶
을 사는 사람들에게 개운의 기회를 만들어 인도하여 준다면 필자로서는 더 이상
바랄 것이 없을 것입니다.

5차원 물상 입체통변기법은 시공간을 입체적으로 바라보는 것으로

5차원의 시공간에서 4차원과 3차원의 시공간을 입체적으로 바라보면서 사주팔자와 대운 그리고 세운의 변화과정을 면밀히 파악하면서 개운을 만드는 것이 5차원 물상 입체통변기법입니다.

사주팔자와 대운과 세운의 공통합의점으로 개운을 만드는 것으로

개운의 비결은 이 책의 독보적인 5차원 물상입체통변기법입니다.

사주팔자와 대운 그리고 세운에서 원하는 것이 서로 다르다면 삶은 혼란에 빠지게 되고 어렵게 되는 것입니다. 그러므로 서로가 원하는 것에 대한 적절한 공통합의 점을 찾아서 시행한다면 삶은 안정운세를 유지하면서 행복하게 살 수 있습니다.

세운에서 금생수金生水를 바라고 있는데 사주팔자에서는 목생화木生火를 하겠다고 하고 대운은 겨울을 지나며 수생목水生木을 하겠다고 한다면 서로가 원하는 것이 다르므로 혼란에 빠질 것입니다.
물상 입체통변기법은 이러한 문제점을 5차원의 시공간에서 파악하면서 적절한 합의점을 찾아 개운이라는 비법을 만드는 것입니다.

진정한 물상物象은 격물치지格物致知입니다.

일반적으로 물상하면 木을 나무로 보고 火를 불로 보고 土를 흙으로 보고 金을 쇠로 보고 水를 물로 보는 것이라고 합니다.

그러나 물상은 격물치지로서 천간과 지지의 이치를 끝까지 파고들어 60갑자가 시공간을 운행하는 심오한 이치를 깨닫고 삶에서 개운을 통하여 행복을 추구하는 것이라고 할 수 있습니다.

천간 지지는 자연계의 사물을 표시한 부호이며 60갑자가 운행하는 시공간에서 태어난 순간에 정지된 사주팔자가 대운과 세운을 운행하면서 삶의 변화를 만들어 내는 현상을 읽는 것이 사주명리의 통변입니다.

사주팔자가 원하는 것과 대운이 원하는 것 그리고 세운이 원하는 것에 따라 인간의 운명은 시시각각 변화하고 있는 것입니다.
여기에 인간이 원하는 것을 더한다면 서로가 맞물려가면서 복잡한 양상으로 삶의 희로애락이 만들어 진다고 할 수 있습니다.

물상 입체통변이란 이러한 관계를 파악하면서 적절한 합의점을 찾아 삶의 행복을 추구하기 위한 개운開運을 찾는 것으로서 물상 입체통변기법의 궁극적인 목적이라고 할 수 있습니다.

격물치지로서 물상 입체통변의 심오한 이치를 깨달을 수 있다면
사주명리의 최상승의 비법을 터득한 것이라고 할 수 있는 것입니다.
물상 입체통변은 격물치지로서 스스로 터득하는 것으로 흉내를 내어서는 결코 심오한 이치를 깨달을 수 없는 것입니다.
진정한 스승은 자신이 터득한 비법을 가르치는 것이 아니라
제자가 스스로 터득할 수 있도록 도와주는 것이라고 하였습니다.

이 책에서는 필자가 터득한 물상 입체통변의 이치를 설명하여 놓은 것입니다. 필자가 터득하고 서술한 물상 입체통변을 흉내를 낸다고 자신의 것이 되지 않습니다. 그러므로 이 책을 통하여 격물치지를 하면서 60갑자가 5차원의 시공간을 운행하는 심오한 이치를 스스로 터득하기 바랍니다.
그래야 진정한 물상 입체통변의 이치를 터득하고 고수의 반열에 오를 수 있는 것입니다.

한 가지 덧붙인다면 천간 지지의 각 글자의 물상을 터득하고 60갑자의 물상 입체통변을 터득한다면 이 책으로서는 할 일을 다 한 것이라고 말할 수 있습니다.

기해년 입춘을 맞이하며
무공서원에서 집필

5차원 간지물상 도형

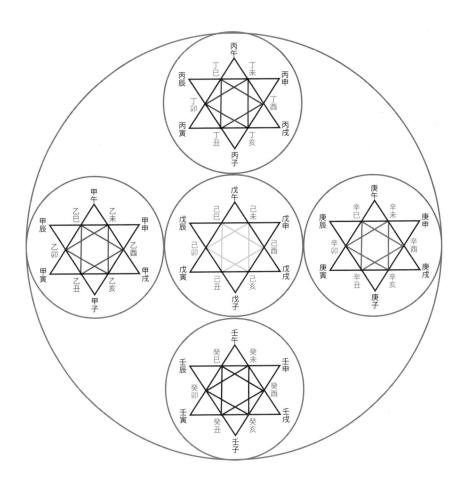

들어가며 • 2p

제1장 5차원 물상 입체통변이란

제6장 5차원 물상의 시공간

제7장 5차원 물상 입체통변 요령

제1장

5차원 물상
입체통변이란

———

物象立體通辯

5차원 물상物象 입체통변기법立體通辯技法이란
사주팔자가 입체적인 시공간에서 변화하는 현상을
5차원의 시각으로 바라보며 최적 운세의 기회를 선택하고
행복한 삶을 살기 위한 개운을 만드는 기법입니다.

간지의 형상을 자연계에 대입하여
입체적인 시공간에서 우주 자연이 변화하는 현상을 살펴보고
사주팔자가 살아가기 위한 최적의 조건을 선택하여
성장과 안정운세를 개운으로 얻고자 하는 것입니다.

천간과 지지는
자연을 구성하는 각각의 물상으로서
공간과 시간을 구성하는 1차원의 원소입니다.

천간과 지지가 어우러지면서
2차원과 3차원의 관계를 만들고
4차원의 정지된 공간의 사주팔자에서
십이운성과 십이신살의 기세로써 서로의 영역을 나누고

대운과 세운의 시간적 흐름에 의하여
4차원과 5차원의 입체적인 시공간에서 변화하는 양상으로
생극제화와 형충회합으로 만들어지는 길흉을 살피면서
행복한 삶을 살기 위한 최적의 조건을 선택하여
개운을 만들어 삶을 운영하는 것입니다.

# 5차원 물상 입체통변기법의 개념

천지가 순리를 따르고 정신이 순수하여지면 번창하고
천지가 거스름을 타고 혼란하여지면 망한다.

- 적천수

물상 입체통변이란 행복한 삶을 위한 개운을 마련하는 것입니다.
개미는 비가 올 징조 또는 조짐이나 기미가 보이면 이사를 준비하고
쥐는 배가 난파될 조짐이나 기미가 보이면 배에서 내린다고 합니다.

징조徵兆란 어떤 일이 생길 기미이고
조짐兆朕이란 좋거나 나쁜 일이 생길 기미가 보이는 현상입니다.
기미機微는 낌새라고도 하며 어떤 일을 알아차릴 수 있는 눈치입니다.

그러므로 물상 입체통변이라고 하면 사물의 모양이나 상태를 통하여 삶에서 좋거
나 나쁜 일이 생길 기미를 입체적인 시공간을 통하여 미리 알아차리는 것이라고
할 수 있습니다.

사주팔자에 있는 천간 지지들은 각자가 생존하기 위한 조건을 충족시키려고 각자
가 원하는 것이 있으며 이를 충족하기 위하여 필사적으로 생극제화와 형충회합으
로 경쟁하면서 길흉을 만들어 내는 것입니다.

물상 입체통변의 궁극적인 목적은 사주팔자가 생존하는데 원하는 것이 무엇인가
를 알고 대운과 세운에서 요구하는 것이 무엇인가를 알아차리면서 서로가 원하는
것을 조화하는 최적의 조건을 찾는 것으로서 개운을 마련하여 삶의 행복을 만드는
것이라고 할 수 있습니다.

각자가 원하는 조건이 잘 조화되어 충족된다면 삶은 발전하며 번성할 것이지만 서
로의 조건이 충족되지 않는다면 삶은 어려울 것입니다.

① 5차원 물상 입체통변기법이 필요한 이유

사물이 살아갈 수 있는 조건은 한난조습의 기후가 적절해야 합니다.
기후가 적절하지 않다면 생명은 살아갈 수 없습니다.
물상 입체통변은 최적의 생존 조건을 찾는 것입니다.

일반적으로 물상을 이야기 한다면 甲木을 나무라고 합니다.
그러나 이렇게 이야기 하는 것은 물상을 표면만 이야기하는 것이므로 진정한 물상
이라고 할 수 없습니다.

진정한 물상이라면 甲木이 살아가면서 생존할 수 있는 조건을 갖추고 삶의 목적을
달성할 수 있는 가를 입체적으로 보아야 하는 것입니다.
5차원 물상 입체통변기법이 필요한 이유입니다.

봄에 살아가는 甲木은 생명수와 태양이 있어야 성장하고 발전할 수 있지만 조건이
맞지 않으면 성장하기 어려운 것입니다.
여름에 살아가는 甲木은 더위를 식혀주는 물이 있어야 마르지 않고 잎을 번성시켜
열매를 키울 수 있는 것입니다.

가을에 살아가는 甲木은 태양빛이 있어야 결실을 수확할 수 있으므로
비가 오거나 이상 기후를 보인다면 결실을 수확하기 어려운 것이며
겨울에 살아가는 甲木은 휴식기로서 저장된 식량과 따스한 온기가 있어야 새로운
甲木을 양육하여 봄에 내 놓을 수 있는 것입니다.

5차원 물상 입체통변기법은

사주팔자의 천간과 지지가 대운과 세운의 시공간에 따라 변화하면서 살아가는데
필요한 조건들을 충족시키고 삶의 위협이 되는 징조의 기미를 미리 파악하여 생존
하기 위한 최적의 조건을 찾아내어 미리 준비하고 대비하는 개운의 요소를 만드는
것이라고 할 수 있습니다.

❷ 생장소멸하는 시공간의 변화

물상 입체통변은 세월의 변화에 의한 위험에 대처할 수 있는 지혜로서 생장소멸하는 시공간의 변화를 감지할 수 있어야 합니다.

우주의 모든 만물은 태어나서 자라고 죽어가는 과정을 겪게 됩니다.
우주는 우주의 씨앗에서 빅뱅으로 팽창하면서 137억년의 시간이 흐르면서 어느덧 중년으로 자랐으며 지구는 생성이 된지 45억년이 지나면서 역시 중년의 나이에 접어들었다고 합니다.

거대한 우주로부터 미세한 물질까지 생장소멸을 겪지 않는 것은 없습니다. 다만, 사물에 따라 생장소멸의 기간이 다를 뿐입니다.
거북이는 천년의 삶을 살면서 생장소멸의 과정을 지내지만
하루살이는 단지 하루의 삶을 살면서 생장소멸의 과정을 겪게 됩니다.
서로가 기간이 다를 뿐이지 생장소멸의 과정은 다르지 않습니다.

물상 입체통변기법은 생장소멸의 시기에 필요한 조건이 무엇인지를 알고 시공간의 변화를 감지하여 생존하기 위한 적절한 대책으로서 개운을 마련하는 것이라고 할 수 있습니다.

생장소멸은 변화의 과정입니다.
생장生長은 태어나서 자라는 것이며
소멸消滅은 늙어가면서 죽어가는 것입니다.

생장소멸은 시간의 흐름에 따라 진행 됩니다.
생生은 봄의 木이 왕성하게 자라는 청소년의 시기이며
장長은 여름의 火가 번성하고 발전하는 풍성한 장년의 시기이며
소消는 가을의 金이 쇠약한 결실을 수확하는 노년의 시기이며
멸滅은 겨울의 水가 동면을 하고 새로운 木을 양육하는 시기입니다.

식물의 생장소멸은 인간의 삶의 과정과 같습니다.

씨앗에서 발아하고 줄기와 잎이 자라는 성장과정은 소년기와도 같으며

꽃을 피우고 수정을 하며 결실을 키우는 과정은 청장년기와도 같으며

결실을 수확하고 후손에게 물려주며 소멸하는 과정은 노년기와도 같습니다.

식물의 생장소멸의 과정은 인간의 삶의 과정과도 같습니다.

식물은 줄기와 잎으로 성장하며 꽃을 피우고 열매를 맺어 씨앗을 만드는 삶의 과정을 가지는데 인간의 삶의 과정도 역시 마찬가지입니다.

물상 입체통변에서 식물의 생장소멸하는 이치를 채용한 이유입니다.

대운의 흐름은 인생이 생장소멸하는 과정입니다.

사주팔자는 태어난 시간의 공간이므로 정지되어 있는 상태입니다.

그러므로 사주팔자는 정지된 시공간이라고 하는 것입니다.

대운은 자연의 계절이 변화하듯이 세월에 의하여 정지된 시공간이 변화하며 흐르는 것으로 인생이 생장소멸하는 과정이라고 하는 것입니다.

◆ **대운의 흐름**

노년기	장년기	청년기	소년기
7 - 8 대운	5 - 6 대운	3 - 4 대운	1 - 2 대운
60세 이후	60세 이전	40세 이전	20세 이전

소년기, 청년기, 장년기, 노년기를 거치며 늙어가는 것입니다.

소년기는 부모의 도움으로 성장하며 교육받는 시기이며

청년기는 부모로부터 독립하여 사회에 진출하는 시기이며

장년기는 사회적 성취를 달성하는 시기이며

노년기는 후배를 양성하며 노후생활을 즐기는 시기입니다.

나무가 계절을 겪으며 잎을 피우고 열매를 맺고 낙엽을 떨어뜨리듯이

인생도 이와 같아 대운의 계절을 지나며 늙어가는 것입니다.

차원별 간지물상

물상 입체통변에서는 시공간의 차원별 간지물상을 표현합니다.

화폭에 그려진 점과 선을 1차원과 2차원의 표현이라고 한다면 3차원의 표현은 공간을 가미한 입체적인 표현이고 시간의 의미를 가미하면 4차원의 표현이 되고 시공간을 자유롭게 표현하면 5차원의 표현이 됩니다.

① 1차원의 간지물상

1차원

1차원은 선위에 있는 존재로서 앞뒤로만 이동이 가능합니다.
1차원의 존재는 자신의 존재만 인식할 수 있습니다.
마치 기차가 선로를 달리면서 앞뒤로만 달릴 수 있는 것과 같습니다.

천간과 지지의 각 글자는 1차원의 존재입니다.
천간은 10개의 글자로 구성되어 각자의 특성과 성질을 보유하고
지지는 12개의 글자로 구성되어 각자의 특성과 성질을 보유하면서
우주 만물을 구성하는 원소로서의 역할을 하고 있습니다.

사주팔자 역시 천간 지지의 글자로 구성되고 대운과 세운도 천간 지지의 글자로 구성되면서 각각의 글자가 원소로서의 특성과 성질을 나타내고 있습니다.

천간과 지지의 글자는 자연의 형상에 근거합니다.
천간의 물상은 오행의 형상에 근거하며
지지의 물상은 계절과 시간 그리고 동물의 형상에 근거합니다.

❷ 2차원의 간지물상

2차원

2차원의 존재는 면 위에서 전후좌우로 이동이 가능합니다.

2차원에서는 이합집산離合集散이 가능합니다.

천간은 생극제화와 천간합의 작용으로 모였다 흩어지면서 교류합니다.

지지는 형충회합파해의 작용으로 모였다 흩어지면서 교류합니다.

◆ 천간의 이합집산

천간합	甲己 乙庚 丙辛 丁壬 戊癸				
생화	甲丙 甲丁 乙丙 乙丁	丙戊 丙己 丁戊 丁己	戊庚 戊辛 己庚 己辛	庚壬 庚癸 辛壬 辛癸	壬甲 壬乙 癸甲 癸乙
극제	甲戊 乙戊 乙己	丙庚 丁庚 丁辛	戊壬 己壬 己癸	庚甲 辛甲 辛乙	壬丙 癸丙 癸丁

천간합은 서로 극제의 관계이지만 음양의 특성상 극제하기 보다는 서로 합을 하면서 사랑을 나눈다고 보면 될 것입니다.

신방에 들어가 사랑을 나누느라고 자신의 할 일을 잊어버리게 됩니다.

그러므로 합이 되면 기반이 되어 일이 지체되거나 일을 망치게 되는 요인이 되기도 합니다.

생生은 상대를 도와주는 것으로 甲木이 丙火를 생한다고 하며

화化는 상대의 도움을 받는 것으로 丙火가 甲木의 생을 받는 것이며

극尅은 甲木이 戊土를 극하는 것으로 상대를 소유하는 것이며

제制는 戊土가 甲木에게 억제당하는 것으로 甲木에게 제압을 당하여 甲木이 시키는 대로 일을 하는 것입니다.

◆ 지지의 이합집산

지지합	午未　卯戌　巳申　寅亥　辰酉　子丑			
방합	寅卯辰　巳午未　申酉戌　亥子丑			
삼합	寅午戌　申子辰　亥卯未　巳酉丑			
충	寅申　巳亥　子午　卯酉　辰戌　丑未			
형	寅巳申　丑戌未　子卯　辰辰　亥亥　酉酉　午午			
파	寅亥　午卯　戌未　申巳　子酉　辰丑			
해(천)	寅巳　辰卯　丑午　子未　申亥　酉戌			
원진	寅酉　辰亥　丑午　子未　申卯　戌巳			
귀문	寅未　辰亥　丑午　子酉　申卯　戌巳			

지지의 이합집산은 천간보다 복잡한 양상을 띠게 됩니다.

지지합은 음양의 합으로서 천간과 마찬가지로 신방에서 사랑을 나눈다고 보면 될 것입니다. 그러므로 역시 기반되어 자신의 할 일을 잊어버리므로 일이 지체되거나 일을 망칠 수 있는 요인으로 작용합니다.

방합은 집안의 합으로서 결속력이 강하므로 천간의 강한 기세로서 작용하며 십이 운성으로 기세의 크기를 가늠하기도 합니다.

삼합은 목적의 합으로서 방합보다는 결속력이 다소 약하지만 목적을 위한 모임이 므로 강력한 힘을 발휘하기도 하며 십이신살로 목적의 활동성향과 양상을 나타내 기도 합니다.

형刑은 삼합과 방합의 만남으로 에너지가 증폭되는 현상이고

충沖은 세력 간의 경쟁으로서 천간의 극제와 같은 현상이며

파해와 원진 귀문은 서로가 원하는 것을 서로가 방해하면서 생기는 갈등의 양상이 벌어지는 것이라고 보면 될 것입니다

③ 3차원의 간지물상

3차원

3차원의 존재는 공간을 가진 면 위에서 상하로 이동이 가능합니다.
천간과 지지가 상하로 결합하여 만들어진 것이 60갑자입니다.
甲子 乙丑 丙寅 丁卯 ..... 로 60개의 간지가 만들어집니다.

◆ 간지의 음양

구분	양	음
천간	甲丙戊庚壬	乙丁己辛癸
지지	寅午戌申子辰	亥卯未巳酉丑

양간은 양지와 결합하고 음간은 음지와 결합하며 천간과 지지가 전후좌우상하의
3차원 공간으로 이동하면서 60갑자를 만들어 냅니다.

◆ 60갑자는 3차원의 간지물상입니다.

甲子	乙丑	丙寅	丁卯	戊辰	己巳	庚午	辛未	壬申	癸酉
甲戌	乙亥	丙子	丁丑	戊寅	己卯	庚辰	辛巳	壬午	癸未
甲申	乙酉	丙戌	丁亥	戊子	己丑	庚寅	辛卯	壬辰	癸巳
甲午	乙未	丙申	丁酉	戊戌	己亥	庚子	辛丑	壬寅	癸卯
甲辰	乙巳	丙午	丁未	戊申	己酉	庚戌	辛亥	壬子	癸丑
甲寅	乙卯	丙辰	丁巳	戊午	己未	庚申	辛酉	壬戌	癸亥

4차원의 간지물상

4차원

시간

4차원의 존재는 시공간에서 정해진 시간 축으로 이동이 가능합니다.
연월일시의 정하여진 축으로 각자 운행하며 사주팔자를 만들어냅니다.

사주팔자는 4차원의 시공간에서 정지된 단면입니다.
3차원의 60갑자가 연월일시의 시간축을 각자 이동하면서 만들어지는
4차원의 시공간에서 태어난 순간의 정지된 단면이 사주팔자입니다.

60갑자가 연월일시의 시간축을 운행하는 시공간이 4차원입니다.
태어나는 시간이 멈추어진 순간을 표현한 것이 사주팔자입니다.
그러므로 사주팔자는 4차원의 시공간에서 멈추어진 단면이라고 하는 것입니다.
마치 컴퓨터단층촬영장치인 CT나 자기공명영상장치인 MRI로 인체의 단면을 찍은 사진과도 같습니다.

대운은 4차원의 시공간에서 흐르는 인생의 계절입니다.
사주팔자는 연월일시의 시간축이 있습니다.
대운은 월주의 시간축의 흐름입니다.
월주는 인생의 계절을 4계절로 하여 120년을 수명으로 정하며
10년마다 월주 하나가 전후로 이동하며 생사고락을 표현하게 됩니다.

대운은 순행 혹은 역행하면서 삶의 계절을 만들어주고 있습니다.
삶의 계절은 살아가는 환경으로 한난조습에 의하여 만들어지며
사주팔자는 대운의 환경을 살아가며 생사고락을 경험하게 됩니다.

(1) 4차원의 시공간에서 정지된 사주팔자의 단면

개인궁		사회궁	
시주궁	일주궁	월주궁	년주궁
丁 巳	癸 酉	丙 辰	戊 戌

사주팔자는 연월일시의 사주에 간지 여덟 글자가 들어간 구조로서
3차원의 간지가 각 궁에서 각자의 성향과 활동양상을 나타냅니다.
년주궁과 월주궁은 사회궁으로서 사회적인 임무를 수행하고
일주궁과 시주궁은 개인궁으로서 가정적인 임무를 수행하는 곳입니다.

년주궁 戊戌

년주궁은 사회적인 기본적 성향을 나타내는 곳입니다.
戊戌이라는 간지가 1차원과 2차원의 특성을 나타내며
3차원의 결합으로 사회적인 기본성향으로 나타나게 됩니다.

월주궁 丙辰

월주궁은 사회적인 기본적 성향이 활동하는 양상입니다.
丙辰이라는 간지가 1차원과 2차원의 특성을 나타내며
3차원의 결합으로 사회적인 활동양상으로 나타나게 됩니다.

일주궁 癸酉

일주궁은 개인적인 기본적 성향을 나타내는 곳입니다.
癸酉이라는 간지가 1차원과 2차원의 특성을 나타내며
3차원의 결합으로 개인적인 기본성향으로 나타나게 됩니다.

시주궁 丁巳

시주궁은 개인적인 기본적 성향이 활동하는 양상입니다.
丁巳라는 간지가 1차원과 2차원의 특성을 나타내며
3차원의 결합으로 개인적인 활동양상으로 나타나게 됩니다.

(2) 대운은 4차원의 시공간을 흐르는 시간축

사주팔자라는 비행기가 대운의 항로를 따라 운행하는 것이라면
대운이 사주팔자를 도와주어야 성장운세가 발현할 수 있습니다.

◆ 4차원 시공간에서 시간축을 흐르는 대운

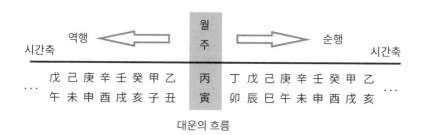

대운의 흐름

대운의 흐름은 월주를 축으로 운행하는 4차원의 항로와 같습니다.
출생월인 丙寅에서 출발한 사주팔자의 시간축의 항로가 순행할 경우에는
丁卯 戊辰 己巳의 대운을 10년 간격으로 운행하고 있습니다.

丙寅에서 출발한 사주팔자의 시간축의 항로가 역행할 경우에는
乙丑 甲子 癸亥의 대운을 10년 간격으로 운행하고 있습니다.

사주팔자는 대운의 항로로 흐르며 운세로서 살아가게 됩니다.
사주팔자는 대운의 항로를 운행하면서 삶의 계절의 변화를 겪으므로
삶의 계절이 사주팔자가 지향하는 삶을 도와준다면 운세가 발전하는 것이고
도와주지 않는다면 운세가 하락하며 어려움을 겪게 되는 것입니다.

즉, 사주팔자가 꽃을 피우고 열매를 맺기를 원하는데
대운의 항로가 따뜻한 지방으로 간다면 원하는 꽃을 피우겠지만
반대로 추운 지방으로 간다면 꽃을 피우기 어려울 것입니다.

(3) 사주팔자가 운행하는 대운의 항로

시		일		월		년		구분
丁		己		丙		甲		천간
卯		未		寅		午		지지
甲	癸	壬	辛	庚	己	戊	丁	대운
戌	酉	申	未	午	巳	辰	卯	

사주팔자가 丙寅월주의 시간축을 순행하며 생장소멸을 겪고 있습니다.
사주팔자가 대운을 운행하며 대운의 영향을 받게 됩니다.

丁卯 戊辰대운에서 각각 10년간씩 운행하며 삶의 변화를 만듭니다.
봄 대운이므로 甲木의 생기가 성장하는 운세이며
丙火의 생기가 어리므로 丁火의 형질을 만들기는 시기상조입니다.
己未일간은 木火기를 성장시켜 결실을 맺고자 하는 뜻이 있습니다.

己巳 庚午 辛未대운은 여름대운으로서 각각 10년간씩 운행합니다.
己巳대운에 巳午未방합을 이루며 丙丁火의 기세가 매우 강해지고
甲己합으로 인하여 甲木의 역할이 지체되고 있습니다.

庚午대운에는 丙丁火의 기세는 강하지만 庚金의 이상만 키울 뿐이며
辛未대운에는 丙辛합으로 인하여 지체되는 양상이 보이고
甲木은 생기가 소멸되며 더 이상 능력을 발휘하기 어렵게 됩니다.

壬申 癸酉 甲戌대운은 가을대운으로서 각각 10년간씩 운행합니다.
甲木과 丙丁火는 대운에서 결실로 대체되는 역할을 하여야 하므로 스스로의 발전
보다는 결실을 수확하는 노력을 기울여야 할 것입니다.

壬申대운에 丁壬합으로 인하여 새로운 삶을 준비하게 되고
癸酉대운에는 새로운 삶으로 결실을 수확하기 위하여 노력하고
甲戌대운에는 안정운세를 유지하여야 합니다.

5차원

5차원의 존재는 여러 개의 시간 축을 자유롭게 이동할 수 있으므로
세운은 사주팔자와 대운의 계절을 자유롭게 이동할 수 있습니다.

(1) 세운은 5차원의 시공간으로 흐르는 시간축

세운은 년주가 흐르는 시간축으로 5차원의 시공간입니다.
년주는 매년 태세의 흐름대로 1년마다 흐르면서
세군歲君으로서의 막강한 역할을 하며 인생의 희로애락을 표현합니다.

세운은 매년의 실제 시간의 흐름이므로 오직 순행만 할 수 있습니다.
세월이 거꾸로 흐르지 않기 때문입니다.

세운은 사주팔자와 대운에게 요구하는 것이 있습니다.
세운은 자신이 요구하는 것을 관철시키기 위하여 사주팔자와 대운에 각각 작용하며 생극제화와 형충회합을 일으킵니다.
세운이 길한 작용을 일으키면 삶이 즐거운 것이고
세운이 흉한 작용을 일으키면 삶이 힘들고 어려워지는 것입니다.

세운의 뜻을 사주팔자에서 행하여 준다면 길한 세운으로서 삶이 순조로워지지만
그러하지 않다면 사주팔자는 어려움을 겪을 것입니다.
그러므로 사주팔자는 대운이 원하는 것과 세운이 원하는 것을 받아들이며 최적의
조건을 선택하는 개운을 마련하여야 하는 것입니다.

◆ 5차원의 시공간을 흐르는 세운

세운의 흐름

세운의 흐름은 5차원의 시공간에서 년주를 축으로 운행하는 항로와 같습니다.
출생년인 甲午년에서 출발하여 인생을 마감할 때까지 태세의 흐름으로 순행하게
됩니다.

4차원의 시공간에서는 월주라는 시간축에서 사주팔자를 바라보지만
5차원의 시공간에서는 사주팔자와 대운의 시공간을 자유로이 이동하면서 바라볼
수 있습니다.

대운이 4차원의 시공간에서 월주의 시간축을 운행한다면
세운은 5차원의 시공간에서 년주의 시간축을 운행하는 것입니다.

대운의 시공간은 사주팔자가 변화하며 겪는 삶의 변화로서
사주팔자가 10년마다 이동하면서 운행하지만
세운의 시공간은 매년마다 겪는 삶의 변화로서
사주팔자가 1년마다 세운을 맞이하며 운행하는 것입니다.

대운의 시공간은 사주팔자가 역행하거나 순행할 수 있지만
세운의 시공간은 오직 순행만 있을 뿐이지 역행하지 않습니다.

대운의 시공간은 인생의 세월을 운행하는 것이지만
세운의 시공간은 자연의 시간을 운행하기 때문입니다.

(2) 5차원의 시각으로 세운에서 바라보는 사주팔자와 대운

시		일		월		년		구분
丁		己		丙		甲		천간
卯		未		寅		午		지지
甲	癸	壬	辛	庚	己	戊	丁	대운
戌	酉	申	未	午	巳	辰	卯	

세운은 4차원 시공간의 시간축을 운행하는 사주팔자와 대운을 5차원의 시각으로 바라보는 것입니다.

4차원에서 대운은 사주팔자를 간섭하고
5차원에서 세운은 대운과 사주팔자를 간섭하며 길흉을 만들어냅니다.

대운에서 癸酉가 10년간 출현하여 사주팔자를 간섭하고 있습니다.
사주팔자는 대운에서 주어진 가을이라는 인생의 계절과 함께 나타난
癸水의 간섭을 받고 있습니다.

이때 2018년 세운에서 戊戌이 나타납니다.
戊戌년 세운의 뜻은 火기를 갈무리하고 금생수金生水를 하고자 합니다. 사주팔자에서는 金水가 없으므로 세운의 요구대로 金生水하기가 어렵습니다.
癸酉대운에서는 金生水를 할 수 있는 여건이 되지만 壬水가 아니라 癸水를 생하여야 합니다. 실제로 戊戌년이 원하는 것은 壬水를 생하여 癸水를 만드는 것입니다.

戊土는 사주팔자에 있는 寅午와 합하여 寅午戌의 조합을 만들지만
火기를 입고시키자는 뜻이 있으므로 인성의 결산을 요구하고 있으며
또한 일지와의 戌未형으로 개인적인 일로서 갈등이 증폭될 수 있으므로 가정과 건강에 유의하여야 할 것입니다. 그래서 안정운세를 유지할 수 있는 개운의 필요성이 있다고 하는 것입니다.

우리가 현실을 바꿀 수 없기 때문에 현실을 보는 우리의 관점을 바꾸어야 한다.
- 니코스 카잔차키스(Nikos Kazantzakis 1983~1957)

사상과 오행의 물상은 자연의 형상과 성정에 따릅니다.
오행은 우주변화의 원리이므로
우주의 사물에서 사상과 오행의 형상과 성정을 찾을 수 있습니다.
음양에서 사상이 비롯되고 사상에서 오행이 비롯되며
사상에서 12지지가 비롯되고 오행에서 10천간이 비롯됩니다.

◆ 음양의 대표적 물상

양	음
하늘, 태양, 불, 남자, 정신 높다, 크다, 둥글다, 열기 밝음, 기체, 태산	땅, 달, 물, 여자, 육신 낮다, 작다, 모나다, 한기 어두움, 물체, 바다

◆ 사상의 대표적 물상

소양	태양	소음	태음
봄, 동방	여름, 남방	가을, 서방	겨울, 북방
寅卯辰	巳午未	申酉戌	亥子丑

◆ 오행의 대표적 물상

木	火	土	金	水
나무	불	흙	쇠	물
甲乙	丙丁	戊己	庚辛	壬癸

1 음양과 사상의 물상

태극에서 음양陰陽이 비롯되고
음양에서 사상四象이 비롯되니
음은 태음太陰과 소음少陰으로 나누어지고
양은 태양太陽과 소양少陽으로 나누어집니다.

사상에서 사계절이 비롯되니
소양은 봄으로서 만물이 생동하는 계절이고
태양은 여름으로서 만물이 무성하게 성장하는 계절이며
소음은 가을로서 만물이 결실을 맺는 계절이며
태음은 겨울로서 만물이 동면을 하는 계절입니다.

사계절에서 12지지가 비롯되니
봄은 寅卯辰으로 나누어지고 동방에 위치하며
여름은 巳午未로 나누어지며 남방에 위치하고
가을은 申酉戌로 나누어지고 서방에 위치하며
겨울은 亥子丑으로 나누어지며 북방에 위치합니다.

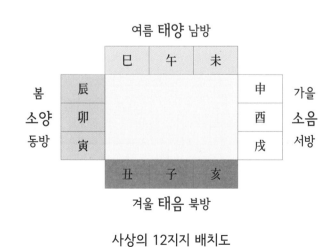

사상의 12지지 배치도

❷ 오행의 물상

사상에서 오행이 비롯되니
소양을 木이라고 하며 만물이 발생하는 봄이며
태양을 火라고 하고 만물이 번성하는 여름이고
소음을 金이라고 하며 만물의 결실을 수확하는 가을이고
태음을 水라고 하며 만물을 저장하고 동면하는 겨울입니다.
木火와 金水를 이어주는 중개역할을 하는 오행을 土라고 합니다.

오행을 자연의 원소에 대입하여 일반적인 물상으로 표현하면
木을 나무라고 하며
火를 불이라고 하고
土를 흙이라고 하며
金을 쇠, 바위라고 하며
水를 물이라고 합니다.

오행을 기운으로 보아 입체적인 물상으로 표현하면
木을 생성기운이라고 하며
火를 성장기운이라고 하며
土를 중개기운이라고 하며
金을 결실기운이라고 하며
水를 저장기운이라고 합니다.

오행을 음양으로 나누어 10천간으로 표현하면
木을 甲乙로 나누고
火를 丙丁으로 나누며
土를 戊己로 나누고
金을 庚辛으로 나누고
水를 壬癸로 나누게 됩니다.

木의 입체적 물상

木은 앞 만보고 뻗어 오르며 처음으로 시작하는 성질이 있습니다.
생명은 水火의 작용으로 잉태하고 발생하는 것이므로
생명의 시작이고 만물을 생성하고 기르는 생기生氣로서
나무에 비유하여 설명하는것이 일반적입니다.

아침에 동쪽에서 태양이 뜨는 것을 보고 태양이 출발한 곳이니
동쪽이라고 하며 木이라고 하는 것입니다.
모든 사물의 시작이 木이니 봄에 만물이 소생하는 첫 걸음을 내딛으므로
木이라고 하는 것입니다.

아이가 엄마 뱃속에서 나오며 인생을 시작하는 것도 木입니다.
씨앗이 발아하여 뿌리와 새싹을 내놓는 것도 木입니다.
태양이 동쪽에서 떠서 하늘에 오르며 하루를 시작하는 것도 木이며
일 년의 계절이 시작하는 봄도 木입니다.

일을 시작하는 것도 木이고
일을 기획하고 계획하는 것도 木이고
건물을 짓기 위하여 설계를 하는 것도 木이고

자라나는 소년기의 아이를 가르치는 학교나 학원도 木이고
회사에서 신입사원을 교육시키는 연수원도 木이고
군대에서 신병을 훈련시키는 훈련소도 木입니다.

나무와 풀은 만물의 시작이니 木이라 하는 것이며
하늘로 뻗어 오르기만 하는 것이니 木의 성질이 되는 것이며
이를 곡직인수曲直人壽라고 하여 어질고 곧은 성품을 나타냅니다.

火의 입체적 물상

火는 번성하고 확장하는 성질이 있습니다.
나뭇가지 속에서 꽃봉오리가 패이면서
모든 가지에 꽃이 활짝 피며 화려하게 확장되는 것으로
불같은 열기熱氣가 있다고 하여 불로서 비유하여 설명되어 집니다.

만물은 불같은 열기에 의하여 번성하고
꽃이 피듯이 정열적이고 폭발적으로 무성하게 번지므로
불이 높이 타오르는 모양으로 염상炎上이라고 합니다.

태양이 중천을 향하여 달려가면서 뜨거운 빛과 열기를 내뿜고
지상의 모든 만물은 태양의 빛과 열로써 번성하고 발전하는 것입니다.
불같이 뜨겁게 열기를 내뿜고 있으므로 火라고 하는 것입니다.

여름은 火의 계절이고 만물이 무성하게 자라는 시기입니다.
인생의 소년기가 봄으로서 생기가 가득한 木이라면
인생의 청년기는 여름으로서 열기가 가득한 火가 되는 것입니다.
火의 열기는 木의 생기로 가열시켜 성장시키기 때문입니다.

火기는 가을의 살벌한 살기를 가열시켜 청량한 기운으로 바꾸어주고
겨울의 차가운 한기를 가열시켜 따스한 기운으로 바꾸어 줌으로서
만물을 살기와 한기로부터 보호하기도 합니다.
가을의 살기를 金기라고 하며 겨울의 한기를 水기라고 합니다.

인간의 문명은 불을 발견하면서부터 시작되었으므로
火는 문명을 상징하고 문화예술을 표방하며 화려한 정신세계와 유토피아를 그리는 것이므로
火의 근본정신을 윤리도덕과 예의범절에 두고 있는 것입니다.

⬡土의 입체적 물상

土는 중개 작용을 합니다.
음양의 중개 작용을 하는 것이 土이며
사상의 중개 작용을 하는 것이 土입니다.

오행에서 양의 木火와 음의 金水의 중개 작용을 하며
사상에서 봄의 木과 여름의 火를 중개하고, 여름의 火와 가을의 金을 중개하고, 가을의 金과 겨울의 水를 중개하고, 겨울의 水와 봄의 木을 중개하는 작용을 합니다.

土에서 생명이 탄생하고 土에서 생명이 자라며 번성하고
土에서 죽음을 맞이하고 土로 돌아가는 것이 만물의 삶입니다.
木은 土에 뿌리를 내리고 자라며 金은 土에서 생산되는 것입니다.

주역에서 중지곤重地坤괘는 土를 상징하여 만물의 어머니라고 합니다.
만물을 탄생시키고 기르는 어머니로서의 역할에 충실하기 때문입니다.

土를 지구의 물상으로 보기도 하며 산의 물상으로 보기도 하고 땅의 물상으로 보기도 합니다.
만물을 포용하고 뿌리를 내리게 하여 생명이 유지될 수 있는 기반으로서의 역할에 충실한 것이 土입니다.

土는 水火를 조절하여 만물의 생명을 탄생시키고 성장시키며 죽음에 이르게 하는 역할을 합니다.
만물은 土에 의지하여 생존하므로 믿음이 있어야 합니다.

土에서 농사를 지어 농산물을 경작하는 것을 가색稼穡이라고 합니다.
농산물을 경작하여 식량을 마련하고 생물들을 먹여 살리며 생존할 수 있도록 하는 막중한 역할이 있기 때문입니다.

金의 입체적 물상

金은 결실의 작용을 합니다.
결실을 맺고 수확하는 것이 金이며
경제적이며 실리적이고 혁신적인 것이 특징입니다.

결실을 만들고 기르기 위하여
木의 생기生氣를 잘라버리는 작용을 숙살지기肅殺之氣라고 합니다.
木이 성장하는 에너지를 차단하고 과실을 기르기 위한 고육책입니다.

과실을 기르기 위하여 만물이 자신의 뜻에 따라주기를 바라므로
종혁從革이라고 하며 개혁을 따르라고 하는 것입니다.

가을의 숙살지기는 생기를 차단하여 성장을 하지 못하도록 하지만
봄의 숙살지기는 생기를 억제하여 과성장으로 인한 피해를 줄이고자 하는 것이므
로 성장에 도움을 주는 작용을 합니다.
木의 성장이 조화로우면 金의 과실을 잘 맺을 수 있기 때문입니다.

金의 과실은 여름의 환경에서 탄생하고 자라며
가을의 환경에서 숙성하고 수확하여 재물을 만들며
겨울의 환경에서 씨앗을 저장하여 동면을 하고
봄의 환경에서 木기를 제어하며 성장 환경을 조절하는 역할을 합니다.

木이 성장하기 위하여서는 水火의 에너지를 소비하지만
金이 성장하기 위하여서는 水火의 에너지를 흡수하여 갈무리하여야 합니다. 이를
수렴收斂이라고 하며 거두어들이는 것이라고 합니다.

봄과 여름에 발산된 水火의 에너지를 거두어들이면서 단풍잎과 낙엽을 만들고 과
실을 숙성시키는 것이므로 혁신적이며 실리적이고 경제적이며 재물을 만드는 능
력이 탁월합니다.

水의 입체적 물상

水는 저장하는 작용을 합니다.
金이 모아들인 에너지를 저장하고 봄과 여름에 생명수로써
생명을 탄생시키고 기르는 역할을 담당합니다.

밤에는 태양의 火기가 사라지므로 열기가 없어 춥고 어두워집니다.
겨울에는 태양의 열기가 미약하여 추워지므로
만물이 얼어 죽지 않기 위하여 동면에 들어가게 됩니다.

水火의 작용은 만물을 생존하게 하는 중요한 역할을 하므로
봄에는 함께 작용하며 만물을 탄생시키고
여름에는 열기를 한기로 조절하며 만물이 번성하도록 하고
가을에 열기와 한기의 조화로써 결실을 숙성시키고
겨울에는 한기를 열기로 조절하며 만물이 얼어 죽지 않도록 합니다.

火가 빛이라면 水는 생명수로서
만물을 기르는 자양분으로서의 역할을 합니다.
火의 빛은 광합 작용으로 자양분을 만들어 木과 金을 기르고
水의 물은 생명수로서 木의 목마름을 해결하고 金의 열기를 식혀서 단단한 결실을
만드는 역할을 하게 됩니다.

水는 어둡고 추우므로 활동을 하지 않고 집안에서 칩거하며 정신적인 활동을 하므
로 지식과 지혜가 발달하게 됩니다.
인생의 노년시기에 해당하므로 젊어서 쌓은 경험과 노하우가 풍부하여 노인은 지
혜가 많다고 하는 것입니다.
자신의 지혜를 후손에게 전수하여 후손들에게 시행착오를 줄이며 성장할 수 있도
록 가르침을 주는 것도 水입니다.

3 오행의 생극

자연과 사주팔자는 오행의 생극에 의하여 변화하는 것입니다.

◆ 오행의 생극 물상

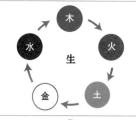	목생화는 나무가 타서 불을 만들고 화생토는 불이 타면 재가 남아 흙이 되고 토생금은 흙이 굳어지면 바위와 쇠가 되며 금생수는 바위나 쇠에서 물이 생기며 수생목은 나무는 물을 먹고 자랍니다.
	목극토는 나무가 흙속에 뿌리를 내리고 토극수는 흙이 물의 흐름을 막는 것이고 수극화는 물이 불을 끄는 것이며 화극금은 불이 쇠를 녹이는 것이며 금극목은 쇠가 나무를 자르는 것입니다.

오행의 생극은 자연의 질서입니다.

木은 火를 기르며 변화하고

火는 土를 기르며 변화하고

土는 金을 기르며 변화하고

金은 水를 기르며 변화하고

水는 木을 기르며 변화합니다.

木은 土를 극하며 조절하고 소유하며

土는 水를 극하며 조절하고 소유하며

水는 火를 극하며 조절하고 소유하며

火는 金을 극하며 조절하고 소유하며

金은 木을 극하며 조절하며 소유합니다.

4 오행의 태과불급

지나침은 모자람만 못함이니 대개 도에 거스르게 된다.
고로 높은 것은 억제하여 평준화하며 낮은 것은 일으켜 세워 높여야 한다.

- 궁통보감

◆ 木의 태과불급

목다화식木多火熄 - 장작이 너무 많으면 불이 꺼지며
목다토괴木多土壞 - 나무가 너무 자라면 흙이 무너지고
목다금결木多金缺 - 나무가 너무 크면 도끼나 톱날이 망가지며
목다수삼木多水滲 – 나무가 너무 많으면 물이 고갈됩니다.

화다목분火多木焚 - 불은 거센데 나무가 적으면 모조리 타버리고
토다목절土多木折 - 흙이 많고 나무가 적으면 흙에 묻혀버리며
금다목분金多木粉 - 나무가 적으면 분쇄기에 의하여 가루가 되고
수다목부水多木浮 – 물이 너무 많으면 나무가 물에 떠다니게 됩니다.

◆ 火의 태과불급

화다목분火多木焚 – 불이 거세고 나무가 적다면 모조리 타버리고
화다토초火多土焦 - 불이 거세고 흙이 적다면 마르고 갈라터지고
화다금용火多金熔 - 불이 거세고 쇠가 적다면 모조리 녹아버리고
화다수증火多水蒸 - 불이 거세고 물이 적다면 증발하고 맙니다.

목다화식木多火熄 - 불은 적은데 나무가 많다면 불이 꺼지고
토다화회土多火晦 - 불이 적은데 흙이 많다면 불은 어두워지고
금다화식金多火熄 - 불이 적은데 쇠가 많다면 불은 꺼지고
수다화멸水多火滅 - 불이 적은데 물이 많다면 불이 꺼지게 됩니다.

◆ 土의 태과불급

토다목절土多木折 - 흙이 많은데 나무가 적다면 나무가 흙에 묻히고
토다화회土多火晦 - 흙이 많은데 불이 적다면 불은 꺼져 어두워지며
토다금매土多金埋 - 흙이 많은데 쇠가 적다면 흙에 묻혀버리고
토다수약土多水弱 - 흙이 많은데 물이 적다면 스며들어 말라버립니다.

목다토괴木多土壞 - 나무가 너무 크고 흙이 적으면 흙이 무너지고
화다토초火多土焦 - 불이 많은데 흙이 적으면 흙이 메마르고
금다토박金多土薄 - 바위가 많은데 흙이 적으면 흙이 얇아지고
수다토류水多土流 - 물이 많은데 흙이 적으면 흙이 떠내려갑니다.

◇ 金의 태과불급

금다목분金多木粉 - 나무가 적으면 분쇄기에 의하여 가루가 되고
금다화식金多火熄 - 불이 적은데 쇠가 많다면 불은 꺼지고
금다토박金多土薄 - 바위가 많은데 흙이 적으면 흙이 얇아지고
금다수탁金多水濁 - 바위가 많은데 물이 적으면 물이 탁하게 됩니다.

목다금결木多金缺 - 나무가 너무 크면 톱날이 망가지고
화다금용火多金熔 - 불이 거센데 쇠가 적다면 모조리 녹아버리고
토다금매土多金埋 - 흙이 많은데 쇠가 적다면 흙에 묻히고
수다금침水多金沈 - 물이 많은데 쇠가 적으면 물에 가라앉습니다.

◆ 水오행의 태과불급

수다목부水多木浮 - 물이 많은데 나무가 적으면 물에 떠다니고

수다화멸水多火滅 - 불이 적은데 물이 많다면 불이 꺼져버리고

수다토류水多土流 - 물이 많은데 흙이 적으면 흙이 떠내려 가고

수다금침水多金沈 - 물이 많은데 쇠가 적으면 물에 가라앉습니다.

목다수삼木多水渗 - 나무가 너무 많으면 물이 고갈되며

화다수증火多水蒸 - 불이 거세고 물이 적다면 증발하여 버리고

토다수약土多水弱 - 흙이 많은데 물이 적다면 물이 스며들어 마르고

금다수탁金多水濁 - 바위가 많은데 물이 적으면 물이 탁하게 됩니다.

04 물상 입체통변의 핵심

사주팔자가 생존하기 위하여서는 어떠한 조건이 필요하고
대운과 세운이 원하는 것이 무엇인가를 안다면
개운을 통하여 삶을 행복하게 살 수 있는 기회를 마련하는 것입니다.

1 사주팔자의 생존 조건

水 - 木	火 - 金
한寒 - 춥다 습濕 - 습하다	난暖 - 덥다 조操 - 마르다
겨울, 봄	여름, 가을

만물은 水火에 의하여 생장수장의 과정을 겪게 됩니다.
생장수장生長收藏이란 태어나고 자라며 수확하고 저장한다는 뜻으로
겨울과 봄에는 생명의 탄생을 준비하여 세상에 태어나도록 하며
여름과 가을에는 결실이 자라고 수확하는 과정을 말합니다.

사과나무에 비유를 한다면
봄에 싹이 자라고 꽃을 피워 수정을 하고
여름에 줄기와 가지에 잎이 나며 번성하고 사과를 키우고
가을에는 사과를 숙성시켜 수확을 하고
겨울에 씨앗을 저장을 하는 과정으로서 새로운 삶을 준비하게 됩니다.

겨울 水는 木기를 만들면서 생명을 탄생시키고 기르며
여름 火는 金기를 만들면서 과실을 숙성시키며 기르는 것입니다.
모든 만물은 水火의 조화가 이루어져야 생명을 유지하며 생존할 수 있는 것입니다. 水火중 어느 것이라도 하나만 부족하여도 생물은 생존하기 어려운 것입니다.

水火는 생존의 필수적인 조건입니다.

水火는 만물이 생존하기 위한 기본적인 조건이므로 생존하기 위하여 물과 태양이 반드시 필요한 이치입니다.

수화기제水火旣濟는 水火가 균등하게 구비되어 조화를 완성하였다는 뜻으로 水火의 구비가 완벽해야 함을 말하고 있습니다.

봄에 나무가 자라기 위하여서는 생명수와 태양의 빛이 필요한 조건의 물상이 됩니다.
나무가 木이고 생명수가 水이며 태양의 빛이 火라고 한다면
사주팔자에서 水와 火가 있어야 木이 성장할 수 있는 것입니다.
어느 하나라도 태과불급이 된다면 木은 성장할 수 없습니다.

木이 봄에 태어났는데 水火가 없다면 木은 제대로 성장하기 어렵습니다. 水만 있고 火가 없다면 생명수는 공급이 되는데 따스한 온기가 없으니 사랑이 없는 성장으로 편협한 마음을 가질 수 있는 것입니다.
火는 있는데 水가 없다면 생명수가 없으니 木은 정신이 메마를 것이므로 성장이 어렵습니다. 그러나 火의 따스함이 있으니 온화한 마음을 가지고 꿈과 열정을 키워나갈 것입니다.

木이 여름의 대운으로 흐른다면 水가 반드시 필요하고 火는 그다지 필요하지 않게 됩니다.
여름에는 더위를 식혀줄 水가 무엇보다 필요하게 되며 土의 중개역할로서 金의 결실을 맺어 키울 수 있는 것입니다.
水나 土가 없다면 더위에 지친 몸으로 고생하여야 할 것이며 결실을 키우지 못하므로 꿈과 희망을 키울 수 없는 것입니다.

이와 같이 사주팔자에서 살아가는데 필요한 조건을 구비하였는가를 보고 구비하지 못하였다면 순조로운 삶을 살기 위하여서는 개운이라는 대책을 마련하여 조치를 취할 것을 궁리하며 실제 삶에서 실행하는 것이 물상 입체통변기법입니다.

水火의 균형과 조화는 삶을 쾌적하게 만들어 줍니다.

만물은 水火에 의하여 생존하고 삶을 살아가는 필수적인 요소가 되므로 水火의 균형과 조화는 반드시 필요한 것입니다.

水火는 서로 대립하며 견제하고 공존하는 상극관계로서 서로의 기세가 균형을 이루거나 구통수화溝通水火가 되어 중간에서 소통하게 한다면 만물은 살아가는 환경이 쾌적하다고 하는 것입니다.

여름에 火기가 왕성하여 열기가 강하다면 水기로써 火기를 진정시켜야 만물이 생존할 수 있으며 겨울에 水기가 왕성하여 한기가 강하다면 火기로써 水기를 진정시켜야 만물이 생존할 수 있는 것입니다.

사주팔자에 火기가 강한데 여름 대운으로 흐른다면 반드시 土기와 水기로써 火기를 진정시켜야 삶이 쾌적해지는 것입니다.

사주팔자에 水기가 강한데 겨울 대운으로 흐른다면 반드시 土기와 火기로써 水기를 진정시켜야 삶이 쾌적해지는 것입니다.

자평진전에 나오는 목화상관희견수木火傷官喜見水와 금수상관희견관金水傷官喜見官의 격국은 水火의 조화로 조후를 구비하여 부귀를 겸전하게 된다고 소개하고 있습니다.

목화상관희견수木火傷官喜見水란 木일간이 여름에 태어나 火기로 인하여 마르고 타죽을 위험에 있으니 水기를 반긴다는 뜻으로 水기로써 火기를 진정시켜 삶을 쾌적하게 만든다는 격국입니다.

금수상관희견관金水傷官喜見官이란 金일간이 겨울에 태어나 水기로 인하여 얼어붙으므로 火기를 반긴다는 뜻으로 火기로써 따뜻하게 하여 삶을 쾌적하게 만든다는 격국입니다.

조후調候란 기후를 조절하여 살아가는 환경을 쾌적하게 만드는 것으로 궁통보감의 조후용신은 이러한 작용을 조절하는 용신입니다.

水火와 木金은 서로 공존하며 살아가게 됩니다.

水기는 金기를 에너지로 사용하고

火기는 木기를 에너지로 사용합니다.

金기는 水기의 수원水源으로서의 역할을 하게 됩니다.

木기는 火기의 열원熱源으로서의 역할을 하게 됩니다.

木金은 水火의 의하여 성장하고 소멸하지만

水火는 木金이 있어야 왕쇠의 변화를 갖게 됩니다.

그러므로 水火와 木金은 서로 공존하면서 살아가게 됩니다.

목화통명木火通明은 木기가 火기로 발전하는 물상이며

금수상함金水相涵은 金기가 水기로 발전하는 물상입니다.

모두 맑은 격국으로서 총명하고 귀인이 되는 사주팔자입니다.

水火가 상호 보완하면서 木金을 생장소멸시키고

木金은 상호 보완하면서 생존하기 위한 공생관계를 만들어 갑니다.

木이 성장하기 위하여서는 金이 필요하고

金이 결실을 맺기 위하여서는 木이 필요합니다.

金의 살기는 木의 형질과의 조화로 결실을 튼실하게 키울 수 있고

木의 생기는 金의 형질과의 조화로 결실을 만들 수 있습니다.

그러므로 木과 金은 서로 공존하는 상극관계라고 하는 것입니다.

사주팔자에 木金이 강하고 균형되어 맑음을 이루고 있다면 재물추구하면서 명예를 추구하는 것이며 사주팔자에 水火가 강하고 균형되어 맑음을 이루고 있다면 명예를 추구하면서 재물을 추구한다고 합니다.

木金은 水火를 활용하여 재물을 생산하고 이름을 알리고 싶은 것이며 水火는 木金을 탄생하게 하고 기르는 역할을 하므로 명예를 빛내면서 木金의 재물을 소유하기 때문입니다.

2 4차원의 시각으로 바라보는 대운의 통변

木은 봄 대운에 성장을 하여야 하며
여름 대운에는 잎을 번성시키며 꽃을 피우고 수정을 하여 결실을 맺고 키워야 하며
가을 대운에는 결실을 숙성시켜 수확을 하여야 하며
겨울 대운에는 씨앗을 저장하고 새로운 甲木을 양육하는 것입니다.

木뿐만이 아니라 火水土金 등의 천간이 대운의 계절에 무엇을 하여야 하는 것을
입체적으로 살피는 것이 물상 입체통변입니다.

대운은 삶의 계절 환경입니다.
봄 대운은 인생의 삶에 있어서 봄과 같은 계절이라고 보는 것입니다. 여름 대운은
여름과 같은 삶의 인생 항로를 겪는 과정이라고 보는 것이고 가을과 겨울 대운 역
시 마찬가지입니다.

봄과 가을 대운에는 따뜻하고 시원하므로 인생의 삶에서 쾌적한 기후로 살아갈 수
있지만
여름과 겨울 대운은 덥고 추운 기후로 인하여 삶이 어려울 것입니다.
사주팔자에 난방장치와 냉방장치가 잘 되어있다면 어느 정도 쾌적한 삶을 살아갈
수 있지만 그래도 환경이 덥고 추우니 어려운 삶을 살기는 마찬가지입니다.

다행히 사주팔자가 대운의 계절에 잘 적응하면서 자신의 할 일을 제대로 한다면
발전하며 성장하는 운세가 되겠지만
대운의 계절에 적응하지 못하여 어려움을 겪는다면 하락운세가 되어 힘든 삶을 사
는 것입니다.

물상 입체통변은 이와 같이 삶의 환경에 얼마나 적응을 하는가에 따라 삶의 정도
가 달라지는 것을 보고 개운을 통하여 삶을 안정시키고자 하는 것입니다.

3 5차원의 시각으로 바라보는 세운의 통변

세운의 통변은 5차원의 시각으로 보아야 합니다.
1년간의 운세라고 하여 가볍게 여겨서는 안 됩니다.
흔히 세운을 대운의 지류 정도로 알고 있는데 이는 크게 잘못된 인식입니다.

대운은 월주에서 흐르는 4차원의 시공간이고
세운은 년주에서 흐르는 5차원의 시공간입니다.
그러므로 대운은 세운에 비하여 하위개념이라고 할 수 있습니다.

대운은 인생의 계절로서 사주팔자의 계절적 여건을 만들어 주면서 10년씩 진행하지만 세운은 사주팔자와 대운의 상황을 보면서 매년 달라지는 삶의 변화에서 득실에 따른 길흉을 분석하는 것입니다.

대운이 방합의 계절적인 환경이라면
세운은 삼합의 목적적인 환경입니다.

癸酉대운은 가을의 계절적 환경에서 癸水를 만들고자 합니다.
2019 己亥년에는 己土가 亥卯未의 시작을 하고자 합니다.

사주팔자와 대운이 세운의 뜻에 적합하다면 세운은 사주팔자를 도와주므로 성장운세가 되어 얻는 것이 많을 것이지만
세운의 뜻과 다르다면 하락운세로서 오히려 잃는 것이 많을 것입니다.

사주팔자의 주된 요소가 火기 인성이라면
2018 戊戌년에는 인성적 결산을 하고 水기를 성장시켜야 합니다.
戊土는 인성의 요소를 갈무리하고 식상활동으로 재성을 성장시키는 역할을 하므로 사주팔자가 개운을 통하여 이에 부응하여 활동하여야 안정운세를 누릴 수 있는 세운이라고 하는 것입니다.

◆ 5차원 간지물상의 개념도

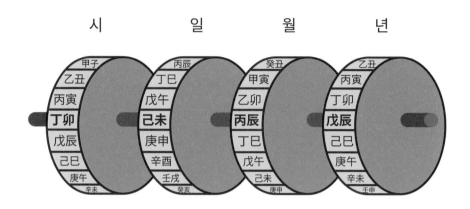

세월의 수레바퀴는 연월일시를 각각 돌면서 60갑자를 나타내는데
1년은 12개월이고
1개월은 30일이며
1일은 12시진입니다.

戊辰년 丙辰월 己未일 丁卯시에 멈춘 시간이 사주팔자입니다.
3차원의 60갑자가 연월일시에 배당되어 4차원과 5차원의 시공간을 돌다가 멈춘
순간입니다.

4차원의 시각으로 바라보면 대운은 월주가 10년씩 별도로 돌면서 사주팔자를 이
끌고 가는 것으로서 인생의 계절을 나타내면서 성장운세와 하락운세 그리고 안정
운세를 나타내는 것입니다.

5차원의 시각으로 바라보면 세운은 년주가 매년씩 별도로 돌면서 대운이 만든 인
생의 계절에 있는 사주팔자를 이끌고 가는 것으로서 인생의 길흉화복을 나타내는
것입니다.

4 5차원 입체 물상통변의 궁극적인 목적

5차원 물상 입체통변에서 가장 핵심적이라고 할 수 있는 것은
안정운세를 만들 수 있는 기회를 선택하여 행복한 삶을 살 수 있는 개운의 여건을
마련하는데 있습니다.

1차원과 2차원의 간지물상과 3차원의 간지물상으로 구성된 사주팔자가 원하는 것
이 있을 것이고
4차원의 시각으로 바라보는 대운이 원하는 것이 있을 것이고
5차원의 시각으로 바라보는 세운이 원하는 것이 있을 것입니다.

사주팔자가 金生水를 원하고 있으며 식신생재의 격국을 운영하고자 하는데
대운에서 가을의 계절이 왔다면 효과적으로 식상을 운영할 수 있는 여건이 되며
사주팔자가 원하는 金生水를 할 수 있으므로 성장운세로서 발전할 수 있는 기회라
고 할 것입니다.

그러나 봄의 계절이라면 木生火를 하여야 하므로 사주팔자가 원하는 金生水를 실
행하기 어렵습니다.
이때 사주팔자가 金生水를 고집한다면 하락운세를 경험하면서 어려운 삶을 살 수
있는 것입니다.

그러므로 사주팔자는 대운과 협상하면서 火기를 기르는 일에 협조한다면 金生水
를 할 수 있는 기초 에너지를 마련할 수 있는 기회가 되므로 하락운세를 멈추고 안
정운세로서 개운을 할 수 있는 것입니다.

개운이란 이와 같이 사주팔자와 대운과 세운이 서로 원하는 것을 조화롭게 협상하
면서 삶의 최적의 조건을 찾는 것으로 하락운세의 조짐을 미리 알고 이에 대처할
수 있는 지혜를 만드는 것이라고 할 수 있습니다.

제2장

1차원
간지물상

1
次
元
物
象

 1차원의 간지물상이란 천간과 지지의 글자를 자연계의 사물에 대입하여 사물의 형태와 성질로 바라보는 것입니다.

천간과 지지의 글자 하나하나를 독립적으로 바라보면서 글자의 고유한 특성을 나타냅니다.

천간의 1차원 물상

천간은 오행이 음양으로 분화된 것으로 오행의 물상에 기초합니다.

천간의 1차원 물상은 자연의 형상과 성정에 따릅니다.
오행에서 비롯된 천간은 우주변화의 원리이므로
우주의 사물에서 천간의 형상과 성정을 찾을 수 있습니다.

◆ 천간의 1차원 물상

木	火	土	金	水
甲 나무 乙 화초	丙 태양 丁 달빛	戊 산야 己 논밭	庚 바위 辛 보석	壬 바다 癸 빗물

甲木은 나무와 숲, 기둥, 대들보 등의 형상과 성정을 가지고 있으며
乙木은 풀과 화초, 새 등의 형상과 성정을 가지고 있습니다.

丙火는 태양의 형상과 성정을 가지고 있으며
丁火는 촛불, 등대 등의 형상과 성정을 가지고 있습니다.

戊土는 산야, 댐, 방파제, 사막 등의 형상과 성정을 가지고 있으며
己土는 논밭, 정원, 과수원 등의 형상과 성정을 가지고 있습니다.

庚金은 바위, 무쇠, 열매 등의 형상과 성정을 가지고 있으며
辛金은 보석, 수정, 유리, 씨앗 등의 형상과 성정을 가지고 있습니다.

壬水는 바다, 은하수, 강과 하천 등의 형상과 성정을 가지고 있으며
癸水는 빗물, 강물, 시냇물 등의 형상과 성정을 가지고 있습니다.

◆ 甲木의 물상

甲木은 커다란 나무와 고층 건물, 탑 등으로 표현합니다.
땅을 뚫고 들어가는 뿌리의 진취성과 개척정신이 있습니다.
기획력이 뛰어나고 생기가 발랄하며 창조력이 뛰어나지만
앞만 보고 달리면서 멈출 줄을 모르므로 시행착오를 겪기도 합니다.

甲木은 생기로써 乙木의 형질을 완성하는 역할을 합니다.
水火의 조건이 적절하면 씨앗에서 분출하여 乙木의 가지와 잎을 피우는 생기작용
을 하는 것입니다.

살아있는 생목生木과 죽어있는 사목死木으로 구분하기도 합니다.
생목生木은 습기가 있고 태양 빛과 적당한 온도의 환경에서
가지와 잎이 번성하고 꽃을 피우고 열매를 맺으며 살아가는 나무로서
소나무, 잣나무, 전나무, 주목, 꽃나무, 과일나무 등이 해당됩니다.

사목死木은 습기가 없어 말라 죽은 나무로서
벌채되어 집을 짓는 원목이나 재목으로 기둥이나 대들보로 쓰이고
책상이나 의자 등의 가구를 만들거나 종이나 펄프를 만드는 재료로 쓰이기도 하며
쓸모없는 것은 땔감으로 쓰이게 됩니다.

◆ 乙木의 물상

乙木은 넝쿨이나 잡초, 화초 등의 물상으로 들에서 자라는 야생화와 정원 또는 실
내에서 자라는 화초나 가지와 잎으로 보기도 하면서
또한 벼, 보리, 콩 등의 곡물과 각종 채소 등으로 보기도 합니다.

각종 새들이 지저귀는 모습으로 보면서 말을 잘하는 강사, 연사, 웅변가, 상담사 등
의 물상으로 보기도 하며 종이, 서적, 섬유, 의류, 공예품, 장식 등의 물상으로 보기
도 합니다.

◆ 丙火의 물상

丙火는 강렬한 빛과 열을 가지고 있으므로 태양으로 표현되며
활짝 피기 직전의 꽃봉오리의 물상으로 표현하기도 합니다.
봄과 여름에는 만물을 성장시키는 역할을 하며 가을과 겨울에는 빛과 열로서 만물
을 숙성시키고 추위로부터 보호하여 주는 역할을 합니다.

성정으로는 밝고 명랑하고 열정적이며 적극적이고 쾌활하며 예의 바르지만 구름
에 태양이 가리듯이 쉽게 싫증을 느끼며 돌아서기도 합니다.
대체로 화려한 것을 좋아하고 현실세계와의 동떨어진 사고를 하지만 꿈과 이상을
실현하기 위한 노력을 하면서 명예를 추구하기도 합니다.
사회적으로 인기가 있는 연예인이나 정치인 그리고 언론, 예술, 문화, 홍보, 스포츠
분야에서 빛을 내기도 합니다.

◆ 丁火의 물상

丁火는 달빛, 별빛, 촛불, 등대와 같은 작은 불빛으로 표현되며
야간 조명으로 사용되는 전등과 가로등, 네온사인 또는 가스불, 연탄불, 숯불, 모닥
불, 화로불, 전등 등으로 표현하기도 합니다.

丁火의 열기는 丙火의 생기로써 만드는 것입니다.
丙火는 어두운 밤이나 추운 겨울에 丁火로 하여금 자신을 대신하여 빛과 열로써
봉사를 하게 합니다.

활짝 핀 화려한 꽃의 형상으로 힘센 장정壯丁의 모습이기도 하면서
화려함을 한껏 발휘하며 농염하고 정열적이며 이성과의 사랑을 즐기기를 좋아하면
서 창의적인 재능을 가지고 종교, 철학, 예술분야에서 두각을 나타내기도 합니다.

◆ 戊土의 물상

戊土는 대지의 흙으로 산, 광야, 황무지, 사막 등으로 표현되고
태산과 같이 무겁고 중후하면서도 무성한 만물의 물상이기도 합니다.
土의 중개 특성으로 부동산 중개나 외교적 협상 등에서 능력을 발휘하기도 합니다.

물을 막는 댐이나 제방 또는 방파제가 되기도 하고
불을 가두어 쇠를 제련하는 용광로가 되기도 하며
외부의 침입을 막는 성벽이나 담장 또는 울타리가 되기도 합니다.

성정으로는 주관이 뚜렷하고 개성이 있으며 고집스럽기도 합니다.
만물을 성장시킬 때는 친화력을 가지고 한없이 베푸는가 하면
만물을 저장시킬 때는 포용력을 가지고 한없이 품어주기도 합니다.
그러나 만물이 戊土의 품을 떠나면 배신감을 느끼면서 괴로워하고 외로움과 고독
을 느끼기도 합니다.

◆ 己土의 물상

己土는 논과 밭이나 과수원, 텃밭, 옥토 등으로서
곡식과 과실 그리고 채소 등을 생산하고 가꾸기를 좋아하므로
농업, 과수원, 공예, 정원관리, 인테리어, 세무, 경리, 사무 등에서 능력을 발휘하며
흙으로 빚은 도자기, 장독, 사기그릇, 질그릇 등으로 보기도 합니다.

성정으로는 집안의 정원과 안마당의 물상으로 어머니의 품과 같은 포용력이 있으
며 부드럽고 자애로우나 우유부단하고 결정력이 약한 면도 있습니다. 논과 밭은
특성상 뚜렷한 주관이 없으므로 때로는 표리부동하다는 이야기를 듣기도 합니다.
또한 음양의 중개역할을 수행하며 金火교역과 水木교역의 주체적인 역할을 마다
하지 않습니다.

◇ 庚金의 물상

庚金은 바위, 자연석, 광석 또는 익지 않은 열매 등의 물상으로
원광석이나 가공되지 않은 무쇠와 강철 등으로 표현되기도 하며
비행기나 대형 선박, 탱크, 중장비. 자동차 등으로 보기도 하므로
군인, 경찰, 검찰, 항공사, 선박회사, 은행, 제철소, 경호업체 등의 물상이기도 합니다.

성정은 결단력이 강하고 냉혹한 면이 있으며 정의롭고 희생정신이 강한 영웅의 모
습을 나타내기도 하며 새로운 질서를 만들기 위한 개혁정신이 강하지만 때로는 독
선적이고 지배적인 독재자의 모습을 보이기도 합니다.

庚金의 숙살지기肅殺之氣는 성장하고자 하는 생기生氣를 차단하여 잎을 떨어뜨리
고 과실을 생산하여 숙성시켜야 하므로 냉혹하며 결단성이 강한 특징이 있습니다.

◇ 辛金의 물상

辛金은 구슬과 다이아몬드, 금, 은 등의 보석이나 구리, 동, 납, 주석, 알미늄 등의
금속 공예품과 동전 등의 물상으로 표현하며
유리, 수정 등 인테리어에 쓰이는 여러 가지 장식품으로도 표현하고
쇠로 만든 도끼, 낫, 칼 등이나 바늘이나 침, 주사바늘, 수저, 면도칼, 주방칼, 정밀
기계, 반도체 등으로 보기도 합니다.
농작물의 여러 가지 씨앗의 물상으로 보기도 하며 매운 맛을 상징하는 고추나 후
추, 겨자 등으로 보기도 합니다.

성정으로는 자신의 명예를 중시하고 자만심이 강하지만 날카로운 성격으로 인하
여 자신과 상대 모두에게 상처를 입히기도 합니다.
씨앗의 물상을 가지고 있으므로 새롭게 창조하는 면도 있으나
일을 처리함에 있어서 냉정하고 논리적이며 경제적이고 실리적이며 타산적인 면
이 있습니다.

◆ 壬水의 물상

壬水는 강, 호수, 저수지, 바다 또는 하늘의 은하수의 물상으로 표현되며 구름과 홍수 등으로 보기도 합니다.

壬은 아이를 밴다는 임妊에서 비롯되었으므로 만물을 잉태하는 형상으로 어머니의 자궁, 양수로 표현되기도 합니다.

성정으로는 어머니의 자애로운 성품으로 인자한 모습이지만 아이를 잉태하기 위한 성욕으로도 표현합니다.

바다와 같이 포용력이 넓은 마음을 지녔지만

깊은 바다 속과 같이 자신을 드러내지 않는 음흉함이 있는가 하면

거센 파도와 해일이 넘치듯이 난폭한 성정을 나타내기도 합니다.

◆ 癸水의 물상

癸水는 하늘에서 내리는 천수天水라고도 하며 빗물, 계곡물 등의 물상이며 안개와 수증기, 샘물, 음료수, 우유, 젖 등으로 보기도 합니다.

흐르는 물과 같이 시장으로 상품이 유통되는 물상으로서 도소매업의 유통업과 백화점과 마트의 판매행위 등으로도 볼 수 있습니다.

성정으로는 만물의 생명수가 되므로 아이를 키우는 정성이 지극하고 어머니의 자애로운 마음씨를 갖게 됩니다.

물처럼 어느 곳에나 스며드는 융통성이 있으나 때로 비밀스러운 면을 보이기도 하며 지혜가 있어 총명한 편이나 때로 자만심으로 인하여 남을 업신여기기도 합니다.

만물에게 물을 제공하여 성장을 도우므로 보육원, 어린이집 등에서 아이를 돌보는 일을 즐겨하기도 합니다.

◆ 적천수로 보는 천간의 물상

◆ 甲木

갑목참천甲木參天 탈태요화脫胎要火
甲木은 하늘 높이 치솟고 껍질을 벗기 위해서는 火가 필요하다.

나무는 위로만 오르려는 성질을 가지고 있는 것이므로 하늘 높이 치솟는다고 표현한 것입니다. 하늘로 오르려는 기상이 웅장하고 진취성과 돌파력으로 앞만 보고 돌진하는 특성이 있으므로 앞장서서 나아가는 리더로서의 역할에 적합하다고 하는 것입니다.

甲木이 씨앗을 뚫고 나오려면 火기로써 분출력을 만들어야 껍질을 뚫고 나올 수 있습니다. 火기는 甲木을 분출시키는데 필요한 에너지로서 로켓의 연료를 점화시키는 역할을 하는 것입니다.

춘불용금春不容金 추불용토秋不容土
봄木은 金을 허용하지 않으며 가을木은 土를 허용하지 않는다.

봄에 金을 허용하지 않는다는 것은 金의 살기로 인하여 木의 생기가 다칠 수 있기 때문입니다.
그러나 물상에서는 木은 金으로서 가지치기를 해주어야 튼실한 결실을 맺을 수 있기 때문에 金이 매우 필요하다고 합니다.

가을에 土를 허용하지 않는다는 것은 가을 金이 강한데 土가 金을 생하여 주므로 더욱 강하게 만들기 때문이라고 하지만
물상에서는 土가 있어야 木기가 金기를 성장시킬 수 있습니다.

화치승룡火熾乘龍 수탕기호水蕩騎虎
火기가 치열하면 辰土를 타고 水기가 범람하면 寅木을 타야한다.

辰土는 水기가 저장되어 있는 습토이므로 火기가 치열하여도 辰土가 火기를 설기하여 주므로 甲木은 안전하다고 하는 것입니다.
물상에서는 辰土는 水기를 보호하고 火기의 발전을 위하여 甲木의 생기를 소모시키므로 火기가 치열하다면 오히려 甲木의 생기는 소멸될 것입니다.

寅木은 甲木의 록지이므로 水기가 범람하여도 능히 수용할 수 있으므로 水기가 범람하면 寅木을 타고 있으면 안전하다고 하는 것입니다.
물상에서도 寅木은 범람하는 水기를 수용할 수 있는 능력이 있다고 봅니다.

지윤천화地潤天和 식립천고植立千古
땅이 윤택하고 하늘이 화평하면 오랫동안 유지될 것이다.

땅이 水기로 인하여 촉촉하고 하늘의 태양과 조화로우면 천년동안 오래도록 생명을 유지하며 자랄 수 있다고 합니다.
甲木이 생존을 하고자 한다면 水火가 적당하고 조화가 되어야 합니다.
水火가 태과불급하면 甲木은 생존하기 어렵기 때문입니다.

水火의 조절은 조후의 요건이므로 생존하는 조건이기도 합니다.
水는 생명수로서의 역할을 하며 火는 자양분의 역할을 하기 때문입니다. 생명수가 있어야 성장할 수 있으며 자양분이 있어야 발전할 수 있습니다.

식립천고란 나무가 한 곳에서 천년동안 자란다는 뜻입니다.
水火가 조절되어 환경이 쾌적하다면 오랫동안 살 수 있는 것입니다.
모든 만물에게 적용되는 말이라고 할 수 있습니다.

◆ 乙木

을목수유乙木雖柔 규양해우刲羊解牛
乙木이 비록 유연하지만 未土와 丑土에 뿌리를 내릴 수 있다.

甲木은 양목陽木이므로 양의 성질상 강하다고 하며 乙木은 음목陰木이므로 음의 성질상 유연하다고 합니다. 甲木을 거목으로 표현하고 乙木을 풀로서 표현하는 이유입니다.

물상에서는 乙木은 형질이므로 오히려 단단하다고 하는 것입니다.
甲木은 나무를 자라나게 하는 생기이므로 형체가 없는 것이고
乙木은 나무의 형상으로서 형질이므로 형체가 있는 것입니다.
대체로 甲木을 나무의 줄기로 표현한다면 乙木을 나뭇가지나 잎으로 표현하기도 합니다.

양羊은 동물의 양으로서 未土이고 우牛는 동물의 소로서 丑土입니다.
未土는 혹서의 시기이고 丑土는 혹한의 시기입니다. 혹서와 혹한에도 불구하고 뿌리를 내리며 생존하는 강인한 정신력과 인내력이 있음을 말하고 있습니다. 대체로 잡초의 근성이라고 표현하기도 합니다.

회정포병懷丁抱丙 과봉승후跨鳳乘猴
丁火와 丙火와 함께 있으면 酉金과 申金에 올라탈 수 있다.

봉鳳은 닭으로서 酉金이고 후猴는 원숭이로서 申金입니다.
가을의 申酉金에 있어도 丙丁火가 있으면 자신의 할 일을 능히 할 수 있다는 것입니다.

물상에서는 乙木은 결실을 성장시키고 숙성시키는 역할을 하므로 여름에는 壬癸水가 반드시 있어야 성장을 시킬 수 있듯이 가을에는 丙丁火가 반드시 있어야 결실을 숙성시킬 수 있는 것입니다.

허습지지虛濕之地 기마역우騎馬亦憂
허습한 지지에서는 午火를 타고 있어도 근심이 있다.

지지가 습하여 뿌리가 부패하므로 午火가 있어도 근심 걱정이 있다고 하는 것입니다. 허습하다는 것은 水기는 많은데 火기가 없으므로 습기로 인하여 뿌리가 부패하거나 떠내려가는 것을 말하며 마馬는 말로서 午火입니다.

물상에서도 水火가 조화가 되어야 근심걱정이 없습니다.
水기만 가득하다면 乙木의 뿌리가 견디기 어려우며
火기만 가득하여도 역시 乙木의 뿌리는 견디기 어려운 것입니다.
水火의 조화를 조후라고 하며 삶의 환경이 쾌적하므로 근심걱정 없이 편안하게 살수 있다고 하는 이유입니다.

등라계갑藤蘿繫甲 가춘가추可春可秋
甲木에 기대어 의지하면 봄이나 가을 모두 좋다.

등라라고하는 것은 나무에 기생하여 사는 넝쿨을 말합니다.
乙木을 넝쿨에 비유하고 甲木을 나무에 비유하여 나무를 감고 의지하며 살아가는 넝쿨이라고 하므로 봄이나 가을이나 모두 안전하게 자랄 수 있다는 것입니다.

물상에서는 甲木의 생기로 乙木의 형질을 만들어 木기를 완성시키는 것이므로 甲木이 없다면 乙木은 성장하기 어려운 것입니다.

乙木의 형질은 형체로서 굳은 것이므로 단단하며
봄 여름 가을에는 꽃을 피우고 결실을 매달아 키우는 역할을 하고
겨울에는 낙엽이 되어 떨어지고 봄에 새잎이 나오듯이 다시 甲木의 생기에 의하여 새로운 형질을 만들어 이어나가는 것입니다.

◆ 丙火

병화맹렬丙火猛烈 기상모설欺霜侮雪
丙火는 맹렬하며 서리와 눈을 업신여긴다.

丙火는 양간 중에서도 가장 강한 양의 기를 가지고 있는 순수한 양기의 불로서 태양과 같이 빛과 열이 맹렬하므로 가을과 겨울의 서리와 눈을 두려워하지 않는다는 것입니다.
가을의 서리는 庚金의 숙살지기肅殺支氣를 말하는 것이며
겨울의 눈은 壬水의 차가운 한기를 말하는 것입니다.

물상에서는 丙火의 빛은 庚金의 숙살지기를 능히 없앨 수 있다고 하지만 庚金은 丙火의 열기가 있어야 결실을 숙성시킬 수 있으므로 매우 필요하다고 할 것입니다. 가을에 강렬한 햇빛이 과일을 숙성시키는 이치라고 할 수 있습니다.
또한 겨울의 혹한의 추위에 丙火의 열기는 만물이 생존하는데 필요한 것이므로 역시 매우 필요한 것이라고 할 수 있습니다.

능단경금能煅庚金 봉신반겁逢辛反怯
庚金을 제련할 수 있으나 辛金을 만나면 도리어 겁을 낸다.

庚金을 만나면 능히 단련시킬 수 있어도 辛金을 만나면 오히려 겁을 먹는다고 합니다.
丙火는 庚金을 숙성시키므로 제련을 한다는 것입니다. 제련을 하여야 쓸모 있는 금속을 만들어 도구를 생산할 수 있기 때문입니다.

丙辛이 합하면 水기를 낳으므로 자신에게 위협이 되므로 겁을 낸다고 하는 것입니다. 물상에서는 水기는 맹렬한 火기를 제어하므로 만물의 목마름을 해결하는 공이 있다고 합니다.

토중성자土衆成慈 수창현절水猖顯節
土가 많아도 자애롭고 水가 날뛰어도 절개를 드러낸다.

土는 丙火의 자식이니 아무리 많아도 자애롭다고 하는 것입니다.
水는 적이니 적이 날뛰어도 절개를 굽히지 않고 대항한다고 합니다.

물상에서는 丙火의 양기가 매우 강하므로 土기가 아무리 많아도 설기하여 주므로
귀엽게 봐주는 것이라고 합니다.
일반적으로 토다화회土多火晦라고 하여 土기가 많으면 火기는 어두워지는 법인
데 이는 丁火에게 해당하는 말이고 丙火는 태양으로서 지구 전체를 포용하므로 자
애롭다고 하는 것입니다.

또한 아무리 매서운 추위일지라고 丙火의 태양은 한결같이 빛과 열을 뿜어내며 한
기를 녹이므로 추위에 굴복하지 아니하고 꿋꿋하게 자신의 자리를 지키고 있는 것
입니다.

호마견향虎馬犬鄕 갑래분멸甲來焚滅
남방에 甲木이 오면 타버리게 될 것이다.

호마견향이란 호랑이 말 개로서 寅午戌 남방火대운을 뜻합니다.
火대운에 丙火가 치열한데 甲木이 온다면 丙火를 더욱 극성스럽게 만드니 모든 것
이 불타 없어진다는 것입니다.

물상에서는 甲木의 생기가 丙火의 생기를 기르고 성장시키는 것이므로 봄에는 매
우 유용하지만 여름이 되면 甲木의 생기는 쇠약해지고 힘이 없으므로 더 이상 丙
火를 생할 수 없다고 합니다.

그러므로 남방 火운에는 여름으로서 甲木의 생기가 소멸되는 때이므로 분멸하여
없어지는 것은 당연하다고 할 것이며 丁火의 열기를 증진시켜주는 역할을 동시에
할 것입니다.

◆ 丁火

정화유중丁火柔中 내성소융內性昭融
丁火는 유연하고 중정을 지키며 속성은 밝고 명백하다.

丙火는 양화陽火이므로 강건하다고 하며 丁火는 음화陰火이므로 유약하다고 하는 것입니다. 그러나 성품은 밝고 분명하다고 하는 것으로 비록 작은 불빛이지만 밝은 빛으로 주위를 비추어주기 때문이며 어두움 속에서 밝은 빛을 유지하면서 주위를 비추어주니 중정이 있다고 하는 것입니다.

물상에서는 丁火는 등불이고 등대이며 촛불이면서
쇠를 녹이는 용광로의 강렬한 열기로도 표현을 하고
과일을 숙성시키는 열기로서의 역할을 하며
추위를 녹이는 난로불로서의 역할도 합니다.
등대는 어두운 바다를 멀리까지 비추며 배를 인도하는 역할을 합니다.

포을이효抱乙而孝 합임이충合壬而忠
乙木을 끌어안으면 효도하고 壬水와 합하면 충의를 지킨다.

乙木은 丁火의 편인으로서 길러준 모친이니 辛金이 乙木을 극하고자 하면 辛金을 극하여 보호하여 주므로 효도한다고 하는 것이고
壬水를 戊土가 공격하면 丁火는 신하로서 壬水와 합하여 木기를 생산하고 戊土의 공격을 무력화 시키니 충의를 지킨다고 하는 것입니다.

물상에서는 乙木은 庚金을 통하여 辛金을 기르는 역할을 하므로 丁火의 도움이 필요하게 됩니다. 또한 丁壬이 합하면 木기를 생산하는 것이니 甲木의 생기를 증진시키는 역할을 하므로 乙木의 형질이 성장할 수 있는 여건을 만들어 주는 것입니다.

왕이불열旺而不烈 쇠이불궁衰而不窮
왕성해도 맹렬하지 않고 쇠약해도 소멸되지 않는다.

음화陰火의 유연하면서도 밝고 강한 면모를 보이는 것으로서 왕성하여도 치열하지 않고 쇠약하면서도 궁색하지 않다고 하는 것입니다.
불이 꺼져도 불씨는 은근하게 오래가므로 소멸되지 않는다고 합니다.

물상에서도 등대의 불빛은 어두운 바다를 멀리까지 비추므로 유연하면서도 강한 불빛을 가지고 있지만 그렇다고 태양처럼 맹렬하지도 않은 것입니다.
은근히 불타오르는 왕성한 열기는 쇠를 녹일 수도 있으며
산불은 온 산의 나무를 모조리 불태우기도 합니다.

아무리 추운 겨울이라고 할지라도 땅속에서 솟아 나오는 샘물은 모락 모락 김이 올라오면서 따뜻한 열기를 가지고 있으니 쇠약해도 소멸되지 않는다고 할 수 있습니다.

여유적모如有嫡母 가추가동可秋可冬
친모가 있게 되면 가을도 좋고 겨울도 좋다.

적모란 친모를 말합니다. 丁火의 친모는 甲木이므로 가을과 겨울에 있어도 좋다는 것입니다. 甲木은 丁火의 불길을 살려주는 에너지로서의 역할로서 유용하기 때문입니다.

물상에서는 甲木의 생기가 丙火의 생기를 기르는 역할을 하면서
丁火의 열기를 생산하는 에너지로서의 역할도 한다고 보는 것입니다.
마치 甲木의 나무가 장작이 되어 丁火의 불꽃을 만들어 열기를 생산하는 것이니 가을과 겨울에 유용하게 쓰인다고 보면 될 것입니다.
이를 벽갑인정劈甲引丁이라고 하여 庚金으로 甲木의 장작을 패서 丁火의 불길을 만든다고 하는 것입니다.

◆ 戊土

무토고중戊土固重 기중차정旣中且正
戊土는 견고하고 중후하며 이미 중용을 지키며 또한 바르다.

戊土는 산의 물상이므로 단단하고 중후하다고 하는 것이며
음양을 중개하므로 중용을 이미 지킨 것이니 그 행위가 바르고 공정하다고 하는
것입니다.

물상에서도 戊土는 산의 중후함을 가지고 있다고 보는 것입니다.
지구와도 같으며 넓은 황야로도 표현하며 성벽으로도 표현하므로
견고하고 무거워야 제 구실을 할 수 있는 것입니다.

戊土의 구실은 만물이 살아갈 수 있는 터전을 제공하고 만물을 보호하는 역할을
하면서 만물의 성장과 소멸을 동시에 담당하기도 합니다.

정흡동벽靜翕動闢 만물사명萬物司命
고요하면 닫히고 움직이면 열리니 만물의 생명을 주관한다.

봄과 여름의 기는 움직이며 열리는 것이니 만물을 발생시키고
가을과 겨울의 기는 고요하여 닫히니 수렴 저장하므로 만물의 생명을 주관한다고
하는 것입니다.

물상에서도 戊土의 움직임으로 만물의 성장과 소멸이 이루어지는 것이므로 만물
의 생명을 주관하는 것입니다.
戊辰은 만물을 성장하게 만드는 역할을 담당하는 것으로 봄과 여름에 움직이며 열
리는 동벽이라고 하며
戊戌은 만물을 소멸하게 만드는 역할을 담당하는 것으로 가을과 겨울에 고요하며
닫히는 정흡이라고 합니다.

수윤물생水潤物生 화조물병火燥物病
水로써 윤택하면 만물을 생하고 火로써 건조하면 만물이 병든다.

土는 水로써 윤택한 것이니 만물을 생하는 것이고
土는 火로써 건조한 것이니 만물을 병들게 하는 것입니다.

물상에서도 水火의 조건이 만물을 생존하게 하는 것이므로
戊土가 水기를 머금으면 만물을 성장시키며 번성하게 하고
戊土가 火기를 머금으면 만물을 마르게 하며 병들게 하는 것입니다.

나뭇잎이 水기가 있으면 푸르름을 유지하면서 번성하지만
나뭇잎이 火기로 인하여 水기가 마르면 낙엽이 되는 이치와 같습니다.

약재간곤若在艮坤 파충의정怕沖宜靜
만약 寅申에 있으면 충을 두려워하므로 마땅히 안정되어야 한다.

간艮은 寅木이 있는 곳이고 곤坤은 申金이 있는 곳입니다.
寅申은 만나면 서로 경쟁하며 충을 하면서 불안한 상태가 되므로
만물을 소생하거나 결실을 숙성시키는데 방해가 되므로 안정되어야 한다는 것입니다.

물상에서도 戊寅은 만물을 소생하게 하는 작용이 있으며
戊申은 만물을 병들게 하여 죽음에 이르게 하는 작용이 있습니다.
戊寅과 戊申이 만나면 서로의 뜻이 달라 한쪽은 살리고자 할 것이며 한쪽은 죽이고자 할 것이니 서로 자기의 주장을 하면서 갈등을 일으키게 되는 것입니다.

그러므로 戊寅과 戊申이 만나면 서로 두려워하는 것이니 서로 갈등을 일으키지 말고 안정된 상황으로 나아가야 만물은 안심하고 성장하거나 죽음을 준비할 수 있는 것입니다.

◆ 己土

기토비습己土卑濕 중정축장中正蓄藏
己土는 비습하면서 중심을 바르게 가지고 있다.

己土는 음토陰土로서 만물을 길러야 하므로 습기를 포함하고 있어야 만물을 기르는 경작지로서의 역할을 할 수 있으므로 음습하다고 합니다. 또한 戊土의 중정한 덕성을 이어받아 음양을 조절하며 만물을 골고루 기르고자 하므로 중심을 바르게 가지고 있다고 합니다.

물상에서도 己土는 습기를 가지고 있어야 만물을 기를 수 있습니다.
己土에게 火기가 가득하고 水기가 없다면 조열하다고 하며 가뭄에 갈라진 논밭과 마찬가지이므로 화다토초火多土焦현상이 일어나면서 만물을 기를 수 없는 것입니다.
또한 水기만 가득하고 火기가 없어도 역시 한파에 만물을 기를 수 없으므로 역할을 하지 못하므로 水火의 균형이 반드시 필요한 것입니다.

불수목성不愁木盛 불외수광不畏水狂
木의 왕성함을 염려하지 않고 水가 날뛰어도 두려워하지 않는다.

己土는 木의 뿌리를 받아들여 자라게 하므로 왕성하게 자라는 것을 좋아하며 水기를 저장할 수 있으므로 두려워하지 않는다고 합니다.

물상에서도 己土는 甲木을 합거하여 甲木의 생기를 거두어 土기를 생산하여 만물을 기르고자 하므로 木기가 매우 왕성하여도 수용할 수 있지만 그래도 능력이 초과되면 목다토괴木多土壞현상이 일어나며 무너지는 것이니 어쩔 수 없는 것입니다. 또한 水기가 매우 강하여 미처 날뛴다면 수다토류水多土流의 현상이 일어나면서 물에 휩쓸리게 될 것입니다.

화소화회火少火晦 금다금광金多金光
적은 火는 어두워지지만 金은 많아도 빛이 나게 한다.

己土는 습토이므로
약한 火는 장작불에 젖은 모래를 끼얹어 불을 끄듯이 습토에 의하여 불이 꺼지므로 어두워진다고 하며
습토로써 놋그릇을 닦듯이 金을 깨끗이 닦아주므로 빛이 난다고 하는 것입니다.

물상에서도 火기가 약하면 己土에 의하여 토다화회土多火晦의 현상이 일어나며 불이 어두워지는 것이며
金기가 많으면 금다토박金多土薄의 현상이 일어나며 己土가 얇아지므로 金기를 깨끗이 닦을 수 있어도 만물을 경작하기는 어려운 것입니다.

약요물왕若要物旺 의조의방宜助宜幇
만약 만물이 왕성하기를 바란다면 마땅히 도와야 할 것이다.

己土는 만물을 기르는 어머니와 같은 임무가 있으므로
만물이 왕성하게 자랄 수 있도록 돕는 것이 본분인 것입니다.

물상에서도 己土는 곤덕坤德이 있다고 하였습니다.
곤덕이란 어머니의 덕으로서 만물을 기르는 역할을 하는 것입니다.
만물이 왕성하게 성장하기를 바란다면 만물을 기르는 어머니를 도와야 할 것입니다.

己土를 돕는 것은 水火의 공덕이 있어야 하는 것입니다.
水火가 적절하여야 己土는 만물을 기르는 역할을 무난하게 수행할 수 있는 것입니다. 또한 戊己土의 도움이 있어야 안정된 역할을 할 수 있는 것입니다.

◇ 庚金

경금대살庚金帶殺 강건위최剛健爲最
庚金은 숙살지기를 갖고 있으므로 가장 강건하다.

庚金은 생기를 죽이는 숙살의 기운을 갖고 있으므로 강하다고 하는 것입니다. 생기는 만물이 성장하는 기운이고 숙살은 만물의 성장을 멈추게 하여 죽음에 이르게 하는 기운입니다.

물상에서도 庚金은 생기를 죽이는 역할을 하지만
甲木을 성장시키는 역할도 아울러 하므로 서로 상생한다고 하는 것이며 상극한다고 하는 것입니다.

甲木이 사목死木일 경우에는 庚金의 도끼로 쪼개어 불쏘시개로 쓸 수밖에 없습니다. 이를 벽갑인정劈甲引丁이라고 하여 庚金으로 甲木의 장작을 패서 丁火의 불길을 만든다고 하는 것입니다.

득수이청得水而淸 득화이예得火而銳
水를 얻으면 맑아지고 **火**를 얻으면 예리해 진다.

金의 살기를 水기로 깨끗이 씻어내면 맑은 기운이 되며
火기로 단련하면 날카로운 칼날과 같이 예리해진다고 합니다.

물상에서도 庚金의 살기는 壬癸水로 씻어내야 맑아지는 것이며
火기로 단련하여야 예리해 진다고 하는 것입니다.
가을의 庚金이 壬癸水가 투출하여 기세가 강하다면 금수상함金水相涵이라고 하며 부귀가 보장되는 높은 격국이 되는 것이며
겨울의 庚金이 丙丁火가 투출하여 기세가 강하다면 금수상관희견관金水傷官喜見官이라고 하여 역시 높은 격국이라고 하는 것입니다.

토윤즉생土潤則生 토건즉취土乾則脆
습토는 생하여주지만 건토는 무르게 한다.

辰土를 습토라고 하며 金을 성장하게 하지만
戌土를 건토라고 하며 金을 무르게 한다고 합니다.

물상에서도 辰土는 십이운성으로 庚金의 양지養支로서 金기를 품고 기르는 자궁
의 역할을 하며
戌土는 십이운성으로 쇠지衰支가 되므로 金기가 쇠약해지는 시기가 되는 것입니다.
그러므로 辰土에서 庚金을 생하게 하여주는 것이며
戌土에서 庚金을 무르게 하여 주는 것입니다.

능영갑형能嬴甲兄 수어을매輸于乙妹
甲木은 이길 수 있지만 乙木에게는 진다.

庚金의 살기는 甲木의 생기를 능히 없앨 수 있지만
甲木의 누이인 乙木은 庚金과 합을 하므로 살기를 발휘하지 못하여 진다고 하는
것입니다.

물상에서도 甲木의 생기는 庚金의 살기에 의하여 없어지는 것입니다. 庚金이 과실
을 키우기 위하여서는 부득이 甲木의 생기를 없애야만 성장에 필요한 에너지를 전
환하여 과실을 키우는 에너지로 활용할 수 있기 때문입니다.

그러나 乙木은 가지로서 庚金의 과실을 매달고 키워주기 때문에 乙木을 잘라버리
면 과실을 키울 수 없으므로 庚金은 乙木을 자르지 못하는 것입니다.
乙木과 庚金은 천간합을 하는 사이이므로 부부사이라고도 합니다.

◇ 辛金

신금연약辛金軟弱 온윤이청溫潤而清
신금은 연약하며 따뜻하고 윤택하며 맑다.

庚金은 양금陽金이므로 강하다고 하며 辛金은 음금陰金이므로 연약하다고 하는 것입니다.
火의 따스한 온기와 水의 촉촉한 윤기를 만나면 맑아진다고 합니다.
辛金도 水火의 조화가 이루어지면 역시 맑아지는 것입니다.

물상에서는 辛金은 보석으로 보며 인간이 사용하는 모든 철로 만든 도구를 말하기도 합니다.
다이아몬드는 매우 단단하고 철로 만든 도구도 단단하므로 연약한 이미지와는 다른 면모를 나타내기도 합니다.
辛金은 날카로운 칼이나 침 또는 바늘, 안테나, 보석 등의 물상으로 표현하기도 합니다.

외토지첩畏土之疊 요수지영樂水之盈
土가 겹쳐짐을 두려워하고 水의 가득참을 즐거워한다.

土는 辛金을 흙속에 묻어버리므로 두려운 것이고
水는 辛金을 닦아 빛나게 하는 것이니 즐거워한다는 것입니다.

물상에서도 토다금매土多金埋라고 하여 土가 많으면 흙속에 金이 묻히므로 사용하지 못한다고 표현합니다.

또한 물이 많으면 수다금침水多金沈이라고 하여 金이 물속에 가라앉는다고 합니다. 金은 철의 물상으로서 무거우니 물속에 가라앉는다는 것입니다.

능부사직能扶社稷 능구생령能救生靈
능히 사직을 돕고 백성을 구한다.

사직은 왕실의 조상으로 재성이며 재성은 백성이기도 합니다.
辛金에게 木은 재성이므로 丙辛이 합하여 水기를 생산하고 수생목하여 사직과 백
성을 돕는다고 하는 것입니다.

丙火는 辛金의 임금이며 임금의 조상인 사직은 木기가 되는 것입니다. 丙辛이 합
하여 水기를 생산하니 水기로써 木기를 생하므로 사직을 돕는다고 이야기 하는 것
입니다.

辛金에게 백성은 재성 木기가 되므로 역시 水기를 생산하여 재성 木기를 생하니
백성을 구한다고 하는 것입니다.

열즉희모熱則喜母 한즉희정寒則喜丁
뜨거우면 어머니를 기뻐하고 추우면 丁火를 좋아한다.

辛金에게 어머니는 土이고 土는 火기를 다스리므로 뜨거울 때는 어머니를 기뻐하
는 것이고
추우면 丁火가 따뜻하게 하여주므로 좋아한다는 것입니다.

물상에서도 辛金은 丙火는 빛을 내주어서 좋아하지만 丁火의 열기는 辛金을 녹이
거나 변형을 시키므로 싫어하게 됩니다. 그러므로 열기가 많다면 辛金의 어머니인
戊土가 나서서 열기를 설기하며 조절하여 주어야 합니다.

그러나 추운 겨울에는 辛金은 따뜻한 것을 좋아하므로 丁火를 반기게 됩니다. 금
수상관희견관金水傷官喜見官이 辛金에게도 적용된다고 할 수 있습니다.

◆ 壬水

임수통하壬水通河 능설금기能洩金氣
壬水는 흐르는 강물이며 능히 金기를 설기할 수 있다.

壬水를 강으로 흐르는 거대한 강물이라고 합니다.
하늘의 은하수에 비유하기도 합니다.
壬水는 申金에서 만들어지므로 金기를 설기한다고 하는 것입니다.
金기의 에너지로서 壬水가 만들어지기 때문입니다.

물상에서는 壬水는 도도히 흐르는 강물로서 호수나 바다의 물상으로 보기도 합니다. 金기에 의하여 壬水가 만들어지며 壬水는 金기를 설기하여 金기를 맑게 하여 주므로 금백수청金白水淸이라고도 합니다.

강중지덕剛中之德 주류불체周流不滯
강건하고 중정의 덕이 있으며 두루 흘러 막힘이 없다.

도도히 흐르는 강물은 강한 물줄기를 형성하고 항상 수면을 평평하게 유지하면서 만물을 포용하고 기르므로 중정의 덕이 있다고 합니다.
강물은 길이 있으면 어디든지 흐르므로 막힘이 없는 것입니다.

물상에서도 壬水 강물은 흐름이 막히는 법이 없다고 합니다.
강물은 낮은 곳으로 흐르므로 가야할 길을 스스로 찾아서 길을 만들면서 가기 때문입니다.

壬水는 만물을 기르는 어머니로서 강하면서도 덕이 있다고 하는 것입니다. 품에 안고 포용하면서 만물을 기르는 덕이 있습니다.

통근투계通根透癸 충천분지沖天奔地
통근하고 癸水가 투출하면 하늘에 솟구치고 땅을 달린다.

癸水의 비가 많이 오면 강물의 흐름은 거칠어지고 빨라지므로 심하면 강물이 넘치고 홍수가 나기 마련입니다.
홍수가 나면 모든 것을 휩쓸어가 버리니 재앙이 되는 것입니다.

물상에서도 壬癸水가 합하면 물이 넘치고 광폭해지며 모든 것을 쓸어버리므로 걷잡을 수 없을 지경에 이른다고 합니다.
바다에서는 해일을 일컬으며 강에서는 홍수를 말하고 댐에 물이 넘치면 댐이 무너지는 결과를 가져오기도 합니다.

화즉유정化則有情 종즉상제從則相齊
화하면 유정하고 종하면 서로 조화된다.

丁壬이 합하여 木으로 화하면 유정하다고 하는 것이며
火기가 강하면 종하면서 수화기제水火旣濟를 이루니 서로 조화가 된다는 것입니다.

丁壬합은 水와 火로서 서로 극을 하는 상대이지만 음양이 만나 결혼을 하고 木기 자식을 생산하여 수생목水生木 목생화木生火로 이어지므로 유정하다고 하는 것입니다.

물상에서는 水火는 서로가 기세가 비슷하여야 수화기제水火旣濟를 이루어 조화가 되는 것입니다.
火기가 치열하여 종한다고 하면 화다수증火多水蒸이 되어 水기가 말라버리는 것이니 水기의 역할을 하지 못하는 것입니다.

◆ 癸水

계수지약癸水至弱 달어천진達于天津
癸水는 지극히 약하나 천진에 다다른다.

천진은 중국의 5대강이 만나는 곳으로 癸水가 매우 약하다고 하여도 흐르고 흘러 천진에 모여 바다로 흘러가는 강인함이 있다고 하는 것입니다.

물상에서도 癸水는 빗물이며 시냇물이고 만물의 생명수로서의 역할을 한다고 보는 것입니다.

비록 미약한 한 방울의 빗물이지만 모이고 모여 하천이 되고 강물이 되며 강물이 흐르고 흘러 바다에 도달하는 것입니다.

득룡이운得龍而運 공화사신功化斯神
용을 얻어 운행하니 공덕과 조화가 신비하다.

辰土에는 만물에게 생명수를 조달하여주는 공이 있으며
戊癸가 합하여 火기를 생산하니 만물을 성장하게 하는 조화가 신비롭다고 하는 것입니다. 여기서 용은 辰土를 말하고 있습니다.

辰土는 천간이 합하여 자식을 생산하는 조화를 부리는 곳으로서
癸水도 戊土와 만나 火기를 생산한다고 하는 것입니다.
癸水가 火기를 생산하니 공덕이 있고 신묘한 조화를 부린다고 하는 것입니다.

물상에서도 癸水는 생명수로서 만물을 성장시키는 역할을 하므로 신묘한 조화를 부린다고 할 수 있습니다.

불수화토不愁火土 불론경신不論庚辛
火土를 염려하지 않고 庚辛金을 논하지 않는다.

火土의 기세가 강하여도 火土에 종하여 만물을 적시니 두려워하지 않으며 庚辛金을 통하여 생을 받으니 모두 받아들인다는 것입니다.

물상에서는 火기가 강하다면 癸水는 화다수증火多水蒸이 되어 물이 말라버리는 것이며
土기가 강하다면 토다수약土多水弱이 되어 물이 흙에 스며들어 흔적조차 없어지게 됩니다.

癸水는 음수陰水로서 庚辛金을 모두 받아들이므로 따로 논하지는 않는다고 하지만 庚辛金을 모두 씻기어 맑게 하여준다고 표현하는 것이 좋습니다.

합무견화合戊見火 화상사진化象斯眞
戊土와 합하고 火를 보면 화한 상이 진신이다

戊癸합이 되어 火기를 생산하므로 火기가 진신이라고 하는 것입니다. 즉, 癸水는 水기인데 火기를 생산하였으니 水기로서의 모습보다는 火기로서의 모습이 진실하다고 하는 것입니다.

물상에서는 戊癸가 합하면 일단 기반이 되는 것으로 서로가 묶이어 제 할 일을 하지 못하게 됩니다.
더구나 水기가 火기를 생산하므로 적을 만드는 결과가 되었으니 戊土 남편을 따라 갔다가 水기를 배신하는 결과를 만들게 된 것입니다.

단지 水기가 태과하다면 火기를 생산하여 수화기제水火旣劑의 공을 이룰 수도 있다고 할 수 있겠습니다.

지지의 1차원 물상

지지는 사상이 음양으로 분화된 것으로 사상의 물상에 기초합니다.

지지의 1차원 물상은 자연의 형상과 성정에 따릅니다.

사상에서 비롯된 지지는 우주변화의 원리이므로

계절과 방위 그리고 동물의 물상으로 지지의 형상과 성정을 찾을 수 있습니다.

◆ 지지의 1차원 물상

사상	계절 하루	방위	지지	동물	시간
소양	봄 아침	동	寅	호랑이	03:30 ~ 05:30
			卯	토끼	05:30 ~ 07:30
			辰	용	07:30 ~ 09:30
태양	여름 낮	남	巳	뱀	09:30 ~11:30
			午	말	11:30 ~ 13:30
			未	양	13:30 ~ 15:30
소음	가을 저녁	서	申	원숭이	15:30 ~ 17:30
			酉	닭	17:30 ~ 19:30
			戌	개	19:30 ~ 21:30
태음	겨울 밤	북	亥	돼지	21:30 ~ 23:30
			子	쥐	23:30 ~ 01:30
			丑	소	01:30 ~ 03:30

시간은 우리나라(서울 기준)의 실제 시계상으로 표시된 시간입니다.

1 계절의 물상

寅卯辰은 봄의 물상으로 만물이 성장하는 시기이며
巳午未는 여름의 물상으로 만물이 번성하는 시기이며
申酉戌은 가을의 물상으로 만물이 결실을 수확하는 시기이며
亥子丑은 겨울의 물상으로 만물이 동면하는 시기입니다.

계절은 춘하추동의 기후로 한난조습을 느끼며 만물의 생장수장을 만들어 내므로
삶의 기후에도 작용을 하게 됩니다.
봄과 가을에는 적당한 기후로 인하여 삶이 쾌적함이 있을 것이며
여름과 겨울에는 혹서와 혹한으로 인하여 삶이 어렵게 됩니다.

봄에는 만물이 생동하는 계절이므로 새싹이 나오며 동물들이 알을 낳고 새끼를 낳
아 기르는 시기입니다. 그러므로 봄의 계절의 물상은 기르고 성장하는 시기로서
인간에게는 소년기의 시절이라고 할 수 있습니다.

여름에는 만물이 번성하는 계절이므로 잎이 무성하고 열매를 키우기 위한 노력을
하고 동물들은 왕성한 활동을 하는 시기입니다.
그러므로 여름의 계절의 물상은 번성하고 발전하는 시기로서
인간에게는 청년기의 시절이라고 할 수 있습니다.

가을에는 만물이 결실을 수확하는 계절이므로 잎이 떨어지고 결실을 숙성시키는
노력을 하고 동물들은 동면을 준비하는 시기입니다.
그러므로 가을의 계절의 물상은 거두고 수확하는 시기로서
인간에게는 장년기의 시절이라고 할 수 있습니다.

겨울에는 수확물을 저장하고 씨앗을 준비하는 시기로서 만물이 동면을 하며 휴식
을 하는 계절입니다. 그러므로 겨울의 계절의 물상은 동면하는 시기로서
인간에게는 노년기의 시절이라고 할 수 있습니다.

② 절기의 물상

지지	寅	卯	辰	巳	午	未	申	酉	戌	亥	子	丑
계절	봄			여름			가을			겨울		
절기	입춘 우수	경칩 춘분	청명 곡우	입하 소만	망종 하지	소서 대서	입추 처서	백로 추분	한로 상강	입동 소설	대설 동지	소한 대한

사주명리는 절기를 기준으로 합니다.

흔히 음력을 기준으로 사주팔자를 뽑아 간명하는 것으로 잘못 알고 있는 경우가 많습니다.

절기가 기준임을 알아야 사주팔자를 세울 수 있습니다.

그러므로 사주명리에서는 절기가 중요한 물상이 되는 것입니다.

사주명리의 설날은 입춘일입니다.

입춘의 절입 시간이 되어야 비로소 년도가 바뀌는 것입니다.

2019년의 입춘 절입 시간은 2월 4일 11시 55분입니다.

엄밀히 따지다면 11시 55분 이전은 戊戌년이고 11시 55분 이후가 己亥년이라고 할 수 있는 것입니다.

寅巳申亥월은 입춘立春 입하立夏 입추立秋 입동立冬의 절기가 시작되는 시기입니다. 흔히들 입入으로 쓰지 않고 입立으로 쓰는 이유를 모른다고 합니다. 입立은 시작한다는 뜻이 있습니다.

입춘은 봄이 시작된다는 뜻이며 입하는 여름이 시작된다는 뜻이고 입추는 가을이 시작되고 입동은 겨울이 시작된다는 뜻입니다.

子午卯酉월에 冬至와 夏至가 있고 春分과 秋分이 있습니다.

지至는 극에 이르렀다는 뜻으로 동지는 음이 극에 이른 것이고 하지는 양이 극에 이른 것입니다.

분分은 낮과 밤을 똑같이 나누었다는 뜻이 있습니다.

寅木은 입춘 우수의 절기입니다.

입춘立春은 봄이 시작된다는 절기입니다.

양력 2월 4일경으로 사주명리에서는 한해가 시작되는 설날입니다.

동면을 하던 만물은 서서히 잠을 깨면서 세상에 나올 준비를 하는 시기입니다.

우수雨水는 양력 2월 19일경으로 얼었던 대지가 녹고 비가 내리며 만물이 소생할 수 있도록 흙을 부드럽게 만들어 줍니다. 흙속에서 겨울을 지낸 씨앗은 뿌리를 내릴 준비를 하고 새로운 삶을 꿈꾸게 됩니다.

卯木은 경칩 춘분의 절기입니다.

경칩驚蟄은 봄이 한창인 절기입니다.

양력 3월 6일경으로 겨울잠을 자던 개구리와 도롱뇽이 천둥소리에 놀라 깨어나고 알을 낳기 시작한다고 합니다.

춘분春分은 양력 3월 21일경으로 태양이 적도상에 있어 낮과 밤의 길이가 같아집니다. 분分은 골고루 나눈다는 의미가 있습니다.

음양이 고르게 나누어지니 조화가 이루어지는 것입니다.

산수유, 생강나무, 목련 등에서 꽃이 피기 시작합니다.

辰土는 청명 곡우의 절기입니다.

청명淸明은 양력 4월 5일경으로 나무 심기에 적당한 시기입니다.

농가에서는 한해의 농사를 시작하는 때로서 겨우내 얼었던 흙이 녹으며 무너지기 시작하므로 논과 밭의 둑을 손질하고 한식날에는 무덤을 보수하고 찬 음식을 먹는 풍속이 있다고 합니다.

곡우穀雨는 양력 4월 20일경으로 본격적인 농사가 시작되는 때로서

봄비가 내리고 못자리에 볍씨를 담가 싹을 틔운다고 합니다.

辰土가 만물을 성장시키는 임무를 수행하는 절기입니다.

巳火는 입하 소만의 절기입니다.

입하立夏는 양력 5월 5일경으로 여름이 시작되는 시기입니다.

농작물이 자라기 시작하며 농가 일손이 바빠집니다. 봄빛이 완전히 물러나고 산과 들의 나뭇잎이 무성하게 자라 푸른빛이 완연해집니다.

꽃이 많이 피는 절기로서 꽃의 절기라고도 합니다.

소만小滿은 양력 5월 21일경으로 일조량이 많아 만물이 풍성하게 자라므로 가득 찬다고 하며 초여름 모내기 준비로 바쁜 시기라고 합니다.

벌과 나비가 꿀을 가득 따고 꽃가루를 나르며 수정을 시키면서 씨방을 영글게 하는 작용을 합니다.

午火는 망종 하지의 절기입니다.

망종芒種은 양력 6월 초순에 절기가 시작됩니다. 모내기를 시작하는 때입니다. 망芒은 보리나 벼의 까끄라기를 말합니다. 논보리나 볍씨를 뿌리기에 알맞으므로 농촌에서는 가장 바쁜 때이기도 합니다.

하지夏至는 양력 21일 경으로 태양이 가장 북쪽에 올라와 있기에 낮이 가장 길고 밤이 가장 짧은 때입니다. 동지에서 양기가 새로 나온다면 하지에는 음기가 새로 나오게 됩니다. 하지를 정점으로 양에서 음으로 전환하게 됩니다.

未土는 소서 대서의 절기입니다.

소서小暑는 양력 7월 5일경으로 본격적인 더위를 예고합니다.

장마 기간으로 습도가 높고 비가 많이 내리는 시기로서 혹서의 시기입니다. 하지가 지나고 세 번째 庚일에 초복이 시작됩니다.

대서大暑는 양력 7월 23일경으로 장마가 끝나고 더위가 절정에 이르며 천둥 번개를 동반한 소나기가 시원하게 쏟아지기도 합니다.

대서는 큰 더위라는 뜻이며 더위를 피하여 계곡이나 바다로 피서를 가는 때이기도 합니다.

申金은 입추 처서의 절기입니다.
입추立秋는 양력 8월 8일경으로 가을이 시작되고 과실이 익기 시작하며 입추가 지난 후 첫 번째 庚일에 말복으로 막바지 더위를 보내기도 합니다. 날씨가 선선해 지기 시작하면서 김장 배추와 무를 심으며 가을 준비를 해야 하는 시기입니다.

처서處暑는 양력 8월 23일경으로 여름의 더위가 지나가고 이제 시원한 날씨를 즐길 수 있다고 합니다. 모기도 처서가 지나면 입이 삐뚤어진다는 속담이 있으며 처서는 더위가 물러간다고 하여 붙여진 이름입니다. 벼이삭이 패는 때이므로 강한 태양빛을 반기게 됩니다.

酉金은 백로 추분의 절기입니다.
백로白露는 양력 9월 8일 경에 절기가 시작됩니다. 기온이 현저히 떨어지며 밤이 슬이 하얗게 뭉친다고 하여 백로라고 합니다. 백로는 하얀 이슬이란 뜻입니다.

추분秋分은 양력 9월 23일 경으로 태양이 적도상에 위치하므로 밤과 낮의 길이가 같습니다. 기온이 서늘하고 하늘이 높아지며 맑은 날씨가 계속되며 가을이 왔다는 것을 실감하게 합니다.

戌土은 한로 상강의 절기입니다.
한로寒露는 양력 10월 8일경으로 차가운 이슬이 내리는 때입니다. 한로에는 양기가 부족하므로 국화로 전을 만들고 추어탕으로 양기를 보충하였다고 합니다. 미꾸라지는 가을에 살찌는 물고기라 하여 추어鰍魚라고 합니다. 한로는 차가운 이슬이라는 뜻입니다.

상강霜降은 양력 10월 23일경으로 기온이 떨어지면서 서리가 내리고 가을 단풍이 한창 무르익어 갈 무렵입니다.
상강이란 서리가 내린다는 뜻입니다.
戌土가 만물을 병들게 하는 임무를 수행하는 절기로서 단풍이 들고 낙엽이 떨어지는 시기입니다.

亥水는 입동 소설의 절기입니다.

입동立冬은 양력 11월 8일경으로 겨울이 시작되고 물이 얼기 시작합니다. 이 시기에는 김장을 담그고 집안을 수리하는 등 겨울준비에 한창입니다.

소설小雪은 양력 11월 23일경으로 찬바람이 불고 겨울 추위를 느끼며 눈이 내리기 시작합니다. 살얼음이 얼며 추워지지만 낮에는 제법 따뜻하여 소춘小春이라고도 하며 작은 봄이라고 부르기도 한답니다. 소설에 추우면 보리농사가 잘된다고 합니다.

子水는 대설 동지의 절기입니다.

대설大雪은 양력 12월 7일경이며 날씨가 추워지고 눈이 많이 내립니다. 눈이 많이 내려야 겨울을 푸근하게 지낼 수 있으며 풍년이 든다고 합니다. 대설은 큰 눈이 오므로 활동하기 어렵습니다.

동지冬至는 양력 12월 22일경으로 밤이 가장 길고 낮이 가장 짧은 날입니다. 동지는 양기가 다시 올라오는 시기로서 작은설이라고 합니다. 동지 팥죽을 먹어야 한 살을 더 먹는다고 하였으며 붉은 팥으로 액운을 물리치는 풍습이 있습니다.

丑土는 소한 대한의 절기입니다.

소한小寒은 양력 1월 5일 경에 절입節入하고 중기中期에 대한의 절기를 갖게 됩니다. 소한이 시작되면 추위가 절정에 이르게 됩니다. 대지는 꽁꽁 얼고 씨앗은 혹한의 추위에서 발아할 준비를 하게 됩니다.

대한大寒은 양력 1월 20일 경이며 큰 추위로 겨울을 매듭짓는 때라고 합니다. 추위는 죽음에서 다시 새로운 생명을 탄생시키기 위한 자연의 섭리입니다. 추위가 혹독해야 씨앗은 면역력을 가지게 되는 이치입니다.

③ 하루의 물상

지지	寅	卯	辰	巳	午	未	申	酉	戌	亥	子	丑
시각	아침			점심			저녁			밤		
방위	동			남			서			북		
시간	03:30 ~ 05:30	05:30 ~ 07:30	07:30 ~ 09:30	09:30 ~ 11:30	11:30 ~ 13:30	13:30 ~ 15:30	15:30 ~ 17:30	17:30 ~ 19:30	19:30 ~ 21:30	21:30 ~ 23:30	23:30 ~ 01:30	01:30 ~ 03:30

寅卯辰은 아침의 물상이며 동쪽의 물상이고
巳午未는 점심의 물상이며 남쪽의 물상이고
申酉戌은 저녁의 물상이며 서쪽의 물상이고
亥子丑은 밤의 물상이며 북쪽의 물상입니다.

하루의 시간은 子시부터 시작이 됩니다.
子시는 전일 23시 30분부터 금일 01시 30분까지입니다.

실제적으로는 23시에 子시로 하루가 시작되지만
우리나라는 동경 135도를 표준시간으로 쓰므로 서울의 127.5도에서 보면 30분의
시간이 차이가 나므로 실제적으로는 23시 30분에 子시가 시작되고 하루가 시작되
는 것입니다.
그러므로 사주명리에서는 표준시간보다 30분이 지난 시간으로 시간을 정하는 것
입니다.

일부 학파에서는 야자시를 운용하며 24시에 일주가 바뀌는 것으로 산정하기도 하
지만 이 책에서는 야자시를 운용하지 않으므로 23시 30분에 일주가 바뀌는 것으
로 정하고 있으니 참고바랍니다.

寅卯辰의 시간은 아침으로 하루를 준비하는 시간입니다.

寅시에는 木기가 강하게 움직이며 하루의 기를 열어가기 시작하는 때입니다. 몸에서는 잠에서 깨어나 폐기가 활성화되면서 움직이기 시작하는 때입니다.

卯시에는 동쪽에 여명이 밝아오며 해가 뜨기 시작하고 새벽닭이 힘차게 울어대기 시작합니다. 자리에서 일어나 화장실에 가서 묵은 변을 배설하는 시간이기도 합니다.

辰시에는 해가 떠오르고 아침 식사를 하는 시간입니다.
진지 드시라는 말은 辰시에 밥을 먹으라는 말입니다.
위장에서 소화할 준비가 되었다고 음식을 달라고 하는 때입니다.

巳午未의 시간은 낮으로 하루의 일과를 수행하는 시간입니다.

巳시에는 火기가 강하게 움직이며 열심히 일을 하는 시간입니다.
몸에서는 비장이 활성화되며 영양분을 세포에 공급하여 일을 할 수 있도록 합니다.

午시에는 해가 중천에 떠있는 때이며 점심을 먹을 시간입니다.
심장이 강하게 움직이므로 잠시 쉬면서 영양분을 보충하는 때입니다.
점심點心이란 마음에 점을 찍는다는 뜻으로 심장이 쉴 수 있도록 약간의 음식을 먹으며 휴식을 취하라는 것입니다.

未시에는 오후 일과를 시작해야 합니다.
가장 더운 시기로서 땀을 흘리며 일을 하는 시간입니다.
몸에서는 소장이 열기를 식히느라 냉기를 발산하므로 땀을 많이 흘리게 됩니다.
물을 보충하여주어야 몸에 무리가 없다고 합니다.

申酉戌의 시간은 저녁으로 하루의 일과를 마무리하는 시간입니다.

申시에는 오후의 일과를 수행하는 시간입니다.

몸이 지쳐가므로 일의 속도도 느려지고 짜증이 나기 시작합니다.

스트레스를 식히기 위하여 몸에서는 방광이 냉기를 발산하면서 소변으로 노폐물을 배설하기도 합니다.

역시 물을 많이 먹어야 할 때입니다.

酉시에는 하루의 일과를 마무리하고자 결산하는 시간입니다.

실리를 따지며 결산을 하고 마무리를 하게 됩니다.

몸에서는 신장이 혈액에 쌓인 피로를 씻어내고자 합니다.

역시 물을 많이 보충하여 주어야 합니다.

戌시에는 저녁 밥을 먹을 시간입니다.

일을 끝내고 집에 돌아와서 저녁 식사를 하며 손실된 에너지를 보충하고 휴식을 취하고자 합니다.

몸에서는 삼초가 활성화되면서 스트레스를 완화시키고 몸의 기운을 정화하고자 노력합니다.

亥子丑의 시간은 밤으로 잠을 자는 시간입니다.

亥시는 잠자리에 드는 시간입니다.

하루의 피로를 풀고 에너지를 보충하여 내일을 준비하기 위하여 잠을 자야 하는 것입니다.

몸에서는 심포가 작용을 하며 심장을 편안하게 쉬도록 배려하고 자신이 심장을 대신하고자 하는 것입니다.

子시와 丑시는 한밤중입니다.

모든 만물이 고요하게 잠을 자는 시간입니다.

몸에서는 담과 간이 몸 안의 피를 정화하면서 피로를 없애고 에너지를 재충전하여 주므로 몸을 쾌적하게 만들어줍니다.

4 동물의 물상

동물의 성격과 생활습성은
사주팔자의 성격과 생활습성을 파악하기에 유용합니다.

◆ 지지의 동물의 물상

지지	子	丑	寅	卯	辰	巳	午	未	申	酉	戌	亥
동물	쥐	소	호랑이	토끼	용	뱀	말	양	원숭이	닭	개	돼지

寅申巳亥는 생지의 물상으로

호랑이, 원숭이, 뱀, 돼지로서 앞장서기를 좋아하며
빠르고 권력적인 면이 돋보이므로 권력자의 상으로서
생사여탈권을 쥐고 있는 권위적인 모습을 나타내기도 합니다.

子午卯酉는 왕지의 물상으로

쥐, 말, 토끼, 닭으로서 온순하고 겁이 많지만
무리를 이끄는 리더나 제왕으로서의 역할에 손색이 없으며
때로는 독립적인 행동으로 외로운 독재자의 모습을 보이기도 합니다.

辰戌丑未는 고지의 물상으로

용, 개, 소, 양으로서 무리와 함께 지내며
리더를 따르는 충성심으로 자신의 주인을 섬기는가 하면
혼자서 고고한 태도로서 주위를 압도하는 위엄을 나타내기도 합니다.

寅木은 호랑이의 물상을 가지고 있습니다.

寅木이 있는 사람은 호랑이와 같이 씩씩하고 외향적이며 남의 말을 잘 믿고 용맹성이 강하며 대담하고 투쟁적인 성향이라고 합니다.

호랑이는 동물의 왕으로 군림하는 권력의 상징이기도 합니다.

산신령과 함께 활동하는 신과 같은 존재로서 신앙의 대상이 되기도 하며 죽어서도 이름을 남기는 용맹한 전사로서 가죽을 남기는 화려한 명예의 상징이 되기도 합니다.

卯木은 토끼의 물상을 가지고 있습니다.

卯木이 있는 사람은 토끼와 같이 예민하고 냉정한 성품을 지녔으며 낭만적인 성향을 지니고 있다고 합니다.

토끼는 빠르고 민첩하며 지혜롭고 총명하다고 합니다.

거북이에게 속아 용궁에 갔다가 위기를 극복하고 나오는 임기응변의 달인이라고 할 수 있으며 달가운데 계수나무 아래에서 방아를 찧는 여유로움과 낭만도 있다고 할 것입니다. 자태가 아름다우며 눈알이 빨개서 농염하고 도화기가 있다고 합니다.

辰土는 용의 물상을 가지고 있습니다.

辰土가 있는 사람은 용과 같이 마음이 넓고 지혜와 위엄을 지녔으며 권위적인 성향을 가졌다고 합니다.

용은 상상의 동물로서 여러 동물을 종합한 모습을 지녔으며 하늘을 날아다니며 재능이 출중하고 갖가지 신비한 조화를 부린다고 하며 왕의 절대 권력의 상징으로 표현하기도 합니다.

용은 태몽에도 자주 등장하며 문단이나 출세하는 관문으로 상징되는 등용문登龍門이 되기도 합니다. 개천에서 용 난다는 말처럼 서민 출신으로 높은 권력에 오르거나 인기스타 등 입신출세의 상징으로 그려지기도 하는 것입니다.

巳火는 뱀의 물상을 가지고 있습니다.

巳火가 있는 사람은 교활한 마음을 가지고 있으며 열정적이지만 한꺼번에 먹이를 삼키는 성향으로 탐욕스럽다고 합니다.

뱀은 다리가 없으면서도 전광석화와 같이 빠르고 민첩하며 뱀의 교미시간은 매우 길기 때문에 정력의 상징이기도하며 은밀하게 행동하고 앞으로만 나아가도 결코 물러서지 아니하는 고집이 있다고 합니다.

두 가닥의 혀를 가지고 이브를 유혹하여 교활하고 음흉하다고 하며 허물을 벗으니 변신에 능하고 의심이 많고 혼자서 사냥을 하며 자신보다 큰 동물을 삼킨다고 하여 탐욕이 많다고 합니다. 한편으로 무리와 함께 동면에 들어가므로 협동심이 있다고 합니다.

午火는 말의 물상을 가지고 있습니다.

午火가 있는 사람은 말과 같이 활동적이고 민첩하며 발랄하고 불같은 성질을 가지고 있으며 성적매력의 감정을 지녀 쉽게 사랑에 빠지는가 하면 방랑벽이 있어 바람기도 있지만 무리를 이끄는 리더십의 성향이 뛰어나다고 합니다.

말은 초식동물로서 초원을 달리며 여유롭게 생활하고 서서 잠을 자는 특징이 있습니다. 경계심이 강하며 잘 놀라고 귀소본능이 뛰어나다고 하며 군집성이 있어 모여 있을 때 안정하며 혼자서는 불안해하고 모방성이 강하고 자신을 돌봐주는 사람을 잘 따른다고 합니다.

未土는 양의 물상을 가지고 있습니다.

未土가 있는 사람은 양과 같이 겸손하고 인덕이 있으며 성실하고 인내심이 있으며 의욕적이고 바라는 것이 많으므로 소비하지 않고 저축하는 습성이 있지만 권위적인 성향을 지녔다고 합니다.

암벽을 평지 걷듯 자연스럽게 오르내리고 고고한 자태를 드러내기를 좋아합니다. 리더를 맹목적으로 따르는 경향이 있으며 군락을 이루며 모여서 생활하는 습성이 있습니다.

申金은 원숭이의 물상을 가지고 있습니다.
申金이 있는 사람은 원숭이와 같이 천진난만하고 영리하며 혁신적인 성향을 가진 지도자의 능력을 지녔다고 합니다.

원숭이는 사람과 매우 흡사한 동물이므로 영장류라고 합니다.
영리하고 교활하며 나무 사이를 빠르게 이동하고 주변의 높은 곳을 오르내리며 먹이를 구하고 동굴과 나무 위에서 생활합니다. 총명하고 재주가 있으며 매우 민첩하고 자신의 권위에 도전하는 상대를 죽이는 잔혹함도 보입니다.

酉金은 닭의 물상을 가지고 있습니다.
酉金이 있는 사람은 닭과 같이 고고하고 강한 주관성을 지니고 용맹하다고 하며 마음이 청명하여 편안한 분위기를 연출하며 모성애가 강하고 실리를 취하고자 하는 성향이 있다고 합니다.

닭은 새벽에 운다고 하여 하루의 시작을 알려주는 성실함이 있으며
모이를 먹을 때는 서로 경쟁을 하면서 남의 것을 빼앗기도 합니다.
수탉의 용맹성은 투계로까지 이용되고 있어 쌈닭의 명예를 상징하기도 하지만 남의 알이라도 정성스레 품고 부화시키는 정성이 있고 알에서 부화된 병아리를 자신의 자식으로 알고 기르는 정이 있다고 합니다.

戌土는 개의 물상을 가지고 있습니다.
戌土가 있는 사람은 개와 같이 충성심과 희생정신이 뛰어나고 경계심이 강하며 상대와 싸워 이기고자 하는 성향이 강하다고 합니다.

개는 늑대를 길들여 가축을 보호하기 위하여 길러졌다고 합니다.
도둑으로부터 재산을 보호하기 위하여 집을 지키던 개들은 요즈음 반려동물로 인간과 같은 대접을 받기도 합니다. 주인을 위하여 충성하고 온순하고 영리하며 귀가 밝고 냄새를 잘 맡으며 집으로 찾아오는 귀소본능이 뛰어나고 먹이는 씹지 않고 허겁지겁 삼키며 주위를 경계하는 습성을 가지고 있습니다.

亥水는 돼지의 물상을 가지고 있습니다.

亥水가 있는 사람은 돼지와 같이 배짱이 두둑하고 지략이 출중하여 전략을 짜는 기획 능력이 뛰어나지만 저돌적인 성향으로 손해를 보면서도 돌진하는 무모함이 있습니다.

돼지는 양과 같이 제사에 희생되는 동물로서 주로 고기를 먹기 위하여 길러졌다고 합니다. 인간에게 봉사하는 모습을 보입니다.

산이나 들에서 발달된 코로 흙속에 있는 뿌리나 벌레를 잡아먹는다고 하며 가족을 보호하기 위하여 상대를 공격하는 저돌성을 보이지만 진흙에서 뒹굴며 목욕하는 모습은 귀엽기까지 합니다.

子水는 쥐의 물상을 가지고 있습니다.

子水가 있는 사람은 쥐와 같은 은밀함과 근면성 그리고 저장성이 있으며 왕성한 번식력으로 성적인 성향이 강하다고 합니다.

쥐는 야행성이고 잡식성이며 다산성이고 눈치가 빠르고 영리합니다.

눈치가 빠르므로 위험요소는 요리 조리 잘 피하는 요령이 있고 영리하지만 때로는 몰래 행동하는 버릇이 있고 의리가 없는 행동으로 자신의 이익만 추구하므로 치사하다는 말을 듣기도 합니다.

丑土는 소의 물상을 가지고 있습니다.

丑土가 있는 사람은 소와 같은 어리석음과 충직함이 있으며 묵묵하게 밀고 나가는 성실함과 자부심으로 넉넉한 마음을 지니고 먹이를 저장하고 천천히 소화시키는 성향을 지녔다고 합니다.

소는 느리지만 성실하고 고집이 세고 우직하며 근면 성실하여 먹을 것을 위장에 넣고 천천히 되새김질을 하므로 저축성이 뛰어나다고 합니다. 자신의 것을 감추어 놓고 절대로 내놓지 아니하는 구두쇠의 모습도 보이지만 죽어서는 결국 자신의 몸을 사회에 환원하는 아름다움도 있다고 할 것입니다.

Summary

◆ 천간의 1차원 물상

木	火	土	金	水
甲 나무 乙 화초	丙 태양 丁 달빛	戊 산야 己 논밭	庚 바위 辛 보석	壬 바다 癸 빗물

천간의 1차원 물상은 극히 기본적인 것으로 일반적인 사물의 물상을 오행으로 표현한 것이므로 절대적이 아니라고 할 수 있습니다.

보는 사람마다 적용하는 사물이 다르므로 그러합니다.

위의 물상에 기초하여 각자의 직감에 의하여 유추하여 보기 바랍니다.

◆ 지지의 1차원 물상

사상	계절 하루	방위	지지	동물	시간
소양	봄 아침	동	寅	호랑이	03:30 ~ 05:30
			卯	토끼	05:30 ~ 07:30
			辰	용	07:30 ~ 09:30
태양	여름 낮	남	巳	뱀	09:30 ~11:30
			午	말	11:30 ~ 13:30
			未	양	13:30 ~ 15:30
소음	가을 저녁	서	申	원숭이	15:30 ~ 17:30
			酉	닭	17:30 ~ 19:30
			戌	개	19:30 ~ 21:30
태음	겨울 밤	북	亥	돼지	21:30 ~ 23:30
			子	쥐	23:30 ~ 01:30
			丑	소	01:30 ~ 03:30

지지의 1차원 물상은 사상에 기초하여 판단한 것입니다.

소양 태양 소음 태음의 사상을 한 해의 계절이 봄 여름 가을 겨울로 순환하고 하루의 아침 낮 저녁 밤으로 순환하며 일으키는 시간적 변화를 관찰하는 것입니다.

사상은 방위로도 나타내는데 동쪽은 해가 뜨는 방향이고 서쪽은 해가 지는 방향이며 남쪽은 해가 중천에 떠 있는 방향이고 북쪽은 해가 지구 반대편에 있는 방향이 된다고 할 수 있습니다.

또한 지지의 동물상으로 유추하여보는 동물의 습성과 생활 태도 등을 관찰하여 인간의 성격과 행동 등을 유추해 보는 것으로
실제 감명시에 유용하게 활용되는 측면이 있다고 할 수 있습니다.

◆ 통변시에 적용하는 요령

먼저 사주팔자에서 천간 지지의 물상으로 풍경화를 그린다고 생각하면 그림이 그려질 것입니다.

다음으로는 월지와 시지를 보면서 계절과 하루의 시간을 유추하면서 계절의 기후와 하루의 일과를 그려보는 것입니다.
절기는 계절의 기후를 잘 나타내는 것이고 하루의 시간은 하루의 일과를 잘 나타내므로 사주팔자가 지금 어떠한 환경에 놓여 있는지를 판단할 수 있는 것입니다.

다음으로 지지로 동물상을 보면서 사주팔자의 습성과 생활 태도 등을 관찰함으로써 사회생활과 개인적 취향을 가늠하여 볼 수 있습니다.

1차원 물상을 터득하여야 다음의 2차원 물상과 3차원 물상을 터득하여 4차원과 5차원의 통변을 할 수 있는 것입니다.
수십 번이라도 읽어가며 체득하여 스스로의 물상으로 터득하는 것이 공부의 방도라고 할 수 있습니다.
외워서는 쓸모가 없음을 미리 말씀드립니다.

제3장

2차원 간지물상

—

2次元物象

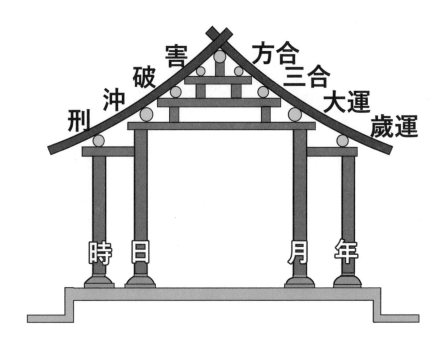

害

方合

破

三合

沖

大運

刑

歲運

時 日

月 年

2차원의 간지물상이란 천간과 천간의 글자끼리의 조합이며 천간합과
생극의 조화를 부리고 지지와 지지의 글자끼리의 조합이며 형충회합
파해의 조화를 부리게 됩니다.

천간의 2차원 물상

2차원에서는 10개의 천간들이
상호간에 서로 교류를 하고 작용을 일으키게 됩니다.

1 천간의 음양

양	음
甲丙戊庚壬	乙丁己辛癸

2차원 물상은 전후좌우 이동이 가능하므로
甲丙戊庚壬이 양이 되며
乙丁己辛癸가 음이 됩니다.

양간은 앞장서는 역할을 하며
음간은 따르는 역할을 합니다.

양간은 자신이 극하는 음간과 결합하기를 좋아하며
음간은 양간이 있으면 역시 결합을 좋아합니다.
이러한 결합을 천간합이라고 합니다.

2차원에서는 전후좌우로 이동이 가능하므로
천간끼리의 생극으로 조화를 만들어갑니다.
천간의 생은 오행의 생의 이치에 따르며
천간의 극도 역시 오행의 극의 이치에 따릅니다.

❷ 천간합

천간합	甲己	乙庚	丙辛	丁壬	戊癸
화오행	土	金	水	木	火

천간합은 음양의 합입니다.
甲乙丙丁戊는 양측의 1차원 천간이며
己庚辛壬癸는 음측의 1차원 천간입니다.
2차원에서는 양측의 천간과 음측의 천간이 서로 이동하며
결합을 할 수 있으므로 극성끼리 사랑을 하는 것입니다.

甲木과 己土가 한 짝이 되어 서로 사랑하고자 합니다.
乙木과 庚金이 한 짝이 되어 서로 사랑하고자 합니다.
丙火와 辛金이 한 짝이 되어 서로 사랑하고자 합니다.
丁火와 壬水가 한 짝이 되어 서로 사랑하고자 합니다.
戊土와 癸水가 한 짝이 되어 서로 사랑하고자 합니다.

2차원의 천갑합은 사랑만 할 수 있습니다.
甲己가 합하여 사랑의 결실로 土라는 화化오행을 낳고자 하며
乙庚이 합하여 사랑의 결실로 金이라는 화오행을 낳고자 하며
丙辛이 합하여 사랑의 결실로 水라는 화오행을 낳고자 하며
丁壬이 합하여 사랑의 결실로 木이라는 화오행을 낳고자 하며
戊癸가 합하여 사랑의 결실로 火라는 화오행을 낳고자 합니다.

그러나 2차원에서는 사랑만 할 수 있습니다.
사랑의 결실을 낳고자 하는 것은 바라는 희망입니다.
자식을 낳으려면 3차원이나 4차원에서 가능하기 때문입니다.
즉, 시공간에서만 자식을 낳을 수 있기 때문입니다.

천간합은 서로를 끌어당기는 사랑의 마력입니다.

③ 천간과 천간의 작용

천간은 서로 상호작용으로 생극제화에 의하여 관계가 형성되고
지지의 세력으로 인한 왕쇠강약에 의하여 작용하는 것입니다.

여기서는 천간과 천간이 상호간에 서로 만나면서 이루어지는 형상을
고전과 일반적으로 알려진 용어들을 발췌하여 설명하였습니다.
단순히 천간의 글자끼리의 작용은 물상감각을 익히는데 유용합니다.

◆ 甲木

甲甲	甲乙	甲丙	甲丁	甲戊
쌍목위림 雙木爲林	등라계갑 藤蘿繫甲	목화통명 木火通明	유신유화 有薪有火	독산고목 禿山孤木

甲己	甲庚	甲辛	甲壬	甲癸
양토양목 壤土養木	동량지목 棟樑之木	목판쇄편 木板碎片	호중유목 湖中柳木	목근로수 木根露水

甲木이 甲木을 만나면 쌍목위림雙木爲林이라고 하며

쌍목은 두 개의 나무이며 위림은 숲을 이룬다는 형상으로 두 개의 나무가 협동하여 숲을 이루므로 활동력이 강하고 경쟁력이 뛰어나게 됩니다.
甲木이 3개이라면 삼목위삼三木爲森이라고 하여 커다란 숲을 이루어 위상이 높아진다고 합니다.

甲木이 乙木을 만나면 등라계갑藤蘿繫甲이라고 하며

등라는 등나무 넝쿨이며 계갑은 甲木에 매달린 형상으로 등나무 넝쿨이 나무를 감고 올라가는 모습으로 甲木에게 의지하며 산다는 것입니다.

乙木을 가지와 잎으로 본다면 甲木의 가지와 잎으로 공생하는 관계이며 甲木으로서는 자기 영역을 내어주고 영양분도 나누어 주어야 하므로 양보와 배려를 필요로 합니다.

甲木이 丙火를 만나면 목화통명木火通明이라고 하며

木火가 서로 작용하고 통명은 밝음이 통하였다는 형상으로
木이 火에 의하여 밝아졌으니 학문과 재능이 뛰어난 인재라고 합니다.
생목의 경우에 나무에 꽃봉오리가 맺히는 형상이고 밝은 빛을 비추어주므로 희망과 이상을 가지고 성장하게 되지만
사목의 경우에는 丙火가 습기를 말려주므로 재목으로 쓰이게 됩니다.

甲木이 丁火를 만나면 유신유화有薪有火이라고 하며

유신은 땔나무가 있다는 것이고 유화는 불이 붙었다는 형상으로
불이 붙은 장작으로서 두뇌가 명석하여 학문이나 예술적 재능이 탁월하다고 합니다. 생목의 경우에 나무에 꽃이 활짝 핀 형상으로 인기를 누리게 되며
사목인 경우에는 丁火의 불꽃을 살리는 땔감으로 쓰이게 됩니다.

甲木이 戊土를 만나면 독산고목禿山孤木이라고 하며

독산은 대머리 민둥산이고 고목은 외로운 나무의 형상으로
민둥산에 있는 고목으로서 아무도 찾는 사람이 없고 결실을 맺지 못하니 삶에 안정감이 없다고 합니다.
주위에 아무도 없는 외로운 나무는 고독하게 살아가기 마련이지만
나름대로 자부심과 살아가기 위한 생존력은 강하다고 합니다.

甲木이 己土를 만나면 양토양목壤土養木이라고 하며

양토는 경작지이며 양목은 나무를 기르는 형상으로
정원에 심겨진 나무처럼 관리가 잘되는 환경에서 자라지만
자칫 고립되어 새장에 갇힌 새처럼 자유를 누리지 못하기도 합니다.
甲己합은 좋은 땅을 만나 나무가 잘 자라니 평안하다고 합니다.

甲木이 庚金을 만나면 동량지목棟樑之木이라고 하며

동량은 용마루나 대들보이며 지목은 나무의 형상으로

건물의 주요 부분인 용마루나 대들보가 되므로 조직의 요직을 맡은 인재로서 활약을 하게 됩니다.

생목生木의 경우에는 봄에는 庚金의 살기로 甲木의 생기를 통제하여 乙木의 웃자람을 방지하는가 하면 가을에는 낙엽을 지게 하여 과실을 키우는 작용을 하게 됩니다.

사목死木의 경우에는 甲木을 쪼개어 대들보로 사용하므로 조직의 중요한 임무를 수행하지만 뿌리 없는 甲木은 땔감으로 밖에 쓸모가 없습니다.

甲木이 辛金을 만나면 목판쇄편木板碎片이라고 하여

목판은 나무판자이며 쇄편은 잘게 부순 조각의 형상으로

잘게 부수어진 쓸모없는 조각이므로 주요한 직위는 힘들다고 하지만

법과 규정에 따라 업무를 처리하고 주변을 정리하는 일을 수행합니다.

甲木이 壬水를 만나면 호중유목湖中柳木이라고 하며

호중은 호수가운데이며 유목은 버드나무의 형상으로

호수가운데 있는 버드나무의 모습으로 아름다움을 연출하므로 만인의 인기를 받으며 정신적인 분야에서 특별한 재능을 발휘하기도 합니다.

甲木이 癸水를 만나면 목근로수木根露水이라고 하며

목근은 나무뿌리이며 로수는 비를 맞은 형상으로

비를 촉촉이 맞는 나무로서 뿌리가 젖으니 나무에 생명수를 공급하여 주므로 안정적으로 성장할 수 있습니다.

◆ 乙木

乙甲	乙乙	乙丙	乙丁	乙戊
등라계갑 藤蘿繫甲	복음잡초 伏吟雜草	염양려화 艶陽麗花	약목봉화 弱木逢火	광야초원 廣野草原

乙己	乙庚	乙辛	乙壬	乙癸
양토배양 壤土培養	성과안부 成果安婦	이전절지 利剪切枝	호중부용 湖中芙蓉	난초청로 蘭草淸露

乙木이 甲木을 만나면 등라계갑藤蘿繫甲이라고 하며

등라는 등나무 넝쿨이며 계갑은 甲木에 매달린 형상으로

잎과 가지로서 甲木나무의 생기를 받고 번성하고 또한 큰 나무를 타고 오르며 사는 넝쿨이라고도 하여 주위의 도움으로 살아가게 됩니다.

乙木이 乙木을 만나면 복음잡초伏吟雜草이라고 하며

복음은 엎드려 끙끙거리는 것이며 잡초는 뒤섞여있는 풀의 형상으로

풀들이 무리지어 있는 형상으로 좁은 땅을 차지하기 위하여 늘 경쟁을 하며 힘들게 살아가므로 피곤하다고 합니다.

乙木이 丙火를 만나면 염양려화艶陽麗花이라고 하며

염양은 부드러운 햇빛이며 려화는 아름다운 꽃의 형상으로

가지에 꽃봉오리가 맺힌 형상으로 아름다움을 자랑하고 인기가 있으며 감수성이 뛰어나고 수줍은 모습을 나타내기도 합니다.

乙木이 丁火를 만나면 약목봉화弱木逢火이라고 하며

약목은 약한 나뭇가지이며 봉화는 불을 만난 형상으로

가지에 꽃이 만발하여 연예와 예술 등에 남다른 재능은 있어 인기와 사랑을 독차지하지만 불나비와 같이 순식간에 사라지기도 합니다.

乙木이 戊土를 만나면 광야초원廣野草原이라고 하며

광야는 넓은 들판이며 초원은 풀이 가득한 평원의 형상으로 광활한 들판에 풀이 가득한 초원으로 자신의 넓은 영역을 자랑하며 경영적인 수완을 발휘한다고 합니다.

乙木이 己土를 만나면 양토배양壤土培養이라고 하며

양토는 경작지이며 배양은 기르는 형상으로 정원에 피어있는 화초의 모습으로 보호받고 사랑을 받으며 자라지만 논밭의 작물이라면 힘들게 채소와 곡물을 생산해야합니다.

乙木이 庚金을 만나면 성과안부成果安婦이라고 하며

과실이 가지에서 편안하게 성숙해가며 형상으로
庚金을 내조하여주는 부인의 모습으로 편안하게 성공할 수 있는 여건을 만들어준다고 하는 것입니다. 乙木은 과실의 무거움을 마다하며 과실을 기르는 정성이 가상합니다. 乙庚합은 예절과 신용이 부족하지만 결단성은 강하다고 합니다.

乙木이 辛金을 만나면 이전절지利剪切枝이라고 하며

이전은 날카로운 전지가위이며 절지는 가지를 자르는 형상으로
전지가위로 가지치기를 하며 법과 규정을 지키지 않는 쓸모없는 것을 잘라내고 조직을 정비하는 일을 추진할 수 있습니다.

乙木이 壬水를 만나면 호중부용湖中芙蓉이라고 하며

호중은 호수가운데이며 부용은 연꽃의 형상으로
연잎이 가득한 호수의 모습으로 아름다움을 연출하며 예술적 재능을 펼치니 모든 사람들에게 사랑을 받게 됩니다.

乙木이 癸水를 만나면 난초청로蘭草淸露이라고 하며

난초는 난의 종류이며 청로는 맑은 이슬의 형상으로 맑은 이슬을 품고 있는 난초로서 청초한 모습을 지니게 됩니다. 목이 마를 때는 가뭄을 해소하므로 성장에 도움을 주기도 합니다.

◆ 丙火

丙甲	丙乙	丙丙	丙丁	丙戊
염양양목 艶陽養木	염양려화 艶陽麗花	복음폭염 伏吟暴炎	양광려화 陽光麗花	염양초원 艶陽草原

丙己	丙庚	丙辛	丙壬	丙癸
염양양토 艶陽壤土	양광숙성 陽光熟成	양광주옥 陽光珠玉	강휘상영 江暉相暎	흑운차일 黑雲遮日

丙火가 甲木을 만나면 염양양목艶陽養木이라고 하며

염양은 부드러운 햇빛이며 양목은 나무를 기르는 형상으로 태양의 밝은 빛이 나무를 성장시키므로 학문이 발전하고 직위가 올라가게 됩니다.

丙火가 乙木을 만나면 염양려화艶陽麗花이라고하며

염양은 부드러운 햇빛이며 려화는 아름다운 꽃의 형상으로
가지와 잎에 아름다운 꽃봉오리를 피워주는 공로를 인정받습니다.
꽃을 아름답게 비추어 인기를 만들며 예술 계통의 재능이 우수합니다.

丙火가 丙火를 만나면 복음폭염伏吟暴炎이라고 하며

복음은 업드려 통곡하는 것이며 폭염은 뜨거운 열기의 형상으로
뜨거운 태양이 두 개가 하늘에 떠있으니 만물은 폭염에 고생을 하게 만드는 것이며 가진 실력을 제대로 발휘 하지 못한다고 합니다.

丙火가 丁火를 만나면 양광려화陽光麗花이라고 하며

양광은 태양이 빛나는 것이며 려화는 꽃이 아름답게 피는 형상으로
태양의 빛으로 열기를 생산하고 꽃을 피우니 재능을 발휘하여 유용하게 쓰이는 것으로 인기가 절정에 다다르는 것입니다.

丙火가 戊土를 만나면 염양초원艷陽草原이라고 하며
염양은 부드러운 햇빛이며 초목은 푸른 벌판의 형상으로
초원에 태양빛을 밝게 비추어주니 만물이 성장하여 복록이 두텁지만
황야에 태양빛이 작열하여 사막과 같이 뜨겁게 변하므로 생물이 생존하기 어려운
환경을 만들기도 합니다.

丙火가 己土를 만나면 염양양토艷陽壤土이라고 하며
염양은 부드러운 햇빛이며 양토는 경작지의 형상으로 논밭에 태양빛을 제공하니
따듯한 열기로 채소와 작물을 기르는 공로가 있습니다.

丙火가 庚金을 만나면 양광숙성陽光熟成이라고 하며
양광은 태양의 밝은 빛이며 숙성은 과실을 익히는 형상으로
과실이 익기 위하여서는 丙火의 따스한 빛과 열이 필수적입니다.
庚金의 살기는 丙火의 열기에 의하여 무력화되며 숙성되어집니다.

丙火가 辛金을 만나면 양광주옥陽光珠玉이라고 하며
양광은 태양의 밝은 빛이며 주옥은 보석의 형상으로
辛金을 아름답게 빛나게 하여주는 공이 있지만
辛金이 水氣를 생산하여 배신할 것을 생각하니 두렵다고 합니다.
丙辛이 합하면 믿음과 인덕이 부족하지만 지혜가 있다고 합니다.

丙火가 壬水를 만나면 강휘상영江暉相暎이라고 하며
강휘는 강이 빛나는 것이며 상영은 서로 비추는 형상으로
자신의 빛을 壬水를 통하여 사방을 환하게 비추어주므로 명예가 빛납니다.

丙火가 癸水를 만나면 흑운차일黑雲遮日이라고 하며
흑운은 검은 구름이고 차일은 태양을 가리는 형상으로
구름이 태양을 가린다고 하지만 두각을 나타내지 못한다고 합니다.

◆ 丁火

丁甲	丁乙	丁丙	丁丁	丁戊
유신유화 有薪有火	건초화염 乾草火焰	병탈정광 丙奪丁光	양화위염 兩火爲炎	유화유로 有火有爐

丁己	丁庚	丁辛	丁壬	丁癸
화정등화 花庭燈火	강금득화 强金得火	소훼주옥 燒毀珠玉	호반등화 湖畔燈火	화신우우 火薪遇雨

丁火가 甲木을 만나면 유신유화有薪有火이라고 하며

유신은 땔나무가 있다는 것이고 유화는 불이 붙었다는 형상으로
생목의 경우에 나무에 꽃이 활짝 핀 형상으로 인기를 누리게 되며
사목인 경우에는 丁火의 불꽃을 살리는 땔감으로 쓰이게 됩니다.

丁火가 乙木을 만나면 건초화염乾草火焰이라고 하며

건초는 마른 풀이고 화염은 불타는 형상으로
마른 풀에 불이 붙어 활활 타는 것이니 순식간에 사라지기도 하지만 습을상정濕
乙傷丁이라하여 축축한 乙木은 丁火의 불을 꺼뜨립니다.

丁火가 丙火를 만나면 병탈정광丙奪丁光이라고 하며

병탈은 丙火가 빼앗는다는 것이고 정광은 丁火의 등불의 형상으로
등불은 태양을 만나면 빛을 빼앗기므로 할 일을 하지 못하지만
만발한 꽃이 태양빛으로 인하여 아름다움을 한껏 뽐내기도 합니다.

丁火가 丁火를 만나면 양화위염兩火爲炎이라고 하며

양화는 두 개의 불이고 위염은 불이 활활 타는 형상으로
꽃밭을 이루며 주위를 아름답게 만들어주는 역할을 하며
촛불들이 모여 소원을 비는 사람들의 가슴을 밝혀주기도 하고
열이 모이면 강한 열이 되므로 용광로에서 쇠를 녹일 수도 있습니다.

丁火가 戊土를 만나면 유화유로有火有爐이라고 하며
유화는 불이 있다는 것이고 유로는 화로가 있다는 형상으로
화로에 불이 있으니 용광로와 같이 쇠를 녹일 수도 있으며
산속에 있는 등불이니 길 잃은 사람들에게 안내자의 역할을 합니다.

丁火가 己土를 만나면 화정등화花庭燈火이라고 하며
화정은 꽃이 만발한 정원이며 등화는 등불의 형상으로
꽃이 만발한 정원에 등불을 밝힌 것이니 사랑과 인기를 받으며
논밭에 작물에 꽃이 피었으니 결실을 잘 맺고자 노력하는 것입니다.

丁火가 庚金을 만나면 강금득화强金得火이라고 하며
강금은 강한 금속이며 득화는 불을 얻었다는 형상으로
용광로의 불로서 철강석을 제련하여 쇠를 만들 수 있다고 합니다.
결실을 맺었으니 꽃이 떨어지는 아픔을 겪기도 합니다.

丁火가 辛金을 만나면 소훼주옥燒毁珠玉이라고 하며
소훼는 불로 훼손되었다는 것이고 주옥은 보석의 형상으로
보석을 불에 녹이는 것이니 무기력한 팔자가 되기도 하지만
촛불이나 전등으로 보석을 아름답게 빛나게 할 수도 있습니다.

丁火가 壬水를 만나면 호반등화湖畔燈火이라고 하며
호반은 호수가이며 등화는 등불의 형상으로
호수가에 등불을 밝혔으니 만인의 사랑과 인기를 모을 것이며
丁壬이 합하면 은근한 사랑으로 덕을 베푸는 인자함이 있습니다.

丁火가 癸水를 만나면 화신우우火薪遇雨이라고 하며
화신은 불타는 장작이며 우우는 비를 만난 형상으로
장작불이 비를 맞아 꺼지는 것으로 일이 틀어지기도 하지만
꽃잎에 이슬이 맺혀 영롱하게 빛나니 아름다움을 뽐내고
비오는 밤에 등대가 되어 안내자의 역할을 충실히 하기도 합니다.

◆ 戊土

戊甲	戊乙	戊丙	戊丁	戊戊
야산점목 野山占木	광야초원 廣野草原	황야작열 荒野灼熱	황야구도 荒野求道	복음준산 伏吟峻山

戊己	戊庚	戊辛	戊壬	戊癸
야산경작 野山耕作	석산위재 石山爲財	금광지산 金鑛之山	산정호수 山頂湖水	계곡지수 溪谷之水

戊土가 甲木을 만나면 야산점목野山占木이라고 하며

야산은 들에 있는 산이며 점목은 나무가 점령한 형상으로
야산에 나무가 점령하고 있으니 자신은 드러나지 않고 이용만 당하고 있지만
나무에게 터전을 제공하여 주는 공로가 있습니다.

戊土가 乙木을 만나면 광야초원廣野草原이라고 하며

광야는 넓은 들판이며 초원은 푸른 풀이 자라는 형상으로
황야의 들판을 초원으로 만들어주므로 乙木을 반기는 편입니다.
고독한 땅에서도 반려자의 역할에 충실하므로 아끼고 사랑합니다.

戊土가 丙火를 만나면 황야작열荒野灼熱이라고 하며

황야는 황폐한 들판이고 작열은 태양이 이글거리는 형상으로
황량한 들판이나 사막에서는 태양의 존재가 두렵기만 합니다.
태양이 뜨는 동산으로서 희망과 꿈을 갖는 모습이기도 합니다.

戊土가 丁火를 만나면 황야구도荒野求道이라고 하며

황야는 황폐한 들판이며 구도는 도를 구하는 형상으로
황야의 등불로 여행자를 안내하는 역할을 하며 진리를 찾는 구도자의 모습을 지니
기도 합니다. 야산에 꽃이 만발하였으니 인적이 드문 곳에 꽃구경 오는 사람들로
가득 차므로 사람들을 모으는 재주도 있습니다.

戊土가 戊土를 만나면 복음준산伏吟峻山이라고 하며
복음은 엎드려 통곡하는 것이고 준산은 험한 산의 형상으로
산과 산이 겹치니 첩첩산중이라고 하며 어려움이 많이 쌓여 있다고 합니다.
하지만 수행자에게는 안락한 집이나 마찬가지입니다.

戊土가 己土를 만나면 야산경작野山耕作이라고 하며
야산은 들에 있는 산이며 경작은 밭을 일구는 형상으로
야산에 텃밭이 있는 것이고 황야에 논밭이 있는 것이니
열심히 경작하면 먹고 사는 데는 지장이 없다는 것입니다.

戊土가 庚金을 만나면 석산위재石山爲財라고 하며
석산은 돌로 된 산이며 위재란 재물이 된다는 형상으로
야산에 바위가 많은 형상이니 돌산이라고 하지만
철강석이 많다면 광산으로서 개발이 가능하므로 재물이 됩니다.

戊土가 辛金을 만나면 금광지산金鑛之山이라고 하며
금광은 금을 캐는 광산이며 지산은 산의 형상으로
광산에 다이아몬드, 수정 등의 보석이 가득하므로 보기만 하여도 든든하지만
깊이 감추어 두어야 안전합니다.

戊土가 壬水를 만나면 산정호수山頂湖水라고 하며
산정은 산꼭대기이며 호수는 물을 가두어놓은 형상으로
산위에 있는 호수로서 만인들의 인기와 사랑을 받는가 하면
댐이나 제방으로서 저수지를 만들어 홍수를 조절하기도 합니다.

戊土가 癸水를 만나면 계곡지수溪谷之水라고 하며
계곡은 물이 흐르는 골짜기이며 지수는 물의 형상으로
물이 흘러내리는 계곡으로 강물을 만들고 호수를 만드는 역할을 합니다.
또한 지하에 癸水를 끌어안고 생명수를 만들기도 합니다.
戊癸가 합하면 예의가 바르고 믿는 정이 두텁다고 합니다.

◆ 己土

己甲	己乙	己丙	己丁	己戊
양토양목 壤土養木	양토배양 壤土培養	염양양토 艶陽壤土	화정등화 花庭燈火	야산경작 野山耕作

己己	己庚	己辛	己壬	己癸
복음경작 伏吟耕作	정원지석 庭園之石	습니도광 濕泥韜光	기토탁임 己土濁壬	양토우로 壤土雨露

己土가 甲木을 만나면 양토양목壤土養木이라고 하며

양토는 경작지이며 양목은 나무를 기르는 형상으로

정원수를 키우는 것이므로 정성껏 돌보며 성장을 시킵니다.

甲己합은 좋은 땅을 만나 나무가 잘 자라니 평안하다고 합니다.

己土가 乙木을 만나면 양토배양壤土培養이라고 하며

양토는 경작지이며 배양은 기르는 형상으로

정원에 피어있는 화초의 모습으로 보호받고 사랑을 받으며 자라지만

화초는 정원을 장악하면서 질서를 만들고자 합니다.

己土가 丙火를 만나면 염양양토艶陽壤土이라고 하며

염양은 부드러운 햇빛이며 양토는 경작지의 형상으로

정원에 밝은 태양빛이 가득하니 화초를 가꿀 수 있는 자격과 여건이 마련되었다고

봅니다.

己土가 丁火를 만나면 화정등화花庭燈火이라고 하며

화정은 꽃이 만발한 정원이며 등화는 등불의 형상으로

정원에 꽃이 만발하였으니 사색의 공간을 마련하였으며

등불을 밝혔으니 손님을 받을 준비가 되었다고 합니다.

己土가 戊土를 만나면 야산경작野山耕作이라고 하며

야산은 들에 있는 산이며 경작은 밭을 일구는 형상으로
야산에서 채소와 곡식을 기를 수 있는 좋은 여건을 만난 것입니다.
열심히 일하면 먹고 사는데 지장이 없습니다.

己土가 己土를 만나면 복음경작伏吟耕作이라고 하며

복음은 엎드려 통곡하는 것이고 경작은 밭을 일구는 형상으로
논과 밭이 확장된 것이므로 서로 경쟁하며 발전하기도 하지만
서로 차지하려고 반목하기도 하므로 일에 지체가 생기기도 합니다.

己土가 庚金을 만나면 정원지석庭園之石이라고 하며

정원은 집안에 있는 뜰이며 지석은 돌의 형상으로
정원에 정원석을 놓아 품위를 높이고 있는 것이며
논밭에 과실이 달린 모습으로 결실을 눈앞에 두고 있습니다.

己土가 辛金을 만나면 습니도광濕泥韜光이라고 하며

습니는 진흙이며 도광은 빛을 감추고 있는 형상으로
보석을 진흙 속에 감추어 밖으로 드러나지 않는 것으로 가지고 있는 재능이나 학
식을 감추어 남에게 알리지 않고 있는 것입니다.

己土가 壬水를 만나면 기토탁임己土濁壬이라고 하며

己土는 진흙이며 탁임은 물을 흐리게 하는 형상으로
호수의 물을 진흙으로 흐리게 하여 쓰지 못하게 하지만
논밭에 저수지가 있으므로 물 걱정을 하지 않는 것이기도 합니다.

己土가 癸水를 만나면 양토우로壤土雨露이라고 하며

양토는 경작지이며 우로는 비와 이슬의 형상으로
논밭에 이슬과 비로 인하여 촉촉하여 윤택하므로 농사가 잘되므로 부자가 된다고
합니다.

◇ 庚金

庚甲	庚乙	庚丙	庚丁	庚戊
경금벽갑 庚金壁甲	상합유정 相合有情	숙살용거 肅殺鎔去	득화이예 得火而銳	석산위재 石山爲財

庚己	庚庚	庚辛	庚壬	庚癸
정원지석 庭園之石	양금위살 兩金爲殺	절과토자 切果吐子	득수이청 得水而淸	금한수냉 金寒水冷

庚金이 甲木을 만나면 경금벽갑庚金壁甲이라고 하며
庚金은 도끼이며 벽갑은 나무를 쪼개는 형상으로
나무를 쪼개어 장작으로 쓰거나 기둥이나 대들보로 쓰는 것이고
숙살지기肅殺之氣 또는 경금대살庚金帶殺이라고도 합니다.

庚金이 乙木을 만나면 상합유정相合有情이라고 하며
상합은 서로 합한다는 것이고 유정은 정이 있다는 형상으로
庚金주석과 乙木구리의 합금으로 청동이 만들어졌다고도 하며
바위에 풀이나 넝쿨이 덮고 있어 아름다움을 연출하기도 합니다.

庚金이 丙火를 만나면 숙살용거肅殺鎔去이라고 하며
숙살은 살기를 지닌 것이며 용거는 녹아서 없어진다는 형상으로
숙살지기가 丙火를 만나면 능력을 발휘하기 어렵습니다.
또한 바위나 쇠뭉치에 열이 가해지는 것이니 매우 뜨거워집니다.

庚金이 丁火를 만나면 득화이예得火而銳이라고 하며
득화는 불을 얻은 것이며 이예는 날카로운 형상으로
강한 金이 용광로의 불을 만나 제련을 하므로 날카로운 쇠를 만드는 것이며 재주
를 갈고 닦아 쓸모 있는 능력을 만든다는 것입니다.

庚金이 戊土를 만나면 석산위재石山爲財이라고 하며
석산은 돌로 된 산이며 위재란 재물이 된다는 형상으로
야산에 바위가 많은 형상이니 돌산 또는 광산이라고 합니다.
戊土는 용광로가 되므로 丁火와 함께 철광석을 제련할 수 있습니다.

庚金이 己土를 만나면 정원지석庭園之石이라고 하며
정원은 집안에 있는 뜰이며 지석은 돌의 형상으로
정원에 정원석을 놓아 품위를 높이고 있는 것이며
논밭을 경작하는 농기계의 역할을 하기도 합니다.

庚金이 庚金을 만나면 양금위살兩金爲殺이라고 하며
양금은 두 개의 庚金이며 위살은 살기를 가진 형상으로
쇠끼리 부딪치는 요란함과 살벌함이 있으므로 크게 다친다고 합니다.
복음의 뜻도 있으니 강함이 지나치므로 지체한다는 것입니다.

庚金이 辛金을 만나면 절과토자切果吐子이라고 하며
절과는 과실을 자르는 것이고 토자는 씨앗을 뱉어내는 형상으로
동물들이 과실을 쪼개어 먹고 씨앗을 뱉어내는 것입니다.
광석에서 보석이 나오는 것이기도 합니다.

庚金이 壬水를 만나면 득수이청得水而淸이라고 하며
득수는 물을 만나는 것이며 이청은 맑아진다는 형상으로
바위가 바다를 만났으니 바닷가 또는 물속의 암석이 됩니다.
암석에 가득히 흐르는 지하 암반수의 물상이기도 합니다.

庚金이 癸水를 만나면 금한수냉金寒水冷이라고 하며
금한은 차가운 쇠이고 수냉은 물이 차가운 형상으로 바위에서 샘물이 나오는 형상
입니다. 바위산에 비가 쏟아지고 계곡은 물로 넘치거나 한겨울에 눈이 펑펑 쏟아
지고 바위산에 눈이 쌓이는 형상이기도 합니다.

◇ 辛金

辛甲	辛乙	辛丙	辛丁	辛戊
목판쇄편 木板碎片	이전절지 利剪切枝	양광주옥 陽光珠玉	소훼주옥 燒毀珠玉	금광지산 金鑛之山

辛己	辛庚	辛辛	辛壬	辛癸
습니도광 濕泥韜光	절과토자 切果吐子	경합양광 競合陽光	도세주옥 淘洗珠玉	약철우로 弱鐵遇露

辛金이 甲木을 만나면 목판쇄편木板碎片이라고 하여

목판은 나무판자이며 쇄편은 잘게 부순 조각의 형상으로

법과 규정에 따라 업무를 처리하고 주변을 정리하는 일을 수행합니다.

나무에 걸린 장식품으로 아름다움을 연출하기도 합니다.

辛金이 乙木을 만나면 이전절지利剪切枝이라고 하며

이전은 날카로운 전지가위이며 절지는 가지를 자르는 형상으로

전지가위로 가지치기를 하며 법과 규정을 지키지 않는 쓸모없는 것을 잘라내고 조직을 정비하는 일을 추진할 수 있습니다.

辛金이 丙火를 만나면 양광주옥陽光珠玉이라고 하며

양광은 태양의 밝은 빛이며 주옥은 보석의 형상으로

보석이 태양빛을 만났으니 아름답게 빛이 납니다.

丙辛이 합하면 믿음과 인덕이 부족하지만 지혜가 있다고 합니다.

辛金이 丁火를 만나면 소훼주옥燒毀珠玉이라고 하며

소훼는 불로 훼손되었다는 것이고 주옥은 보석의 형상으로

보석을 불에 녹이는 것이니 무기력한 팔자가 되기도 하지만

촛불이나 전등으로 보석을 아름답게 빛나게 할 수 있습니다.

辛金이 戊土를 만나면 금광지산金鑛之山이라고 하며

금광은 금을 캐는 광산이며 지산은 산의 형상으로 보석이 산속에 묻혀 있으니 어머니의 품속에 있는 듯 편안하지만 아무도 알아보지 못합니다.

辛金이 己土를 만나면 습니도광濕泥韜光이라고 하며

습니는 진흙이며 도광은 빛을 감추고 있는 형상으로 보석을 진흙 속에 감추어 밖으로 드러나지 않는 것으로 가지고 있는 재능이나 학식을 감추어 남에게 알리지 않고 있는 것입니다.

辛金이 庚金을 만나면 절과토자切果吐子이라고 하며

절과는 과실을 자르는 것이고 토자는 씨앗을 뱉어내는 형상으로 동물들이 과실을 쪼개어 먹고 씨앗을 뱉어내는 것입니다. 광석에서 보석이 나오는 것이기도 합니다.

辛金이 辛金을 만나면 경합양광競合陽光이라고 하며

경합은 서로 경쟁하는 것이고 양광은 밝은 태양 빛의 형상으로
보석들이 자신의 아름다움을 뽐내기 위하여 경합을 벌이고 있습니다.
복음이라고 하여 서로 경쟁하므로 지체되기도 합니다.

辛金이 壬水를 만나면 도세주옥淘洗珠玉이라고 하며

도세는 씻는 것이며 주옥은 보석의 형상으로
보석이 물에 씻기어 아름답게 빛나는 모습입니다.
총명한 재능이 있어 학업이 우수하고 많은 사람들의 주목을 받으며 모든 일이 순조롭게 풀린다고 합니다.

辛金이 癸水를 만나면 약철우로弱鐵遇露이라고 하며

약철은 약한 철이며 우로는 이슬을 만난 형상으로
이슬에 젖어 녹이 스는 모습으로 세월이 갈수록 쓸모가 없어진다고 합니다. 보석을 물로 깨끗이 씻는 모습이기도 합니다.

◆ 壬水

壬甲	壬乙	壬丙	壬丁	壬戊
호중유목 湖中柳木	호중부용 湖中芙蓉	강휘상영 江暉相暎	호반등화 湖畔燈火	산정호수 山頂湖水

壬己	壬庚	壬辛	壬壬	壬癸
기토탁임 己土濁壬	경발수원 庚發水源	금백수청 金白水淸	왕양대해 汪洋大海	충천분지 沖天奔地

壬水가 甲木을 만나면 호중유목湖中柳木이라고 하며

호중은 호수가운데이며 유목은 버드나무의 형상으로
호수가운데 있는 버드나무의 모습으로 아름다움을 연출하므로 만인의 인기를 받
으며 정신적인 분야에서 특별한 재능을 발휘하기도 합니다.

壬水가 乙木을 만나면 호중부용湖中芙蓉이라고 하며

호중은 호수가운데이며 부용은 연꽃의 형상으로
연잎이 가득한 호수의 모습으로 아름다움을 연출하며 예술적 재능을 펼치니 모든
사람들에게 사랑을 받게 됩니다.

壬水가 丙火를 만나면 강휘상영江暉相暎이라고 하며

강휘는 강이 빛나는 것이며 상영은 서로 비추는 형상으로
丙火의 빛을 사방에 환하게 비추어주므로 명예가 빛나게 되며
모든 사람들로부터 사랑을 받는 인기를 누립니다.

壬水가 丁火를 만나면 호반등화湖畔燈火이라고 하며

호반은 호수가이며 등화는 등불의 형상으로
호수가에 등불을 밝혔으니 만인의 사랑과 인기를 모을 것이며
丁壬이 합하면 은근한 사랑으로 덕을 베푸는 인자함이 있습니다.

壬水가 戊土를 만나면 산정호수山頂湖水이라고 하며
산정은 산꼭대기이며 호수는 물을 가두어놓은 형상으로
댐을 만났으니 물이 저장되고 호수를 이루며 용수로 쓰이면서 논밭에 물을 대어
결실을 풍성하게 만드는 역할을 합니다.

壬水가 己土를 만나면 기토탁임己土濁壬이라고 하며
己土는 진흙이며 탁임은 물을 흐리게 하는 형상으로
호수의 물을 진흙으로 흐리게 하여 쓰지 못하게 하는 것으로
논밭에 저수지가 있으므로 물 걱정을 하지 않는 것이기도 합니다.

壬水가 庚金을 만나면 경발수원庚發水源이라고 하며
경발은 庚金에서 나오는 물이라는 것으로 庚金이 수원의 형상으로
바위에서 물이 샘솟듯 솟아나면서 계곡으로 흐르고 흐르며
강을 이루고 바다를 이루는 것입니다.

壬水가 辛金을 만나면 금백수청金白水淸이라고 하며
금백은 금이 하얗게 되고 수청은 물이 맑아지는 형상으로
커다란 강이나 호수에 잠긴 채 빛나는 조각품이나 보석입니다.
맑은 형상이니 품위가 있으며 고귀한 상이라고 합니다.

壬水가 壬水를 만나면 왕양대해汪洋大海이라고 하며
왕양은 넓은 바다이며 대해는 큰 바다의 형상으로
강과 강이 만나므로 거대한 바다를 만든다고 합니다.
복음이 되어 형세가 지나치면 지체가 발생하기도 합니다.

壬水가 癸水를 만나면 충천분지沖天奔地이라고 합니다.
충천은 하늘을 뚫는 기세이며 분지는 달리는 형상으로
계곡에서 흐르는 폭류로서 거침없이 흐르는 강물입니다.
너무나 강한 흐름으로 제어하기 어려우며 주위의 모든 것을 쓸어가 버리지만 한편
으로는 더러워진 것을 정화하는 기능도 있습니다.

◆ 癸水

癸甲	癸乙	癸丙	癸丁	癸戊
목근로수 木根露水	난초청로 蘭草淸露	흑운차일 黑雲遮日	화신우우 火薪遇雨	계곡지수 溪谷之水

癸己	癸庚	癸辛	癸壬	癸癸
양토우로 壤土雨露	금한수냉 金寒水冷	약철우로 弱鐵遇露	천진지수 天津之水	급류지수 急流之水

癸水가 甲木을 만나면 목근로수木根露水이라고 하며

목근은 나무뿌리이며 로수는 비를 맞은 형상으로
나무에 생명수를 공급하여 주므로 안정적으로 성장할 수 있습니다.
생명수가 없으면 나무는 사목이 되며 재목으로 쓰이게 됩니다.

癸水가 乙木을 만나면 난초청로蘭草淸露이라고 하며

난초는 난의 종류이며 청로는 맑은 이슬의 형상으로
맑은 이슬을 품고 있는 난초로서 청초한 모습을 지니게 됩니다.
목이 마를 때는 가뭄을 해소하므로 성장에 도움을 주기도 합니다.

癸水가 丙火를 만나면 흑운차일黑雲遮日이라고 하며

흑운은 검은 구름이고 차일은 태양을 가리는 형상으로
구름이 태양을 가리므로 희망이 사라지고 어려움을 예고하지만
가뭄에 단비를 내리는 격이라면 세상에 도움을 주기도 합니다.

癸水가 丁火를 만나면 화신우우火薪遇雨이라고 하며

화신은 불타는 장작이며 우우는 비를 만난 형상으로
장작불이 비를 맞아 꺼지는 것으로 일이 틀어지기도 하지만
꽃잎에 이슬이 맺혀 영롱하게 빛나니 아름다움을 뽐내고
비오는 밤에 등대가 되어 안내자의 역할을 충실히 하게 됩니다.

癸水가 戊土를 만나면 계곡지수溪谷之水이라고 하며

계곡은 물이 흐르는 골짜기이며 지수는 물의 형상으로
물이 흘러내리는 계곡으로 강물을 만들고 호수를 만들기도 합니다.
戊癸가 합하면 예의가 바르고 믿는 정이 두텁다고 합니다.

癸水가 己土를 만나면 양토우로壤土雨露이라고 하며

양토는 경작지이며 우로는 비와 이슬의 형상으로
논밭에 이슬과 비로 인하여 촉촉하여 윤택하므로 농사가 잘되어 부자가 된다고 합니다.

癸水가 庚金을 만나면 금한수냉金寒水冷이라고 하며

금한은 차가운 쇠이고 수냉은 물이 차가운 형상으로
바위산에 비가 쏟아지고 계곡은 물로 넘치거나 한겨울에 눈이 펑펑 쏟아지고 바위산에 눈이 쌓이는 형상이기도 합니다.

癸水가 辛金을 만나면 약철우로弱鐵遇露이라고 하며

약철은 약한 철이며 우로는 이슬을 만난 형상으로
이슬에 젖어 녹이 스는 모습으로 세월이 갈수록 쓸모가 없어지므로
물로 보석을 깨끗하게 씻어 아름답게 하여 줍니다.

癸水가 壬水를 만나면 천진지수天津之水이라고 하며

천진은 강물이 모인 곳이며 지수는 강물의 형상으로
강물이 모여 거대한 바다로 나아가는 모습입니다.
보다 넓은 세계로 진출하는 꿈과 희망이 있습니다.

癸水가 癸水를 만나면 급류지수急流之水이라고 하며

급류는 빠르게 흐르는 계곡의 물이며 지수는 물의 형상으로 빗물이 계곡으로 빠르게 흐르는 모습입니다. 거침없이 흐르는 계곡물은 바다를 향한 열정이 있습니다.
복음의 현상으로 흐르지 못하고 지체가 되기도 합니다.

지지의 2차원 물상

지지끼리 서로 결합하며
형충회합파해의 작용이 일어나게 됩니다.

1 지지의 방합

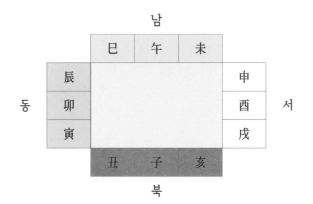

지지는 방위끼리 모이며 집안의 기세를 과시하게 됩니다.

寅卯辰은 동방에 모여서 木방합을 유지하고
巳午未는 남방에 모여서 火방합을 유지하고
申酉戌은 서방에 모여서 金방합을 유지하고
亥子丑은 북방에 모여서 水방합을 유지하고 있습니다.

방위끼리 모인 방합의 기세는
삼합의 목적과 형충파해로 발전되며 화합과 갈등의 양상이 펼쳐지게 됩니다.

2 지지의 회합

삼합	지지합
午 巳　未 辰　　　　申 卯　　　　酉 寅　　　　戌 丑　亥 子	午 巳　　　未 辰　　　　申 卯　　양　　酉 寅　　　음　戌 丑　　　亥 子
寅午戌　　申子辰 亥卯未　　巳酉丑	午未　卯戌 巳申　寅亥 辰酉　子丑

삼합은 목적을 가지고 모인 집합입니다.

寅午戌은 火의 목적을 가지고 모였으며

申子辰은 水의 목적을 가지고 모였으며

亥卯未는 木의 목적을 가지고 모였으며

巳酉丑은 金의 목적을 가지고 모였습니다.

지지합은 음양의 만남으로 부부의 합이라고도 합니다.

양측의 丑寅卯辰巳午의 지지와

음측의 子亥戌酉申未의 지지가 만나서 사랑을 나눕니다.

음양의 지지가 만나서 사랑을 나누므로 떨어지려고 하지 않습니다.

천간합처럼 기반이 되어 움직이려고 하지도 않습니다.

이들을 떼어놓고자 한다면 형충파해가 작용해야 합니다.

3 지지의 형충

	지지의 형		지지의 충
삼형	寅巳申　丑戌未		寅申　巳亥
형	寅巳　巳申　丑戌　戌未　子卯		子午　卯酉
자형	辰辰　亥亥　酉酉　午午		辰戌　丑未

형은 방합과 삼합이 서로 만나면서 에너지를 증폭시키고 있습니다.

寅午戌과 巳午未가 만나면서 火의 형을 일으키고 있는 것입니다.

→ 寅巳형, 午午자형, 戌未형

巳酉丑과 申酉戌이 만나면서 金의 형을 일으키고 있는 것입니다.

→ 巳申형, 酉酉자형, 丑戌형

亥子丑과 亥卯未가 만나면서 水木의 형을 일으키고
寅卯辰과 申子辰이 만나면서 水木의 형을 일으킵니다.

→亥亥자형, 辰辰자형, 子卯형

寅巳申삼형과 丑戌未삼형의 형작용은 매우 강합니다.

寅巳申 삼형은 寅巳형과 巳申형이 합치며 팽창하는 모습이고
丑戌未 삼형은 丑戌형과 戌未형이 합치며 수축하는 모습입니다.
寅巳 巳申 丑戌 戌未형은 삼형의 부분적인 모습으로 형작용이 다소 약합니다.
子卯형은 水木의 형으로서 형작용이 대체로 약한 편입니다.

자형은 지체되고 자체로 폭발하는 경향이 있습니다.

辰辰 亥亥 酉酉 午午의 자형은 같은 것끼리 모였으므로 활성화되지 못하고 혼란
스러워하며 지체되는가 하면 자체적으로 폭발을 일으키며 갖가지 어려운 상태를
만들기도 합니다.

4 지지의 파해

파	해
寅亥　午卯　戌未 申巳　子酉　辰丑	辰卯　寅巳　丑午 子未　申亥　酉戌

파의 작용

삼합끼리 서로 작용을 하며 합을 파괴하고 있습니다.

寅午戌과 亥卯未가 서로 합을 파괴하고 있으며

申子辰과 巳酉丑이 서로 합을 파괴하고 있습니다.

파의 작용은 모든 것을 파괴한다고 하며, 반목, 질시, 분리, 절단, 이별 등이 나타납니다.

해의 작용

해害는 천穿이라고도 합니다.

지지합을 충파하므로 지지합의 사랑을 방해하는 작용을 합니다.

子未, 丑午는 원진元嗔과 겹쳐 강하게 작용하며 질시, 방해, 이간질, 박복함 등을 암시합니다.

일명 상천살相穿殺이라고도 하는데 서로가 상대를 맞뚫어 버리며 상처를 입힌다는 뜻으로도 해석합니다.

5 지지의 생장수장

子丑	寅卯	辰巳	午未	申酉	戌亥
잉태	성장	출세	결실	수렴	휴식

子丑은 천지가 열리고 씨앗 속에서 생명이 만들어지는 시기로서
사람으로 본다면 자궁에서 태아가 자라고 있는 물상이며

寅卯는 음양이 조화를 이루며 새싹이 성장하는 시기이므로
사람으로 본다면 태어나서 어린아이가 부모에 의하여 길러지고 교육을 받는 물상
이며

辰巳는 음양이 왕성한 기운으로 꽃이 만발하는 시기이므로
사람으로 본다면 젊은 시절로서 사회에 첫 발을 디디고 결혼을 하며 가정을 이루
는 물상이며

午未는 음양이 결실을 알차게 만드는 시기로서
사람으로 본다면 인생의 중반기에 접어들고 사회적 성취를 위한 노력을 게을리 하
지 않는 물상이며

申酉는 음양의 결실을 수렴하는 시기로서
사람으로 본다면 인생의 후반기에 접어들고 결실을 수확하여 퇴직을 하고 안정을
취하는 물상이며

戌亥는 음양의 기가 쇠퇴하여 휴식을 하는 시기로서
사람으로 본다면 인생의 황혼기를 맞이하여 휴식을 즐기고 자연으로 돌아가는 물
상입니다.

Summary

◆ 천간의 음양

양	음
甲丙戊庚壬	乙丁己辛癸

음양이 서로 합하면서 천간합으로 묶이게 됩니다.
이를 기반羈絆이라고 하며 사랑을 하느라 꼼짝하지 않는 것입니다.

◆ 천간합

천간합	甲己	乙庚	丙辛	丁壬	戊癸
화오행	土	金	水	木	火

◆ 천간과 천간의 작용

천간과 천간이 만나면서 작용하는 것으로 고서와 일반적으로 쓰이는 한자용어로
설명되어집니다.

어려운 한자용어를 굳이 외우려고 하지말고 직감으로 느끼면서 자신의 물상으로
만들어 가기를 바랍니다.

◆ 지지와 지지의 작용

지지와 지지의 작용은 지지가 서로 결합하면서 형충회합파해가 이루어지게 됩니
다. 형충회합파해의 작용을 제대로 알고 있다면 지지와 지지의 물상으로 통변할
수 있는 능력이 생기는 것입니다.

제4장

3차원
간지물상

3
次
元
物
象

60甲子

甲子	乙丑	丙寅	丁卯	戊辰	己巳	庚午	辛未	壬申	癸酉
甲戌	乙亥	丙子	丁丑	戊寅	己卯	庚辰	辛巳	壬午	癸未
甲申	乙酉	丙戌	丁亥	戊子	己丑	庚寅	辛卯	壬辰	癸巳
甲午	乙未	丙申	丁酉	戊戌	己亥	庚子	辛丑	壬寅	癸卯
甲辰	乙巳	丙午	丁未	戊申	己酉	庚戌	辛亥	壬子	癸丑
甲寅	乙卯	丙辰	丁巳	戊午	己未	庚申	辛酉	壬戌	癸亥

3차원 간지물상干支物象이란 60갑자를 자연계의 사물로 바라보는 것입니다.

60갑자는 3차원의 간지물상으로 10개의 천간의 글자와 12개의 지지의 글자가 합치면서 자연계의 사물에 대입하여 시공간의 단위를 형성하는 것입니다.

01 60甲子의 기원

◆ 연해자평

황제 시절에 치우신이 혼란을 일으키니 백성의 고초를 심히 걱정했던 황제는 탁록이라는 평야에서 전쟁을 벌이면서 흐르는 피가 백리를 이르므로 무기로만 다스릴 수 없다고 하며 몸과 마음을 깨끗이 하고 제단을 쌓아 하늘과 땅에 제사를 올리니 하늘에서 10간과 12지를 내려주었다고 합니다.

황제는 10간을 둥글게 펴서 하늘의 모습을 본뜨고 12지를 네모지게 펼쳐서 땅의 모습을 본뜨니 천간과 지지가 시작된 것으로 하늘에서 내려준 은혜를 모아 각 직분과 부문으로 베푼 연후에야 비로소 다스릴 수 있었다고 합니다.

후일 대요씨가 탄식하여 말하길 '슬프도다! 황제는 성인인데 어찌 그 악살을 다스리지 못하였는가? 만일 후세의 사람들이 재앙의 고통을 당하면 장차 어찌하려는가!' 하고는 10간과 12지를 배분하여 60갑자를 만들었다고 합니다.

◆ 후한서 율력지

황제의 대신이었던 대요가 황제의 명을 받아 오행의 실정을 파악하고 북두 자루가 서 있는 방향을 관찰해서 처음으로 甲乙을 만들고 날짜에 이름을 붙여 간干이라고 하고 子丑을 만들어 월에 이름을 붙여 지支라고 하였으니 간지가 서로 배합하여 60일을 이루었다고 합니다.

◆ 삼명통회

대요가 황제의 명을 받아 북두칠성으로 점을 쳐서 甲子를 정하니 甲子년 甲子월 甲子일 甲子시에 칠요가 子의 방향에 일렬로 모였으므로 간지가 시작되었다고 합니다.
칠요七曜는 태양, 달, 수성, 금성, 목성, 화성, 토성을 말합니다.

천간과 지지의 결합 물상

배합된 간지를 자세히 살펴보아 사람의 화복과 길흉을 정하여야 한다.

- 적천수

양간은 甲丙戊庚壬이고 음간은 乙丁己辛癸이며
양지는 子寅辰午申戌이고 음지는 丑卯巳未酉亥입니다.

양간은 양지와 결합하며 돌아가고
음간은 음지와 결합하여 돌아가며
음양간이 교대로 돌아가며 60갑자를 이룹니다.

양간은 지지와 배합하면서 생성소멸生成消滅의 과정을 겪게 되며
음간은 지지와 배합하면서 생장수장生長收藏의 과정을 겪게 됩니다.

양간은 생기이므로 생성되었다가 할 일을 마치고 소멸되는 것이며
음간은 형질이므로 자라다가 할 일을 마치고 수장되는 것입니다.

양간의 생기는 음간의 형질을 만드는 주요한 에너지 역할을 하며
음간의 형질은 만물을 구성하는 형체의 역할을 하게 됩니다.

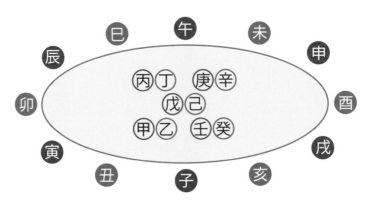

1 甲乙木과 12지지의 결합 물상

甲木은 木의 생기이며 乙木은 木의 형질입니다.

甲木은 戌子寅辰午申의 궤도를 순행하며 생기가 생성소멸되는 과정을 겪으며 왕쇠의 변화를 만듭니다.

乙木은 亥丑卯巳未酉의 궤도를 순행하며 형질이 생장수장되는 과정을 겪으며 강약의 변화를 만듭니다.

오행의 십이운성을 따르며

甲木은 戌子寅에서 점차 생성하고 辰午申에서 점차 소멸하며

乙木은 亥丑卯에서 점차 생장하고 巳未酉에서 점차 수장됩니다.

◆ 지지에서 甲乙木의 생성소멸

구분	戌亥	子丑	寅卯	辰巳	午未	申酉
십이운성	양생	욕대	록왕	쇠병	사묘	절태
음양간	甲木 - 생성 乙木 - 생장			甲木 - 소멸 乙木 - 수장		

(1) 甲戌 乙亥의 물상

戌亥는 木이 태동하는 물상으로서
새로운 甲木의 생기와 새로운 乙木의 형질이 만들어지기 시작합니다.
소멸하고 수장되었던 木기가 핵으로 만들어지면서 새로운 木기의 탄생을 예고하고 있는 것입니다.

단풍이 떨어지는 시기로서 새로운 木으로 태어나기 위하여 결실을 저장하고 동면에 들어가며 휴식기에 들어간다고 할 수 있습니다.

甲戌은 木의 수정란 물상이며
새로운 甲木의 생기가 핵에서 만들어지면서 배란을 하고 수정을 하며 자궁에 착상을 하는 시기입니다.

꿈과 희망이 가득찬 모습으로 세상 밖을 동경하며 이상세계를 만들고자 하는 계획을 세우고 있는 모습입니다.

戌土에는 辛金과 丁火와 戊土가 지장간으로 있습니다.
辛金은 씨앗이 완성되며 木의 핵을 저장하는 모습이며
丁火는 木의 핵을 발아시키는 역할을 하며
戊土는 강한 기세로서 태반을 지원하는 능력을 나타냅니다.

乙亥는 木의 태아 물상이며
새로운 甲木의 생기로 만들어지는 새로운 乙木의 형질의 모습으로 세상밖에 나오고자 노력하는 고통과 희망이 함께합니다.

亥水에는 戊土와 甲木과 壬水가 지장간으로 있습니다.
戊土는 태반을 지원하는 역할을 하며
甲木은 세상에 태어나는 갓난아기의 모습이며
壬水는 甲木을 품어 기르는 자궁과도 같습니다.

(2) 甲子 乙丑의 물상

子丑은 木이 성장하는 물상으로서
새로운 세상에 태어나 사회로 나아가기 위한 준비를 하는 시기로서
어린아이로서 자라며 교육받으며 에너지를 절약하고 축적하여 사회로 나아가고
자 하는 추진력을 기르게 됩니다.

甲木의 생기와 乙木의 형질이 만들어지고 있는 것입니다.
부모의 보호가 필요하며 세상에 나올 때까지 길러지게 됩니다.

甲子는 생기가 이루어지는 물상이며
甲木의 생기가 아직 미완성이므로 부모의 돌봄이 필요하고 주위의 도움이 없이는
혼자서 하기 어려우므로 곤란을 느끼게 됩니다.
천방지축 뛰어노는 아이와 같아 언제 무슨 일을 저지를지 모르므로 항상 지켜보면
서 돌보아야 합니다.

子水에는 壬水와 癸水의 지장간이 있습니다.
壬水는 甲木을 보호하며 품에 안고 기르는 보모의 역할을 하고
癸水는 甲木에게 젖을 먹이며 키우는 유모의 역할을 합니다.

乙丑은 성형이 이루어지는 물상이며
甲木의 미완성된 생기로 인하여 성형이 미비하므로
성형을 완성시키기 위하여 교육을 하고 사회에 나아가기 위한 추진력을 만들기 위
하여 에너지를 축적하는 시기입니다.
사춘기 청소년과 같아 반항심과 호기심이 가득한 시기이기도 합니다.

丑土에는 癸水와 辛金 그리고 己土의 지장간이 있습니다.
癸水는 乙木을 기르는 생명수로서 부모의 역할을 하며
辛金은 엄한 교육으로 乙木을 키우는 가정과 학교이며
己土는 乙木의 성장을 위한 기본 영역을 제공하고 있습니다.

(3) 甲寅 乙卯의 물상

寅卯는 木이 왕성하게 발전하는 물상으로서
청년의 생기가 매우 왕성하므로 지칠 줄 모르는 활동을 하면서
점차 성숙한 장년으로서 성취를 맛보는 시기가 됩니다.

甲木의 왕성한 생기로 乙木의 형질을 완성하고자 하며
乙木의 성장이 급속도로 진행되므로 적절한 조절이 필요하게 됩니다.
土의 기반과 적절한 水火가 공급되어야 성장을 할 수 있으며 과하게 성장을 하게
되면 꽃을 피우기 어려우므로 金으로 성장을 억제하며 가지치기를 해주어야 안정
된 결실을 맺을 수 있습니다.

甲寅은 사회에 진출하는 청년의 물상이며
학업을 마치고 사회에 첫발을 내딛는 모습입니다.
완전한 성인으로서 부모로부터 독립하여 주위와 경쟁을 하며 스스로 자신의 길을
헤쳐 나가야 하므로 자수성가형이라고도 합니다.

寅木에는 戊土와 丙火 그리고 甲木의 지장간이 있습니다.
戊土는 甲木의 성장을 위한 영역을 제공하는 역할을 하며
丙火는 꿈과 희망을 새롭게 만들어 성장하고자 하며
甲木은 강한 기세로서 경쟁하는 비견의 능력을 나타냅니다.

乙卯는 성취를 맛보는 장년의 물상이며
木氣의 형질이 완성된 모습으로서 제왕으로서의 능력과 권한을 가지게 됩니다.
권한이 너무 막강하면 독재를 휘두르므로 庚辛金의 관살로 甲乙木에 대한 적절한
통제가 필요한 시기입니다.

卯木에는 甲木과 乙木의 지장간이 있습니다.
甲木은 乙木의 형질을 완성시키는 후견인의 역할을 하고
乙木은 강한 기세로서 독립적인 권한의 능력을 나타냅니다.

(4) 甲辰 乙巳의 물상

辰巳는 木이 일을 마무리하는 물상으로서
생장이 마무리되고 소멸과 수장의 시기로 접어드는 시기로서
멈출 줄 모르는 진출성이 점차 쇠약해지며 사회적 일을 마무리하고
은퇴를 하며 휴식을 취하고 요양을 하는 모습입니다.

甲木의 남은 생기로서 乙木의 형질을 완성시키고
丙丁火의 꽃을 피우고 결실을 맺을 수 있도록 돕는 것입니다.
甲乙木이 丙丁火의 꽃을 피우기 위하여서는 壬癸水의 생명수가 필요하고 戊己土
의 중개 작용과 庚辛金의 씨방이 필요하게 됩니다.

甲辰은 생기를 피드백하는 물상이며
그동안 쌓은 경험과 노하우로 피드백을 하고 지혜를 만드는 시기이며
자문의 역할을 하면서 후배에게 전하기도 합니다.

辰土에는 乙木과 癸水 그리고 戊土의 지장간이 있습니다.
乙木은 甲木의 생기로써 형질이 완성된 모습이며
癸水는 지혜로써 생명수를 공급하는 역할을 담당하고
戊土는 강한 기세로서 영역을 제공하는 능력을 나타냅니다.

乙巳는 완성된 형질로서 꽃을 피우고자 하는 물상이며
木기는 쇠잔해지지만 甲木의 남은 생기로써 완성된 형질을 가지고
丙丁火를 도와 庚辛金의 결실을 맺는 일을 돕는 일을 하게 됩니다.

巳火에는 戊土와 庚金 그리고 丙火의 지장간이 있습니다.
戊土는 영역을 확보하는 중개 역할을 담당하며
庚金은 乙木의 가지에서 새롭게 만들어지는 씨방이며
丙火는 강한 기세로서 꽃을 피우는 능력을 나타냅니다.

(5) 甲午 乙未의 물상

午未는 木기가 소멸하는 물상으로
甲木의 생기는 모두 소모되어 없어지므로 소멸되는 것이며
乙木의 형질은 성장을 멈추면서 金의 결실을 가꾸는데 활용합니다.

여름의 더위에 목마르지 않도록 壬癸水의 생명수가 계속 필요하며
庚辛金의 과실이 자랄 수 있는 환경을 제공하는 역할을 합니다.

甲午는 생기가 소멸된 물상이며
생기가 모조리 소진되어 없으므로 성장시키는 역할은 없습니다.
생기는 없지만 고목이 되어 乙木의 가지를 도와 생명수를 공급하고 잎에서 자양분을 만들 수 있도록 하여 희생과 봉사로 성장하는 결실을 돕는 일을 계속하게 됩니다.

午火에는 丙火와 己土 그리고 丁火의 지장간이 있습니다.
丙丁火와 己土는 庚辛金의 결실을 숙성시키기 위하여 필요하지만 열기가 지나치면 木이 타버리므로 壬癸水로 더위를 식혀야 합니다.

乙未는 결실을 매달고 키우는 물상이며
乙木의 형질은 완성된 모습으로 자신을 희생하고 봉사하며 결실을 완성하고자 하는 노력을 계속하게 됩니다.
乙木의 가지에 매달린 결실을 키우고자 하는 노력입니다.
丙丁火와 壬癸水의 지원을 받으며 자신의 할 일을 하게 됩니다.

未土에는 丁火와 乙木 그리고 己土의 지장간이 있습니다.
丁火는 庚辛金의 과실을 숙성시키는 역할을 담당하고
乙木은 협동하며 노력하는 모습을 보여주고
己土는 강한 기세로서 편재의 영역 능력을 나타냅니다.

(6) 甲申 乙酉의 물상

申酉는 木이 결실을 수확하는 물상이며

木기는 생기로서 살기인 金기를 키우기 위하여 생기가 끊어진 것이지만 庚辛金의 새로운 결실을 수확하는 즐거움을 갖게 됩니다.

자신을 희생하며 키운 결실이므로 소중한 것이며

새로운 木기를 생산하기 위하여 壬癸水가 새로이 생성되는 시기이기도 합니다.

甲申은 절처봉생하는 물상이며

甲木의 생기가 끊어진 것이지만 새로운 생기를 만들기 위한 시작이 되므로 절처봉생絶處逢生이라고 합니다.

절처봉생이란 생명이 끊어지는 상황에서 새로운 살길이 생긴다는 뜻입니다.

申金에는 戊土와 壬水와 庚金의 지장간이 있습니다.

戊土는 영역을 확장하는 역할을 담당하며

壬水는 甲木을 키우고자 새로이 형성되는 자궁이며

庚金은 강한 기세로서 조직을 다스리는 능력을 나타냅니다.

乙酉는 결실을 수확하는 물상이며

사회적 결실을 완성하고 검증을 받으며 완전한 제품을 만들어 세상에 내놓고 피드백을 만들며 휴식하는 시기입니다.

乙木가지에 매달린 과실을 수확하는 즐거움을 가지며 새로운 세상을 펼치기 위한 꿈과 희망을 가지게 됩니다.

酉金에는 庚金과 辛金의 지장간이 있습니다.

庚金은 제품을 완성하는 조직이며

辛金은 강한 기세로서 핵을 만들어 씨앗을 저장하는 역할을 하게 됩니다.

❷ 丙丁火와 12지지의 결합 물상

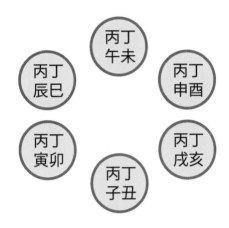

丙火는 火의 생기이며 丁火는 火의 형질입니다.

丙火는 子寅辰午申戌의 궤도를 순행하며 생기가 생성소멸되는 과정을 겪으며 왕쇠의 변화를 만듭니다.

丁火는 丑卯巳未酉亥의 궤도를 순행하며 형질이 생장수장되는 과정을 겪으며 강약의 변화를 만듭니다.

오행의 십이운성을 따르며

丙火는 子寅辰에서 점차 생성하고 午申戌에서 점차 소멸하며

丁火는 丑卯巳에서 점차 생장하고 未酉亥에서 점차 수장됩니다.

◆ 지지에서 **丙丁火**의 생성소멸

구분	子丑	寅卯	辰巳	午未	申酉	戌亥
십이운성	태양	생욕	대록	왕쇠	병사	묘절
음양간	丙火 - 생성 丁火 - 생장			丙火 - 소멸 丁火 - 수장		

(1) 丙子 丁丑의 물상

子丑은 火를 저장하는 물상으로서
丙火의 생기와 丁火의 형질이 물속에서 자라고 있으며
소멸하고 수장되었던 火기가 핵으로 만들어지면서 새로운 火기의 탄생을 예고하고 있는 것입니다.

아직 세상밖에 나온 존재가 아니므로 순수하므로 자신의 빛과 열기로써 어둡고 추운 곳을 밝히고자 하는 의지가 있습니다.

丙子는 火의 수정란 물상이며
새로운 丙火의 생기가 핵에서 만들어지면서 배란을 하고 수정을 하며 자궁에 착상을 하는 시기입니다.

꿈과 희망이 가득한 모습으로 세상 밖을 동경하며 이상세계를 만들고자 하는 계획을 세우고 있는 모습입니다.

子水에는 壬水와 癸水의 지장간이 있습니다.
壬水는 丙火의 수정란이 자랄 수 있는 환경을 제공하며
癸水는 丁火의 열기로써 생명수를 관리하는 역할을 합니다.

丁丑은 어두움을 밝히는 등불의 물상이며
어둡고 추운 세상을 밝게 하고 따스하게 하는 역할을 하며 보람을 찾게 됩니다. 누군가를 위하여 일을 한다는 느낌을 가지고 있으므로 안정되고 편안한 삶이 됩니다.

丑土에는 癸水와 辛金 그리고 己土의 지장간이 있습니다.
癸水는 丁火의 빛으로 밝은 세상을 만들고자 하며
辛金은 영역을 확보하고 새로운 삶을 향한 희망을 가지며
己土는 새로운 영역으로 나아가기 위한 계기가 됩니다.

(2) 丙寅 丁卯의 물상

寅卯는 火가 출생하는 물상이므로
丙火의 생기가 출생하여 자라면서 丁火의 형질을 만들기 시작합니다.
수장되었던 火기가 드디어 모습을 드러내며 밝은 세상을 만들고자 합니다.

세상 밖으로 나오는 모습으로 밝은 희망을 품으며 아침의 여명을 붉게 물들이고
모든 고통을 인내하며 기쁨을 안겨주는 모습입니다.

丙寅은 아침에 해가 뜨려고 준비하는 물상이며
바다 속에서 출생하는 모습이므로 아침의 여명을 붉게 물들이고 해가 뜨려는 징조
를 보여주고 있으며 고통을 감내하는 모습입니다.
丙火의 생기가 출생하는 시기로서 밝은 생기로 붉게 물들이는 모습입니다.

寅木에는 戊土와 丙火 그리고 甲木의 지장간이 있습니다.
戊土식신은 丙火를 보호하며 성장할 수 있도록 돕는 역할을 하며
丙火는 만물에게 새로운 꿈과 희망을 부여하고
甲木은 丙火가 탄생할 수 있도록 강한 기세를 제공하고 있습니다.

丁卯는 아침에 붉은 해가 나오는 물상이며
천방지축으로 뛰어노는 어린아이의 모습으로 목욕을 시켜주며 양육하는 시기이
므로 주위의 도움이 없이는 혼자서 곤란을 느끼게 됩니다.
많은 사람들이 해 뜨는 장면을 보면서 두 손 모아 기도하며 소원을 비는 모습이기
도 합니다.

卯木에는 甲木과 乙木의 지장간이 있습니다.
甲木은 丁火의 열기를 만들 수 있는 생기를 제공하여 기르고
乙木은 강한 기세로서 丁火의 형질의 성장에 도움을 줍니다.

(3) 丙辰 丁巳의 물상

辰巳는 火기가 성장하는 물상으로
배우고 익히는 학생으로서의 역할에 충실하고
사회에 첫발을 내딛는 청년으로서 왕성한 활동을 합니다.

丙火의 왕성한 생기로 丁火의 강한 형질을 만들어 가며
세상을 밝게 하고자 하는 욕망이 강하게 형성이 됩니다.

丙辰은 태양이 힘차게 오르는 물상이며
새로운 세상에 적응하기 위하여 학업에 열중하는 소년의 모습이며
사춘기로서 자존심이 강하고 고통을 인내하며
가지에 꽃봉오리가 맺히며 성장하는 청소년의 시기로서 사회에 나가기 위한 적성
과 능력을 기르며 꽃을 피우기 위한 꿈과 희망을 간직하며 호연지기를 나타내는
모습입니다.

辰土에는 乙木과 癸水 그리고 戊土의 지장간이 있습니다.
乙木은 丙火의 꽃봉오리가 피워날 수 있도록 기르며
癸水는 丙火가 자랄 수 있도록 생명수를 공급하고
戊土는 강한 기세로서 丙火의 수정을 돕게 됩니다.

丁巳는 꽃을 피우는 물상으로서
화려한 꽃을 피우면서 자신을 드러내고 갈고 닦은 적성과 능력을 한껏 발휘하며
사회에 자신의 재능을 인정받고자 노력하면서 결실을 준비하는 과정입니다.

巳火에는 戊土와 庚金 그리고 丙火의 지장간이 있습니다.
戊土는 丁火가 수정을 할 수 있도록 중개 역할을 담당하며
庚金은 새롭게 만들어지는 결실이므로 정성껏 길러야 하며
丙火는 강한 기세로서 꽃을 피울 수 있도록 돕게 됩니다.

(4) 丙午 丁未의 물상

午未는 火기가 발전하는 물상으로서
성숙한 장년으로서 성취감을 맛보기 위하여 결실을 준비하고
열기로써 결실을 숙성시키며 보다 나은 결실을 만들고자 노력하게 됩니다.

丙火는 성숙한 생기로써 丁火의 열기를 생산하는 것을 도우며
丁火는 열기로써 만물을 숙성시키는 역할에 최선을 다하며 결실을 키워 성취감을
맛보고자 합니다.

丙午는 정오에 태양이 작열하는 물상이며
빛이 작열하며 만물에게 생기를 불어넣으며 자신의 권위를 확인하지만
권한이 너무 막강하면 독재를 휘두르므로 壬癸水의 관살로 적절한 통제가 필요한
시기입니다.

午火에는 丙火와 己土 그리고 丁火의 지장간이 있습니다.
丙丁火는 모두 협심하여 결실의 생산에 노력하는 모습이고
己土는 결실의 생산 여건을 조성하는 역할을 하게 됩니다.

丁火는 꽃을 떨어뜨리며 결실을 키우는 물상입니다.
결실을 키우기 위하여 꽃을 떨어뜨려야 하는 아픔이 있지만 보다 성숙한 자세로
임하며 결실을 성숙시키는데 모든 역량을 집중하게 됩니다.
강한 열기가 지나칠 우려가 많으니 스스로 자제하는 노력이 필요합니다. 자신의
실력과 재능을 발휘하며 결실을 키우고자 노력합니다.

未土에는 丁火와 乙木 그리고 己土의 지장간이 있습니다.
丁火는 협동하여 庚辛金의 과실을 기르는 역할을 담당하고
乙木은 丁火의 일을 돕는 역할을 하고
己土는 강한 기세로서 생산 능력을 나타냅니다.

(5) 丙申 丁酉의 물상

申酉는 火가 쇠퇴하는 물상으로

丙火의 남아있는 생기를 모아 丁火의 열기를 확장하며 결실을 숙성하여 수확하고자 노력하는 모습입니다.

땀 흘려 노력한 결실을 거두기 위하여 마지막 과정을 점검하며 피드백을 위한 준비를 하는 시기입니다.

丙申은 결실을 완성시키는 물상으로

생기의 여력을 모아 결실을 튼실하게 만들고자 노력하게 되며

丁火의 열기를 확장시키며 결실의 숙성을 위한 노력을 게을리 하지 않습니다.

申金에는 戊土와 壬水와 庚金의 지장간이 있습니다.

戊土는 庚辛金의 결실을 숙성시키는 역할을 담당하며

壬水는 새로운 조직을 만들어 결실을 유통할 수 있도록 하고

庚金은 강한 기세로서 영역을 넓혀나가는 능력을 나타냅니다.

丁酉는 결실을 숙성시키는 물상으로

丙火의 생기로 완성한 형질의 열기로 결실을 숙성시키는 노력을 계속하면서 어둠을 밝히려는 준비를 하게 됩니다.

丁火는 등불로서의 역할을 준비하기도 하므로 춥고 어두운 지역에서 일할 준비를 하는 것입니다.

酉金에는 庚金과 辛金의 지장간이 있습니다.

庚金은 결실을 숙성하여 씨앗을 단단하게 하고자 하며

辛金은 씨앗으로서 강한 기세로 스스로 단단한 모습을 만들어 가며 영역을 확보하고자 합니다.

(6) 丙戌 丁亥의 물상

戌亥는 火가 휴식하는 물상으로
火기는 서서히 물속으로 들어가며 황혼의 아름다움을 한껏 뽐내는 시기로서 삶의 결실을 수렴하는 시기입니다.
壬水를 확장하며 황혼의 빛을 비추는 역할을 담당하게 하여 명예가 아름답게 빛나기도 합니다.

丙戌은 해가 지는 물상으로
결실을 수확하고 乙木가지에 단풍이 물들고 낙엽이 지는 시기입니다.
지평선에 아름답게 펼쳐진 황혼을 즐기며 노후를 맞이하며 새로운 삶을 준비하는 시기이기도 합니다.

戌土에는 辛金과 丁火와 戊土가 지장간으로 있습니다.
辛金은 씨앗이 숙성된 모습으로 저장할 준비를 하고
丁火는 어둠을 밝히는 역할을 담당하고
戊土는 강한 기세로서 새로운 영역을 만드는 능력을 나타냅니다.

丁亥는 등불의 물상으로서
丁火의 불빛을 밝히면서 어둠을 환하게 하는 작용을 하게 됩니다.
점점 추워지는 한파를 대비하여 동면하는 만물을 수렴하고 저장하여 새로운 시대에게 전해주기 위한 준비를 합니다.
에너지가 부족할 경우에는 甲乙木을 태워서라도 빛과 에너지를 만들기도 합니다.

亥水에는 戊土와 甲木과 壬水가 지장간에 있습니다.
戊土는 壬水를 모아 시장에 유통시키는 역할을 하며
甲木은 丁火를 도와 밝고 환한 빛과 열을 만들고
壬水는 강한 기세로서 결실을 유통시키는 능력을 나타냅니다.

[3] 庚辛金와 12지지의 결합 물상

庚金은 金의 생기이며 辛金은 金의 형질입니다.
庚金은 辰午申戌子寅의 궤도를 순행하며 생기가 생성소멸되는 과정을 겪으며 왕쇠의 변화를 만듭니다.
辛金은 巳未酉亥丑卯의 궤도를 순행하며 형질이 생장수장되는 과정을 겪으며 강약의 변화를 만듭니다.

오행의 십이운성을 따르며
庚金은 辰午申에서 점차 생성하고 戌子寅에서 점차 소멸하며
辛金은 巳未酉에서 점차 생장하고 亥丑卯에서 점차 수장됩니다.

◆ 지지에서 庚辛金의 생성소멸

구분	辰巳	午未	申酉	戌亥	子丑	寅卯
십이운성	양생	욕대	록왕	쇠병	사묘	절태
음양간	庚金 - 생성 辛金 - 생장			庚金 - 소멸 辛金 - 수장		

(1) 庚辰 辛巳의 물상

辰巳는 金기를 잉태하는 물상이므로
庚金의 생기와 辛金의 형질이 자라면서 결실을 만들기 시작합니다.
甲乙木은 丙丁火의 꽃을 피우고 戊己土가 수정을 하여 庚辛金의 씨방을 기르고
수확하여 거둔 결실을 壬癸水가 유통하는 역할을 합니다.

庚辰은 씨방이 새로 만들어 지는 물상이며
씨방에서 태아가 자라는 모습이므로 자양분의 공급과 보살핌이 필요한 시기입니다. 사회적으로 재능의 꽃을 피우면서 세상에 드러내는 모습입니다.

辰土에는 乙木과 癸水 그리고 戊土의 지장간이 있습니다.
乙木은 庚金의 출생을 도우며 내조하는 역할을 하며
癸水는 乙木을 통하여 생명수를 공급하고
戊土는 강한 기세로서 庚金의 출생을 돕게 됩니다.

辛巳는 씨방에서 씨가 만들어지는 물상이며
세상에 태어나기 위하여 고통을 감내하며 어려움을 헤쳐 나가는 모습입니다.
능력을 검증받고 인정받으며 결실을 만들고자 하는 노력을 계속하게 됩니다.

巳火에는 戊土와 庚金 그리고 丙火의 지장간이 있습니다.
戊土는 씨방이 수정을 할 수 있도록 중개 역할을 담당하며
庚金은 씨방을 새롭게 만들어 어린씨앗을 새로 만들고
丙火는 강한 기세로서 씨방이 만들어 질 수 있도록 돕게 됩니다.

(2) 庚午 辛未의 물상

午未는 金기가 성장하는 물상으로
庚金의 생기가 성장하며 辛金의 강한 형질을 만들어 가는 것입니다.
甲乙木은 壬癸水의 생명수로 庚辛金을 성장시키는 기반이 되며 丙丁火는 庚辛金을 숙성시키고 戊己土는 庚辛金을 성장시키는 역할을 합니다.

庚午는 씨방이 점점 단단해지는 물상이며
乙木가지에서 굵어져 가는 씨방이 성장하는 모습입니다.
성장하는 청소년의 시기로서 튼실한 결실의 모습을 갖추려고 노력하는 시기로서 사춘기의 반항심과 호기심이 강하게 작용하기도 합니다.

午火에는 丙火와 己土 그리고 丁火의 지장간이 있습니다.
丙丁火가 협심하여 庚辛金의 결실을 숙성시키기 위하여 노력하는 모습이고
己土는 결실의 생산 여건을 조성하며 결실을 기르는 역할을 하게 됩니다.

辛未는 씨방에서 자라는 씨앗의 물상으로서
庚金의 씨방에서 만들어지는 씨앗으로서 자라고 있습니다.
꿈과 희망을 가지고 자신의 역할에 충실하고자 실력을 갈고 닦는 모습으로 乙木에게 의지하며 자라는 모습입니다.

未土에는 丁火와 乙木 그리고 己土의 지장간이 있습니다.
丁火는 庚辛金의 과실을 숙성하는 역할을 담당하고
乙木은 성장할 수 있는 기반을 제공하며
己土는 성장을 도우는 역할을 하게 됩니다.

(3) 庚申 辛酉의 물상

申酉는 金기가 성숙한 물상으로서

庚金의 왕성한 생기는 辛金의 형질이 아름다운 빛을 낼 수 있도록 단단한 결실을 키우는데 모두 소모하고 있습니다.

甲乙木의 지원을 받으며 丙丁火의 열기로 숙성을 시켜 튼실한 과실을 만들고 유통에 필요한 壬癸水를 생산하는 기쁨이 있습니다.

戊己土는 결실의 숙성을 돕는 역할을 합니다.

庚申은 과실을 완성하는 물상으로

丙丁火의 빛과 열기로써 숙성하는 모습이며

사회의 지원을 받으며 자신의 재능과 실력으로 단단한 결실을 만들고자 노력하는 모습입니다.

申金에는 戊土와 壬水와 庚金의 지장간이 있습니다.

戊土는 庚辛金의 결실을 숙성시키는 역할을 담당하며

壬水는 새로운 유통 판로를 개척하는 역할이 있으며

庚金은 함께 노력하며 강한 기세로서 경쟁력을 확보하고자 합니다.

辛酉는 씨앗을 숙성시키는 물상으로

庚金의 과실 속에서 씨앗을 숙성시키며 결실을 완성하고자 합니다.

자신의 실력을 전개하여 사회로부터 인정을 받아 성숙한 모습을 보여주게 됩니다.

酉金에는 庚金과 辛金의 지장간이 있습니다.

庚金은 辛金의 씨앗을 숙성하기 위하여 함께 노력하며

辛金은 강한 기세로서 씨앗을 저장하고 유통시킬 영역을 확보하는 능력을 나타냅니다.

(4) 庚戌 辛亥의 물상

戌亥는 金이 결실을 유통시키는 물상으로
庚金의 생기는 점점 약해지므로 남은 기운을 모아 결실을 숙성하는데 노력하고
辛金의 형질을 완성하는 노력을 계속하게 됩니다.
壬癸水의 경로로 숙성된 결실을 유통시켜 시장에 판로를 개척하고 가치를 높여야
합니다.
甲乙木은 이제 할 일을 다 하였으므로 고목이 된 것은 벌목하여 재목으로 쓰이고
나머지는 丁火의 열기를 충전하는 에너지로서의 역할을 하게 됩니다.

庚戌은 수확한 결실을 유통하는 물상으로
乙木의 가지에서 결실을 숙성하여 수확하고
사회적 결실을 완성하여 세상에 내놓아 유통하는 단계입니다.

戌土에는 辛金과 丁火와 戊土가 지장간으로 있습니다.
辛金은 씨앗으로 숙성되어 저장할 준비를 하고
丁火는 결실을 숙성시켜 보존할 수 있도록 조직을 정비하고
戊土는 강한 기세로서 씨앗을 보존하고 활용하는 능력을 나타냅니다.

辛亥는 완성된 형질로서 씨앗이 되는 물상으로
庚金의 결실속에서 완성되는 씨앗의 모습으로 저장하며
피드백을 저장하며 사회적 결실을 인정받으려고 노력하게 됩니다.

亥水에는 戊土와 甲木과 壬水가 지장간에 있습니다.
戊土는 壬水를 통하여 결실을 시장에 유통시키는 역할을 하며
甲木은 새로운 판로를 개척하여 만들어지는 영역으로 유통할 준비를 하고
壬水는 강한 기세로서 유통을 하여 가치를 창조하는 능력을 나타냅니다.

(5) 庚子 辛丑의 물상

子丑은 결실을 저장하는 물상으로
庚辛金은 서서히 壬癸水의 물속으로 들어가며 저장을 하게 됩니다.
새로운 庚辛金을 만들기 위하여 씨앗을 보존하고 겨울의 식량을 유통하여 만물의
굶주림을 해결하여 주는 역할을 합니다.

庚子는 결실을 저장하고 유통하는 물상이며
수확한 결실을 창고에 저장하고 쓰임새를 만드는 시기입니다.
창고에 가득 쌓이는 결실로 배고프고 굶주린 이들을 위하여 베풀고 남은 것을 후
손에게 물려주고자 합니다.

子水에는 壬水와 癸水의 지장간이 있습니다.
壬水는 식량을 만들어 유통을 시키고
癸水는 강한 기세로 생명수의 생산을 담당하는 역할을 합니다.

辛丑은 저장된 씨앗의 물상이며
庚金의 결실 속에서 숙성되어 새로운 싹을 준비하고 있습니다.
혹독한 추위에서 단련을 거듭하며 새로운 세상에 거듭나기 위한 준비를 하는 시기
입니다.

丑土에는 癸水와 辛金 그리고 己土의 지장간이 있습니다.
癸水는 辛金을 깨끗이 씻어 가치를 만들어 유통을 하고
辛金은 경쟁을 하며 자신을 알리기 위하여 노력을 하는 모습입니다.
己土는 자신만의 능력을 펼치면서 새로운 세상을 향한 염원을 발하고자 합니다.

(6) 庚寅 辛卯의 물상

寅卯는 金이 절처봉생하는 물상으로서
木기가 다치지 않도록 살기를 깊이 숨기는가 하면
甲乙木의 과성장을 통제하여 가지치기를 해주어야 甲乙木이 꽃을 피우고 결실을
맺으며 성장할 수 있는 것입니다.
가지치기는 꽃을 피우고 과실의 성장을 돕는 여건을 마련하는 것으로서 튼실한 과
실을 얻기 위하여서는 반드시 필요한 과정입니다.

庚寅은 새로운 庚金의 살기를 수정하는 물상으로
절처봉생으로 金기를 새로이 만들기 시작하는 때이므로 살기 작용이 어렵지만 뿌
리가 깊거나 세력이 많으면 甲木에게 위협이 될 수 있으므로 살기를 나타내서는
안됩니다.

寅木에는 戊土와 丙火 그리고 甲木의 지장간이 있습니다.
戊土는 庚金이 새롭게 만들어질 수 있도록 도우며
丙火는 따스한 온기를 전달하여 도우며
甲木은 강한 기세로 새로운 영역을 제공하고 있습니다.

辛卯는 새로운 辛金의 형질을 만드는 물상으로
庚金의 살기가 절처봉생하며 생겨나는 때이므로 辛金의 형질도 역시 형성이 되지
않은 때입니다.
그러나 甲乙木의 과성장을 통제하기 위하여서는 뿌리가 깊거나 세력이 있어야 가
지치기를 통하여 자신들이 성장할 기반을 마련할 수 있습니다.

卯木에는 甲木과 乙木의 지장간이 있습니다.
甲木과 乙木은 庚辛金이 만들어질 수 있는 영역을 제공하고
丙丁火의 꽃을 피워 庚辛金이 만들어 질 수 있도록 돕게 됩니다.

④ 壬癸水와 12지지의 결합 물상

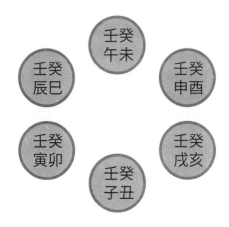

壬水는 水의 생기이며 癸水는 水의 형질입니다.

壬水는 午申戌子寅辰의 궤도를 순행하며 생기가 생성소멸되는 과정을 겪으며 왕쇠의 변화를 만듭니다.

癸水는 未酉亥丑卯巳의 궤도를 순행하며 형질이 생장수장되는 과정을 겪으며 강약의 변화를 만듭니다.

오행의 십이운성을 따르며

壬水는 午申戌에서 점차 생성하고 子寅辰에서 점차 소멸하며

癸水는 未酉亥에서 점차 생장하고 丑卯巳에서 점차 수장됩니다.

◆ 지지에서 **壬癸水의 생성소멸**

구분	午未	申酉	戌亥	子丑	寅卯	辰巳
십이운성	태양	생욕	대록	왕쇠	병사	묘절
음양간	壬水 - 생성 癸水 - 생장			壬水 - 소멸 癸水 - 수장		

(1) 壬午 癸未의 물상

午未는 水氣를 저장하는 물상이므로
戊己土가 저장하고 있는 壬癸水로써 만물이 더위에 타지 않도록 적셔주고 생명수를 공급하는 일을 계속하여야 만물이 번성하고 결실을 성장시킬 수 있는 것입니다.

하늘에서 내리는 비를 받아 저장하는 역할을 하는 것은 戊己土입니다.
저수지에 저장하거나 지하수에 저장하여 만물이 열기에 마르지 않도록 유지하여야 합니다.

壬午는 水氣를 생산하는 물상이며
스스로 냉기가 되어 하늘에서 비가 내리도록 하는 역할을 담당하며 戊己土에 비를 저장하여 만물을 번성하도록 하는 역할을 합니다.

午火에는 丙火와 己土 그리고 丁火의 지장간이 있습니다.
丙丁火에 의하여 열기가 치열하므로 냉기로써 열기를 식히는 역할을 하여야 만물이 타지 않습니다.
己土는 壬癸水에게 열기를 조절하도록 독려하면서 庚辛金의 결실의 성장을 돕고 있습니다.

癸未는 비가 내리는 물상이며
세상에 필요한 물질이 되고자 고통을 감내하며 戊己土에 의하여 저수지에 저장되고 지하수가 되어 만물을 번성하도록 어려움을 헤쳐 나가는 모습입니다.

未土에는 丁火와 乙木 그리고 己土의 지장간이 있습니다.
丁火는 庚辛金의 과실을 숙성하는 역할을 담당하고
乙木은 생명수로 과실을 재배하는 역할을 담당하고
己土는 성장을 돕는 기반을 제공하는 역할을 하게 됩니다.

(2) 壬申 癸酉의 물상

申酉는 水기가 성장하는 물상으로

새로운 水기가 세상 밖으로 나오며 아직 어리므로 기르고 교육을 시켜야 쓸모가 있습니다.

천방지축의 아이이므로 돌봐야 할 것이며 교육을 시켜야 구실을 할 수 있습니다.

감시 감독을 소홀히 하다가는 丁火의 열기를 다치게 하므로 과실을 숙성시키는데 방해가 될 뿐입니다.

壬水는 생명수를 만드는 물상이며

새로운 壬水는 庚金의 과실에 필요한 생명수로서 촉촉한 즙의 모습으로 나타나게 되며

새로운 甲木을 기르기 위한 준비를 하여야 하므로

세상에 나아가 쓸모 있는 인물이 되고자 재능을 키우는 시기입니다.

申金에는 戊土와 壬水와 庚金의 지장간이 있습니다.

戊土는 壬癸水를 보관 관리하는 역할을 담당하며

壬水는 새로운 생명수를 만드는 협력자로서 경쟁력을 확보하고

庚金은 壬水를 생산하며 과즙을 만들고자 합니다.

癸酉는 생명수의 물상으로서

辛金의 핵으로 존재하며 장차 甲乙木을 성장시키는 생명수가 되기 위하여 실력을 갈고 닦는 모습입니다.

꿈과 희망을 가지고 자신의 재능과 실력을 기르는 모습입니다.

酉金에는 庚金과 辛金의 지장간이 있습니다.

庚金은 교육을 담당하며 과실의 숙성을 위한 노력을 하며

辛金은 씨앗의 생명수를 확보하여 장차 에너지로 쓰고자 합니다.

(3) 壬戌 癸亥의 물상

戌亥는 水기가 왕성하게 성장하는 물상으로서
丙丁火의 열기를 누르고 냉기를 발산하는 여력을 보여줍니다.
庚辛金을 도와 단풍과 낙엽을 만들고 세상을 아름답게 장식하며
모든 만물이 동면에 들어가도록 유도하고 있습니다.
壬水의 왕성한 생기는 癸水의 형질이 농축된 생명수가 될 수 있도록 돕는 모습입니다.

壬戌은 생명수를 생산하는 물상으로
자신의 왕성한 생기로써 생명수를 생산하는 역할에 충실하게 됩니다.
자신의 재능과 실력으로 질이 좋은 생명수를 만들고자 하는 고집으로 노력하는 모습입니다.

戌土에는 辛金과 丁火와 戊土가 지장간으로 있습니다.
辛金은 씨앗으로 숙성되어 저장할 준비를 하고
丁火는 결실을 숙성시켜 보존할 수 있도록 조직을 정비하고
戊土는 강한 기세로서 씨앗을 보존하고 활용하는 능력을 나타냅니다.

癸亥는 농축하는 생명수의 물상으로
辛金의 씨앗을 성장시키는 역할을 하며 만물을 소생시켜야 하는 사명을 가지고 있습니다.
자신의 재능과 실력을 더욱 더 갈고 닦으며 사회로부터 인정을 받고자 노력하는 모습을 보여주게 됩니다.

亥水에는 戊土와 甲木과 壬水가 지장간에 있습니다.
戊土는 壬水를 모아 결실을 시장에 유통시키는 역할을 하며
甲木은 새롭게 만들어지는 영역으로 유통시킬 준비를 하고
壬水는 강한 기세로서 유통을 하여 가치를 창조하는 능력을 나타냅니다.

(4) 壬子 癸丑의 물상

子丑은 성숙한 水기의 물상으로
壬水의 생기는 점점 성숙하여 지지만 기세는 약해지므로 남은 기운을 모아 癸水
의 생명수를 숙성하는 노력을 계속하게 됩니다.

동지의 일양이 생기는 시기이므로 火기를 잉태하여 출산시키고
木기의 생기를 출산하여야 하는 막중한 임무를 지녔습니다.

壬子는 생명수를 숙성시키는 물상으로
甲木을 길러야 하는 임무를 지녔으며 丙火를 잉태하는 역할을 하며
癸水의 생명수를 숙성시켜 木火를 기르는 쓰임새를 만들고
사회적 재능을 완성하여 세상에 내놓기 위하여 준비하는 모습입니다.

子水에는 壬水와 癸水의 지장간이 있습니다.
壬水는 甲木과 丙火를 잉태하여 키우는 역할을 담당하고
癸水는 강한 기세로 생명수의 생산을 담당하는 역할을 합니다.

癸丑은 완성된 생명수의 물상으로
木火를 키우는 생명수로서 역할을 담당하고 쓰임새가 있는 재능으로 사회적으로
인정받으려고 노력하게 됩니다.
농축된 에너지는 장차 만물을 생장시키며 번성시켜야 하는 임무가 있으므로 생산
에 만전을 기하며 준비하는 모습입니다.

丑土에는 癸水와 辛金 그리고 己土의 지장간이 있습니다.
癸水는 辛金을 깨끗이 씻어 가치를 만들어 유통을 하고
辛金은 경쟁을 하며 자신을 알리기 위하여 노력을 하는 모습입니다.
己土는 자신만의 능력을 펼치면서 새로운 세상을 향한 염원을 발하고자 합니다.

(5) 壬寅 癸卯의 물상

寅卯는 만물에게 水를 공급하는 물상으로
水기는 자신의 할 일을 위하여 숙성된 생명수를 만물에게 공급하는 모습입니다.

만물은 水의 생명수를 흡수하여 성장하고 발육하며 번성하게 됩니다.
점차 강해지는 火의 열기에 의하여 만물이 메마르지 않도록 충분한 水기를 공급
하고 성장할 수 있는 에너지가 되어야 할 것입니다.

壬寅은 甲木에게 에너지를 공급하는 물상이며
농축된 생명수를 아낌없이 소모함으로써 왕성한 甲木의 에너지를 공급하며
더불어 丙火의 생기를 생산하는 에너지로서의 역할도 담당하고
戊土의 통제를 받으며 생명수를 공급하는 역할을 담당하게 됩니다.
갈고 닦은 재능과 실력을 사회에서 쓸모 있게 활용하고자 합니다.

寅木에는 戊土와 丙火 그리고 甲木의 지장간이 있습니다.
戊土는 壬水를 통제하여 만물에게 생기를 공급하고
丙火는 따스한 온기를 전달하여 도우며
甲木은 강한 기세로 새로운 영역을 제공하고 있습니다.

癸卯는 농축된 생명수의 물상이며
乙木의 형질을 완성하며 성장에 필요한 에너지를 공급하는 역할을 담당하며 농축
된 생명수를 아낌없이 내어줍니다.
자신의 실력과 재능을 발휘하며 사회의 발전에 기여하고자 합니다.

卯木에는 甲木과 乙木의 지장간이 있습니다.
甲木은 乙木의 형질을 완성하는데 전력을 기울이고 됩니다.

(6) 壬辰 癸巳의 물상

辰巳는 절처봉생하는 물상으로서
水기가 끊어질 것에 대비하여 戊土는 壬癸水를 저장하여 휴식을 취하도록 배려하면서 절처봉생의 기회를 제공하고
더위에 목말라하는 만물에게 저장수를 지속적으로 공급하여 만물이 번성할 수 있도록 배려합니다.

휴식을 취한 다음에는 새로운 생명수를 만들기 위하여 金의 생산을 독려하면서 열기를 누그러뜨리기 위한 준비를 하여야 합니다.

壬辰은 水기를 저장하는 물상으로
만물에게 생명수를 나누어주면서 戊土에 저장하고 자신의 할 일을 다 하고자 노력하는 모습입니다.
열기에 의하여 한기는 점차 사라지지만 癸水의 형질을 통하여 만물에게 생명수를 공급하는 일을 계속하게 됩니다.

辰土에는 乙木과 癸水 그리고 戊土의 지장간이 있습니다.
乙木은 癸水를 통하여 생명수를 계속 공급받으며
癸水는 乙木을 통하여 생명수를 공급하고
戊土는 강한 기세로서 생명수를 저장하는 일을 하게 됩니다.

癸巳는 절처봉생으로 재생하는 물상으로
새로운 생명수를 만들기 위한 준비를 하는 시기로서 金기의 생산을 돕게 됩니다.

巳火에는 戊土와 庚金 그리고 丙火의 지장간이 있습니다.
戊土는 생명수를 저장하고 金기를 만들기 위한 중개인의 역할을 하며
庚金은 씨방을 새롭게 만들어 새로운 金기를 준비하고
丙火는 강한 기세로서 金의 씨방이 만들어 질 수 있도록 돕게 됩니다.

5 戊己土와 12지지의 결합 물상

戊土는 土의 생기이며 己土는 土의 형질입니다.

戊土는 子寅辰午申戌의 궤도를 순행하며 만물의 생기를 생성소멸시키며 왕쇠의
변화를 만듭니다.

己土는 丑卯巳未酉亥의 궤도를 순행하며 만물의 형질을 생장수장시키며 강약의
변화를 만듭니다.

戊土는 子寅辰에서 만물의 생기를 점차 생성시키고 午申戌에서 점차 소멸시키는
것이며 戊土 자신이 생성소멸되지는 않습니다.

己土는 丑卯巳에서 만물의 형질을 점차 생장시키고 未酉亥에서 점차 수장시키는
것이며 己土 자신이 생장수장되지는 않습니다.

◆ 지지에서 戊己土의 작용

구분	子丑	寅卯	辰巳	午未	申酉	戌亥
작용	만물의 생성과 생장			만물의 소멸과 수장		

(1) 戊子 己丑의 물상

子丑은 土기로써 水기를 조절하는 물상으로서
土기는 만물의 생장소멸과 생장수장에 직접적으로 관여를 하면서 만물의 생사고락을 주관하면서
金水기의 수렴과 저장을 멈추고 木火기로 성장하도록 전환하는 역할을 합니다.

그러므로 子丑의 시기에는 음기를 거두고 양기를 번성하여야 하는 책무가 있으므로 金水기를 통제하고 木火기를 앞세워야 하는 것입니다.

戊子는 金水기의 역할을 멈추게 하는 물상으로
만물이 봄에 생성할 수 있도록 金水기의 생기를 거두어 저장하고 木火기가 나설수 있는 여건을 만들어 주어야 합니다.

子水에는 壬水와 癸水의 지장간이 있습니다.
壬水는 木火의 생기를 잉태하고 기르는 것이 주요임무이고
癸水는 강한 기세로 생명수를 생산하는 역할을 담당합니다.

己丑은 金水기를 木火기로 전환하는 물상으로
金水기의 형질로써 木火기의 형질을 만들 수 있도록 조절하는 역할을 합니다.
만물이 다시 소생하며 성장할 수 있도록 돕는 모습입니다.

丑土에는 癸水와 辛金 그리고 己土의 지장간이 있습니다.
癸水는 생명수를 만들어 만물을 소생시키기 위한 준비를 하고
辛金은 씨앗을 발아시킬 준비를 하며
己土는 金水와 木火의 중개 역할을 하면서 새로운 세상을 향한 염원을 발하고자
합니다.

(2) 戊寅 己卯의 물상

寅卯에는 만물을 소생시키는 물상이므로
戊土의 생기와 己土의 형질로써 만물을 소생시키고자 합니다.

土기는 만물을 성장시켜야 하는 의무가 있습니다.
왕성한 木기를 도와 만물이 소생할 수 있도록 독려하며
새로운 丙火를 탄생시키기 위하여 노력을 하는 모습입니다.

戊寅은 木火를 성장시키는 물상이며
甲木의 생기를 왕성하게 생성시키는 한편 丙火의 출생을 돕는 역할을 하게 됩니다.
어리고 약한 자들을 돌보고 기르고자 하는 측은지심의 마음을 가지고 있습니다.

寅木에는 戊土와 丙火 그리고 甲木의 지장간이 있습니다.
戊土는 甲木의 왕성한 활동과 丙火의 출산을 도우며
丙火는 세상에 나오기 위한 준비를 하고
甲木은 강한 기세로 만물이 생성하도록 왕성한 활동을 하고 있습니다.

己卯는 木火를 성장시키는 물상이며
乙木의 형질을 성장시키고 丁火의 발생을 돕게 됩니다.
한기를 제거하고 열기를 제공할 수 있는 여건을 마련하고
풀과 새싹들이 자랄 수 있도록 돌보면서 자신의 역량과 재능을 발휘하고자 합니다.

卯木에는 甲木과 乙木의 지장간이 있습니다.
甲木은 만물에게 생기를 제공하여 소생할 수 있도록 하고
乙木은 만물이 새롭게 싹을 피울 수 있도록 돕게 됩니다.

(3) 戊辰 己巳의 물상

辰巳는 만물을 발전시키는 물상으로
戊土의 생기와 己土의 형질로써 만물을 발전시키고자 합니다.

만물은 꽃을 피우고 수정을 하여 결실을 만들고자 노력하는 때이므로
고갈되는 생명수를 저장하여 만물에게 공급하고
한기를 수렴하여 저장하고 열기로써 만물이 번성할 수 있도록 돕게 됩니다.

戊辰은 만물을 발전시키기 위한 준비를 하는 물상이며
丙火의 생기로 열기를 만들고 壬水의 한기를 저장하여 만물이 번성할 수 있도록
돕는 역할을 담당하게 합니다.
실력과 재능을 기르며 세상에 나아가 쓸모 있는 인물이 되고자하는 사람들을 도우
며 밑바탕이 되어줍니다.

辰土에는 乙木과 癸水 그리고 戊土의 지장간이 있습니다.
乙木은 형질이 완성된 모습으로 꽃을 피울 준비를 하며
癸水는 만물에게 생명수를 지속적으로 공급할 수 있도록 준비하고
戊土는 생명수를 저장하고 만물에게 안정적인 공급이 되도록 돕는 역할을 하게
됩니다.

己巳는 꽃을 피우고 수정을 돕는 물상이며
꿈과 희망을 가지고 자신의 재능과 실력을 세상에 펼치면서 인정을 받고 결실을
만들고자 노력하는 사람들을 돕는 모습입니다.

巳火에는 戊土와 庚金 그리고 丙火의 지장간이 있습니다.
戊土는 꽃을 피울 수 있도록 돕는 중개 역할을 담당하며
庚金은 씨방을 새롭게 만들어 결실을 준비하고
丙火는 만물이 번성할 수 있도록 왕성한 빛과 열기를 제공합니다.

(4) 戊午 己未의 물상

午未는 만물의 번성을 조절하는 물상으로서
戊土의 생기와 己土의 형질로써 만물의 번성을 조절하고자 합니다.

木火기의 과도한 번성을 조절하면서 金水기로 전환하고자 하는 역할을 합니다.
결실을 키우기 위하여서는 만물이 번성하여야 하지만 이를 적절히 조절하여 결실
을 자라게 하여주어야 하기 때문입니다.

戊午는 만물의 성장을 멈추게 하는 물상으로
결실을 키우기 위하여 만물의 성장을 이제 멈추어야 할 때입니다.
더 이상 성장하지 못하게 막으며 결실의 성장에 더욱 더 노력하게 됩니다. 과도한
성장을 멈추게 하고 조절하는 역할을 하게 됩니다.

午火에는 丙火와 己土 그리고 丁火의 지장간이 있습니다.
丙丁火에 의하여 열기가 치열하므로 열기를 식히는 역할을 하여야 만물이 타지
않습니다.
己土는 木火기를 수렴하고 金水기를 펼치는 역할을 하며 결실의 성장을 돕게 됩
니다.

己未는 木火기를 金水기로 전환하는 물상으로
木火기의 형질로써 金水기의 형질을 만들 수 있도록 조절하는 역할을 합니다.
금화교역金火交易의 주된 역할을 하는 시기로서 안정된 결실을 만들 수 있도록
돕는 모습입니다.

未土에는 丁火와 乙木 그리고 己土의 지장간이 있습니다.
丁火는 열기를 생산하여 결실의 숙성을 도우며
乙木은 형질로써 과실을 재배하는 역할을 담당하고
己土는 결실을 만드는 기반을 제공하는 역할을 하게 됩니다.

(5) 戊申 己酉의 물상

申酉는 金을 성장시키는 물상으로
戊土의 생기와 己土의 형질로써 결실을 완성하고 숙성시키고자 합니다. 결실을
숙성시켜야 원하는 씨앗을 얻을 수 있기 때문입니다.

성장보다는 결실에 주력할 때입니다.
태양의 빛과 열기로써 과실을 튼실하게 만들고 과즙을 풍성하게 하여 동물들의 먹
이를 제공하고 씨앗을 퍼뜨릴 준비를 하여야 합니다.

戊申은 庚金의 결실을 완성시키는 물상이며
庚金의 생기를 왕성하게 성장시키는 역할을 하게 됩니다.
결실을 만드는 사람들을 위하여 결실을 완성할 수 있도록 돕고자 하는 마음을 가
지고 있습니다.

申金에는 戊土와 壬水와 庚金의 지장간이 있습니다.
戊土는 새로운 결실에 대한 안정적인 기반을 제공하고
壬水는 새로운 생명수를 만들고 과즙을 풍성하게 하며
庚金은 과실을 생산하는 주역을 담당하게 합니다.

己酉는 辛金의 씨앗을 숙성시키는 물상이며
辛金의 형질을 단단하게 만드는 역할을 하게 됩니다.
풍성한 과실에서 단단한 씨앗이 나오므로 과실이 풍성하게 숙성이 되도록 돕는 역
할을 합니다. 씨앗을 단단하게 만들 수 있도록 돌보면서 자신의 역량과 재능을 발
휘하고자 합니다.

酉金에는 庚金과 辛金의 지장간이 있습니다.
庚金은 과실의 숙성을 위한 노력을 하며
辛金은 단단한 씨앗이 되고자 노력하게 됩니다.

(6) 戊戌 己亥의 물상

戊亥는 水기를 발전시키는 물상으로

戊土의 생기와 己土의 형질로써 만물을 저장하고자 합니다.

만물을 번성하게 하던 잎에서 수분을 제거하여 마르게 하고 단풍이 들게 하며 낙엽으로 떨어뜨리는 작용을 합니다.
水기를 확대하여 수확한 결실을 저장하는 임무도 맡으며
火기를 저장하여 추위에 대비하여야 합니다.

戊戌은 火기를 저장하는 물상이며

만물을 번성시키던 火기를 갈무리하여 저장하고
확대되는 水기를 통제하며 만물이 동면에 들어갈 수 있도록 돕습니다.
닭은 실력과 재능으로 학문과 예술 또는 기술 분야의 결실을 만들고 후손에게 물려줄 유산을 저장 관리하는 역할을 담당합니다.

戊土에는 辛金과 丁火와 戊土가 지장간으로 있습니다.
辛金은 씨앗으로 숙성되어 저장할 준비를 하고
丁火는 추위에 대비하여 열기를 저장하고
戊土는 강한 기세로서 水火의 기세를 조절하는 역할을 합니다.

己亥는 저장물을 관리하는 물상이며

辛金의 씨앗을 저장하고 관리하며 새로운 피드백을 할 수 있도록 지도하는 역할을 담당합니다. 새로운 일을 기획하고 도모하며 창조하는 모습입니다.

亥水에는 戊土와 甲木과 壬水가 지장간에 있습니다.
戊土는 결실을 저장하고 유통시키는 역할을 하며
甲木은 새롭게 만들어지는 생기를 준비하며
壬水는 강한 기세로서 만물을 저장하고자 합니다.

Summary

◆ 60甲子의 물상

양간은 甲丙戊庚壬이고 음간은 乙丁己辛癸이며
양지는 子寅辰午申戌이고 음지는 丑卯巳未酉亥입니다.

양간은 양지와 결합하며 돌아가고
음간은 음지와 결합하여 돌아가며
음양간이 교대로 돌아가며 60갑자를 이룹니다.

◆ 천간과 지지의 결합 물상

양간은 지지와 배합하면서 생성소멸生成消滅의 과정을 겪게 되며
음간은 지지와 배합하면서 생장수장生長收藏의 과정을 겪게 됩니다.

◆ 지지에서 **甲乙木**의 생성소멸

구분	戌亥	子丑	寅卯	辰巳	午未	申酉
십이운성	양생	욕대	록왕	쇠병	사묘	절태
음양간	甲木 - 생성 乙木 - 생장			甲木 - 소멸 乙木 - 수장		

◆ 지지에서 **丙丁火**의 생성소멸

구분	子丑	寅卯	辰巳	午未	申酉	戌亥
십이운성	태양	생욕	대록	왕쇠	병사	묘절
음양간	丙火 - 생성 丁火 - 생장			丙火 - 소멸 丁火 - 수장		

◆ 지지에서 **庚辛金의 생성소멸**

구분	辰巳	午未	申酉	戌亥	子丑	寅卯
십이운성	양생	욕대	록왕	쇠병	사묘	절태
음양간	庚金 - 생성 辛金 - 생장			庚金 - 소멸 辛金 - 수장		

◆ 지지에서 **壬癸水의 생성소멸**

구분	午未	申酉	戌亥	子丑	寅卯	辰巳
십이운성	태양	생욕	대록	왕쇠	병사	묘절
음양간	壬水 - 생성 癸水 - 생장			壬水 - 소멸 癸水 - 수장		

◆ 지지에서 **戊己土의 작용**

구분	子丑	寅卯	辰巳	午未	申酉	戌亥
작용	만물의 생성과 생장			만물의 소멸과 수장		

戊己土는 다른 천간과 달리 자신이 생성소멸과 생장수장되는 것이 아닙니다.
戊己土는 만물의 생성소멸과 생장수장에 관여하면서 우주 변화의 원리를 실천하는 것입니다.

그러므로 戊己土의 작용은 자신들의 변화를 나타내는 것이 아니고 다른 천간들의 생성소멸과 생장수장에 관여하는 것입니다.

물상에서는 일반적인 화토동근火土同根에 의한 십이운성 이론을 적용하지 않음을 유의하기 바랍니다.

제5장

4차원
물상의 시공간

———

4
次
元
物
象

 4차원 물상의 시공간이란 사주팔자가 태어난 시간의 정지된 시공간이라면 월주가 인생의 시공간을 운행하면서 대운의 흐름에 의하여 변화하는 것입니다.

사주팔자의 4차원 구조

시		일		월		년		구분
丁		己		丙		甲		천간
卯		未		寅		午		지지
甲	癸	壬	辛	庚	己	戊	丁	대운
戌	酉	申	未	午	巳	辰	卯	

사주팔자는 연월일시와 대운으로 구성되어 있습니다.

연월일시는 사주팔자의 주인공이 태어난 순간의 시공간을 단면으로 촬영해 놓은 것입니다. 정확한 순간을 분초까지 적용한다면 사주四柱가 아니라 오주五柱 또는 육주六柱가 되어야 하겠지만 분초에서는 기세의 작용이 크지 않으므로 시까지 적어 사주를 만들어 운세를 판단하는 것입니다.

사주란 네 개의 기둥을 말하고 오주란 다섯 개의 기둥을 말합니다.

하루 24시간을 12지지에 배당하여 12시진으로 나누어 적용하므로 1시진은 2시간이 됩니다.

연월일시 각기둥 마다 60갑자가 정지한 4차원의 시공간입니다.

년주에는 태어난 해의 60갑자가 정지한 4차원의 시공간입니다.

甲午년에 태어났으므로 년주는 甲午가 됩니다.

월주에는 태어난 달의 60갑자가 정지한 4차원의 시공간입니다.

丙寅월에 태어났으므로 월주는 丙寅이 됩니다.

일주에는 태어난 일의 60갑자가 정지한 4차원의 시공간입니다.

己未일에 태어났으므로 일주는 己未가 됩니다.

시주에는 태어난 시진의 60갑자가 정지한 4차원의 시공간입니다.

丁卯시에 태어났으므로 시주는 丁卯가 됩니다.

사주팔자가 월지의 시공간으로 운행을 하면 대운이 됩니다.

사주팔자의 월지는 태어난 순간의 월이고 계절입니다.

대운은 순행과 역행을 하며 사주팔자를 운행하는 것입니다.

丙寅월에 태어난 사주팔자는 丙寅이라는 월에 머물고 있는 것이며

순행이면 丁卯로 10년간 운행하고

역행이면 乙丑으로 10년간 운행하는 것입니다.

寅卯辰은 봄이라는 인생의 계절을 겪는 것이며

巳午未는 여름이라는 인생의 계절을 겪는 것이며

申酉戌은 가을이라는 인생의 계절을 겪는 것이며

亥子丑은 겨울이라는 인생의 계절을 겪는 것입니다.

사주팔자가 년지의 시공간으로 운행하면 세운이 됩니다.

년지는 사주팔자가 태어난 년도이고

년도는 순행만 할 뿐이며 역행하지 않습니다.

세운이 년이고 대운이 월이기 때문에 세운의 입장에서 대운을 바라보는 것입니다.

대운이 10년 대운이고 세운이 1년 세운이라고 하여

세운이 대운에 종속되는 것이 아닙니다.

오히려 대운이 세운에 종속되는 것입니다.

1년에 12개월과 4계절이 있다고 생각하면 될 것입니다.

대운이 계절이 있는 4차원의 방합의 개념이라면

세운은 목적이 있는 5차원의 삼합의 개념입니다.

일지와 시지의 시공간은 4차원의 시각으로 볼 수도 있으며

5차원의 시공간에서 볼 수도 있습니다.

일지는 삼합의 개념이고 시지는 방합의 개념이 들어있습니다.

대운의 4차원 시공간 운행

양간이 양지에 있으면 양기가 창성하므로 운이 안정되고 편안해야 하며
음간이 음지를 타고 있으면 음기가 왕성하므로 모름지기 운로가 밝고 형통해야 한다. - 적천수

월주는 4차원의 시공간을 운행하다가 태어난 순간에 멈춘 상태이며
대운은 월주가 4차원의 시공간을 계속 운행하는 것입니다.

인생의 계절은 자연의 계절과 다릅니다.
자연의 계절은 매년 봄 여름 가을 겨울을 순행하며 사람의 생활환경에 영향을 미치는 것으로 여름이 봄으로 가는 역행이 없지만
인생의 계절은 120년을 봄 여름 가을 겨울을 순행하거나 역행하면서 삶의 환경에 영향을 미치게 됩니다.

자연의 계절	인생의 계절
1년 12개월 4계절	1년 = 120년 1개월 = 10년 1계절 = 30년

자연의 계절은 1년이 12개월이고 4계절이 순환하지만
인생의 계절은 한 평생이 120년이고 10년마다 바뀌면서 30년마다 계절이 변한다고 보는 것입니다.
그러므로 대운에서 하나의 간지를 10년으로 보는 것입니다.

자연의 계절은 거꾸로 흐르는 법이 없지만
인생의 계절은 순행하기도 하고 역행하기도 하는 것입니다.

◆ 순행의 대운

71	61	51	41	31	21	11	1	대운수
甲	癸	壬	辛	庚	己	戊	丁	대운
戌	酉	申	未	午	巳	辰	卯	
가을			여름			봄		대운계절

丁卯는 1세 부터 10세 까지의 대운이고
戊辰은 11세 부터 20세 까지의 대운입니다.
己巳 庚午 辛未 대운을 30년간의 여름 대운이라고 합니다.

청장년기에 여름 대운을 지나므로 혹서의 환경에서 결실을 맺기 위하여 노력해야
하는 운명을 지녔습니다.
가을에는 결실을 거두며 안정적인 모습이지만 혹서를 겪으며 에너지를 모두 소비
하였으므로 결실을 거두는데 어려움을 겪을 것입니다.

◆ 역행의 대운

71	61	51	41	31	21	11	1	대운수
戊	己	庚	辛	壬	癸	甲	乙	대운
午	未	申	酉	戌	亥	子	丑	
여름		가을			겨울			대운계절

乙丑은 1세부터 10세까지의 대운이고
甲子는 11세부터 20세까지의 대운이며
癸亥는 21세부터 30세까지의 대운입니다.
壬戌 辛酉 庚申 대운을 30년간의 가을 대운이라고 합니다.

청소년 시절에 겨울이라는 혹한의 시기를 지납니다.
甲乙木이 성장하기 위하여서는 필요한 수순이지만 혹한 속에서 실력을 갈고 닦아
야 하므로 어렵다는 것을 이야기 할 것입니다.
장년 시절은 가을의 시기로서 결실을 거두는 좋은 시절이 됩니다.

일간과 계절의 시공간 운행

천간 지지는 유정과 협력으로 서로 존중하여야 하며
시작하여야 할 곳에서 시작하고 끝내야 할 곳에서 끝내면 부귀수복이 영원무궁합
니다. - 적천수

일간에게 월지는 계절입니다.
월지는 태어난 계절로서 일간은 계절의 영향에 매우 민감하게 작용하게 됩니다.

寅卯辰월은 봄으로서 木의 기세가 매우 강한 계절이며
巳午未월은 여름으로서 火의 기세가 매우 강한 계절이며
申酉戌월은 가을로서 金의 기세가 매우 강한 계절이며
亥子丑월은 겨울로서 水의 기세가 매우 강한 계절입니다.

계절의 기후는 삶의 환경입니다.
사주팔자에서 계절의 의미는 삶의 환경입니다.
봄이라는 삶의 환경은 시작이라는 의미와 함께 따뜻한 환경입니다.
여름이라는 삶의 환경은 번성이라는 의미와 함께 더운 환경입니다.
가을이라는 삶의 환경은 수확이라는 의미와 함께 시원한 환경입니다.
겨울이라는 삶의 환경은 휴식이라는 의미와 함께 추운 환경입니다.

삶의 환경은 대운에 의하여 변화합니다.
봄에 태어난 사주팔자는 여름 가을로 순행하는가 하면 겨울 가을로 역행하기도 합
니다. 가을에 태어난 사주팔자는 겨울 봄으로 순행하는가 하면 여름 봄으로 역행
하기도 합니다.
대운은 순행하거나 역행하면서 삶의 환경을 변화시키며 일간은 대운에 의하여 변
화하는 삶의 환경을 겪으며 생로병사를 겪는 것입니다.

1 甲乙木일간과 계절의 시공간 운행

甲木은 거목으로 성장하기 위하여 하늘로만 오르려고 하는 성질이 있습니다.
乙木은 가지와 잎으로 甲木의 생기를 받아 성장하며 丙丁火의 꽃을 피우고 庚辛
金의 열매를 매달고 키우는 역할을 합니다.

겨울의 甲乙木은

亥子丑월에 양육되어지는 시기입니다.
가장 왕성한 기운을 가진 壬癸水는 甲乙木을 양육하는 책임이 있습니다. 학문과
인성의 교육을 통하여 사회에 기여할 재목을 기르고자 합니다.

丙丁火의 따스함이 있어야 혹한의 추위를 견딜 수 있습니다.
화려한 꿈과 이상을 품고 재능을 계발하여 사회에 나아가 쓰일 수 있는 재목으로
성장할 수 있도록 지도합니다.

戊己土는 水火의 조절을 통하여 쾌적한 환경을 제공하고자 합니다.
壬癸水가 태과하다면 이를 조절하여 甲乙木이 물에 떠다니거나 혹한의 추위에 얼
지 않도록 관리하며
丙丁火가 태과하다면 이를 조절하여 헛된 망상으로 학문과 인성을 닦는 일에 게
을리 하지 않도록 관리하여야 합니다.

庚辛金은 甲乙木이 교육받고 성장하는 가정과 교육기관으로서
甲乙木이 제대로 성장할 수 있도록 지도하고 인성을 계발할 수 있는 여건을 제공
하게 됩니다.

甲乙木은 경쟁자와 협력자의 모습으로
학문과 인성을 계발하는 동료의 모습이며 선의의 경쟁으로 학문을 발전시키고 서
로 협동하는 마음을 가지며 인성을 계발하게 됩니다.

봄의 甲乙木은

寅卯辰월에 왕성한 활동을 하는 시기입니다.

甲乙木이 가장 왕성한 활동을 하는 시기로서 사회에 나아가 자신의 재능과 적성으로 실력을 발휘하며 직업적 성취감을 이루고자 합니다.

壬癸水는 甲乙木의 생명수를 끊임없이 공급하여야 줄기와 가지가 윤택하여지며 잎과 꽃을 피우며 번성할 수 있는 것입니다.

생명수는 자격과 지위의 권한으로서 적성과 재능을 펼칠 수 있는 환경을 만들어줍니다.

丙丁火는 빛과 열기를 제공하여야 줄기와 가지에서 잎이 번성하며 꽃을 피울 수 있는 것이며 사회에서 화려한 명성을 빛내고 인기를 모으며 발전할 수 있는 것입니다.

戊己土는 水火의 태과불급을 조절하며 甲乙木이 왕성한 활동을 할 수 있도록 쾌적한 환경을 만드는데 모든 노력을 기울이게 됩니다.

壬癸水가 태과하다면 甲乙木은 물에 떠다니며 자신의 일을 제대로 하기 어렵고 불급하다면 가지와 잎이 마르므로 꽃을 피우기 어렵습니다.

丙丁火가 태과하다면 甲乙木은 헛된 명예욕에 사로잡혀 인기만을 추구하므로 실속이 없으며 불급하다면 꿈과 희망을 펼치기 어렵습니다.

庚辛金은 직업적 활동을 하는 조직으로서

甲乙木이 직업적 성취를 위하여 자신의 적성과 재능을 펼치며 인정을 받는 곳입니다. 甲乙木의 성장을 조절하는 역할도 겸하게 되는데 불필요한 일을 하지 않도록 감독하며 자신의 일에 충실하도록 지도하는 역할을 담당하기도 합니다.

甲乙木은 경쟁자와 협력자의 모습으로

사회적 성취를 위한 선의의 경쟁자로서 적성과 재능을 펼쳐나가며 서로 경쟁하게 되며 때로는 협력하며 직업적 성취를 얻기도 합니다.

여름의 甲乙木은

巳午未月에 화려한 꽃을 피우는 시기입니다.

丙丁火가 가장 많은 활동을 하는 시기로서 사회에서 자신의 분야에 꽃을 피우고 화려한 명성을 빛내며 인기를 얻고자 합니다.

壬癸水는 甲乙木에게 생명수를 공급하고 더위를 식혀주어야 줄기와 가지가 윤택하여지며 잎이 번성하고 꽃을 피우며 결실을 맺을 수 있는 것이며 적성과 재능을 인정하고 자격과 지위를 부여하여 권한을 확대시켜줍니다.

丙丁火는 화려한 명성과 인기를 얻는 것이며 직업적성과의 결실을 맺고자 하는 것입니다. 줄기와 가지에서 잎이 번성하며 꽃을 피우고 수정을 하여야 결실을 맺을 수 있는 것입니다.

戊己土는 水火의 태과불급을 조절하며 甲乙木이 소정의 결실을 맺을 수 있도록 쾌적한 환경을 만드는데 모든 노력을 기울이게 됩니다.
여름의 壬癸水는 반드시 필요하지만 태과하다면 자신의 일을 제대로 하기 어렵고 불급하다면 가지와 잎이 마르게 됩니다.
丙丁火가 왕성한 시기이므로 태과하다면 타버릴 위험이 있으니 열기를 조절하여야 헛된 명예욕으로 인한 피해를 방지할 수 있습니다.

庚辛金은 직업적 활동을 하는 조직으로서
丙丁火의 인기와 명예만을 추구하다가 조직의 신임을 얻기 어려울 수 있으므로 자신의 적성과 재능을 펼치며 인정을 받아야 할 것입니다. 자칫하면 날카로운 칼날에 꽃이 잘릴 위험성도 있는 것이니 성실한 조직생활이 필요합니다.

甲乙木은 경쟁자와 협력자의 모습으로
사회적 성취를 위한 선의의 경쟁자로서 적성과 재능을 펼쳐나가며 서로 경쟁하게 되며 때로는 협력하며 직업적 성취를 얻기도 합니다.

가을의 甲乙木은

申酉戌월에 결실을 수확하는 시기입니다.

庚辛金이 가장 많은 활동을 하는 시기로서 사회의 조직에서 성취한 결실을 숙성시키고 수확하고자 합니다.

壬癸水는 결실을 숙성시키기 위하여 필요한 수분을 공급하는 것으로 조직에서 결실을 숙성시키고자 한다면 축적된 자신의 경험과 노하우의 지혜를 활용하여야 할 것입니다.

丙丁火는 빛과 열로써 결실을 숙성하고 수확을 하여야 합니다.
수확한 결실을 후손에게 물려주기 위하여 후손을 교육시키고 양성시켜야 하는 의무가 있습니다.

戊己土는 水火의 태과불급을 조절하며 甲乙木이 소정의 결실을 수확할 수 있도록 쾌적한 환경을 만드는데 모든 노력을 기울입니다.
가을의 壬癸水는 필요가 없지만 지혜를 축적하고 활용하기 위하여 필요한 것입니다. 태과하다면 교만해지기 쉬우며 불급하다면 어리석기 쉬운 법입니다.
丙丁火는 결실을 숙성시키고 결실을 저장하기 위하여 필요하지만 태과하다면 결실이 말라버리고 불급하다면 숙성이 어려울 것입니다.

庚辛金은 사회적 조직으로서
법과 규정을 만들고 이를 지키고 수행하기 위한 활동을 하게 됩니다. 甲乙木이 이룩한 사회적 결실이므로 소중히 다루며 후손들이 이어나갈 수 있는 사회를 만들고자 노력하여야 할 것입니다.

甲乙木은 경쟁자와 협력자의 모습으로
사회적 조직에서 헌신하면서 서로 경쟁하고 협력하는 관계를 형성하게 됩니다.

2 丙丁火일간과 계절의 시공간 운행

丙火는 태양 빛으로 밝음을 제공하고 열기로 따뜻하게 하여 사물이 번성하도록 하고 화려한 꿈과 이상을 제공합니다.
丁火는 등불과 난로로서 어두움을 밝히고 추위를 따뜻하게 하며 세상을 온화하게 만들고자 하는 봉사정신이 있습니다.

봄의 丙丁火는
寅卯辰월에 양육되어지는 시기입니다.
가장 왕성한 기운을 가진 甲乙木은 丙丁火를 양육하는 책임이 있고
학문과 인성의 교육을 통하여 인재를 만들고자 합니다.

戊己土는 토지로서 재물과 명예를 생산하게 됩니다.
甲乙木은 명예를 생산하고 庚辛金은 재물을 생산하게 됩니다.
명예욕이 태과하다면 염치를 모르는 자가 될 것이며
재물욕이 태과하다면 의리를 저버리는 자가 될 것이지만
불급하다면 수행자의 모습이 될 것입니다.

庚辛金의 결실로 재물을 성취하고자 하는 야망이 있습니다.
화려한 꿈과 이상으로 세상에 나아가 인기를 얻고 명성을 얻어 사회적 성과로 재물을 만들고자 하는 야망을 가지고 성장하게 됩니다.

壬癸水는 丙丁火가 교육받고 성장하는 가정과 교육기관으로서
丙丁火가 제대로 성장할 수 있도록 지도하고 인성을 계발할 수 있는 여건을 제공하게 됩니다.

丙丁火는 경쟁자와 협력자의 모습으로
학문과 인성을 계발하는 동료의 모습이며 선의의 경쟁으로 학문을 발전시키고 서로 협동하는 마음을 가지며 인성을 계발하게 됩니다.

여름의 丙丁火는

巳午未월에 꽃을 피우며 왕성한 활동을 하는 시기입니다.

丙丁火가 가장 왕성한 활동을 하는 시기로서 사회에 나아가 화려한 꽃을 피우며 자신의 재능과 적성으로 인기를 얻고 명성을 얻어 결실을 만들고자 노력하는 시기입니다.

甲乙木은 생기가 미약하므로 더 이상의 생함은 부담이 됩니다.

단지 든든한 기둥과 가지로서 존재하여 준다면 소년기에 갈고 닦은 학문과 인성으로 자격을 갖추어 밑바탕으로 삼아야 할 것입니다.

丙丁火의 열기가 지나치면 타버릴 우려가 있으므로 壬癸水로 생명을 유지하도록 배려하여야 합니다.

戊己土는 꽃의 수정을 돕는 역할을 합니다.

결실을 맺기 위하여 벌과 나비를 동원하여 수정을 시켜야 합니다.

꿀과 화분을 준비하고 여러 사람들에게 홍보를 하며 인기를 끌어야 벌과 나비가 모여들고 소정의 목적을 달성할 수 있습니다.

庚辛金의 결실을 키우겠다는 열정이 있습니다.

정성껏 길러야 풍성한 수확을 얻을 수 있으므로 게을러서는 안 됩니다. 겸허하고 겸손한 마음으로 길러야 하는 것입니다.

열기가 지나치면 결실은 성장하지 못하고 떨어져 쓸모없게 됩니다.

壬癸水는 직업적 활동을 하는 조직으로서

庚辛金의 결실을 유통시키고 관리하는 역할을 담당하게 됩니다.

결실을 보호하고 저장하는 역할도 하면서 법과 규정에 의한 질서의 흐름을 만들기도 합니다.

丙丁火는 경쟁자와 협력자의 모습으로

사회적 성취를 위한 선의의 경쟁자로서 적성과 재능을 펼쳐나가며 서로 경쟁하게 되며 때로는 협력하며 직업적 성취를 얻기도 합니다.

가을의 丙丁火는

申酉戌월에 결실을 수확하는 시기입니다.

庚辛金이 가장 많은 활동을 하는 시기로서 가꾸고 기른 결실을 숙성시켜 수확하고자 합니다. 열심히 노력한 대가로서 주어지는 결실입니다.

甲乙木은 결실을 매달고 숙성시키기 위하여 丙丁火의 열기를 수용하고 도와야 합니다.

결실을 숙성시키고자 하는 戊己土의 역할을 방해한다면 결실은 숙성되지 않으니 주의하여야 합니다.

수확한 결실을 후손에게 물려주기 위하여 후손을 교육시키고 양성시켜야 하는 의무도 있습니다.

함께 갈 수 있는 사회를 만들고자 노력하여야 할 것입니다.

戊己土는 丙丁火의 열기로 결실을 숙성시키고자 노력하게 됩니다.

丙丁火의 열기로 결실을 숙성시켜 사회적 성취감을 맛보고자 합니다.

자칫 壬癸水로 열기를 식힌다면 결실을 숙성시키고자 하는 것이 허사가 될 수 있으므로 戊己土는 壬癸水를 조절하는 역할도 합니다.

壬癸水는 결실을 숙성시키기 위하여 필요한 수분을 공급하여야 하지만 자칫 丙丁火의 열기를 식힐 우려가 있으므로 잘 써야 합니다.

조직에서 결실을 숙성시키고자 한다면 축적된 자신의 경험과 노하우의 지혜를 활용하여야 할 것입니다.

또한 법과 규정을 준수하며 결실을 저장 보관하고 유통시켜야 할 임무도 가지고 있습니다.

丙丁火는 경쟁자와 협력자의 모습으로

결실을 수확하기 위하여 서로 협력하는 모습을 보여야 합니다.

결실이 부족할 경우에는 서로 경쟁하며 차지하려고 하지만 이때는 壬癸水가 결실을 저장 보관하여 경쟁자를 물리쳐야 할 것입니다.

겨울의 丙丁火는

亥子丑월에는 결실을 저장하고 유통시켜야 하는 시기입니다.
壬癸水가 가장 많은 활동을 하는 시기로서 사회의 조직에서 성취한 결실을 저장하고 유통시켜야 합니다.

甲乙木은 새로운 甲乙木으로 거듭나기 위하여 성장하는 시기이므로 丙丁火는 甲乙木이 성장할 수 있도록 도와야 합니다.
학문과 인성을 갈고 닦아서 자신의 실력으로 만들어야 명예를 빛낼 수 있는 여건이 만들어집니다.

戊己土는 결실을 저장하고 관리하는 壬癸水가 지나치지 않도록 감독하여야 합니다. 丙丁火가 매우 약한 시기이므로 水火기의 조화를 이루기 위하여서는 적극적인 개입이 필요합니다.
丙丁火의 온기로써 따뜻함을 유지하여 결실의 원활한 소통을 만들어야 하는 임무가 있습니다.

庚辛金은 사회적 성취에 의한 결실이므로 소중하며 壬癸水의 보호를 받으며 저장되고 유통되어집니다.
壬癸水가 지나쳐 물속에 가라앉으면 꺼내어 쓰지도 못하고 유통을 시키지도 못합니다. 널리 유통되어야 재물적 가치가 올라가는 법입니다.
숙성이 잘된 결실은 단단하고 아름다워 가치가 올라가며 세상 사람들의 눈에 잘 뜨이게 됩니다.

丙丁火는 경쟁자와 협력자의 모습으로
추위가 맹렬하다면 함께 협력하여 세상을 따뜻하게 하는 일을 하고
결실이 적다면 서로 차지하려고 경쟁하려고 하므로 겸손한 마음으로 서로 양보하는 마음을 가져야 훈훈해 집니다.
결실이 너무 많으면 서로 협력하여야 관리를 할 수 있습니다.
혼자 독차지하려는 욕심이 생긴다면 결실을 관리도 하지 못하고 오히려 고생만 사서 하는 꼴이 됩니다.

③ 戊己土일간과 계절의 시공간 운행

戊土는 산과 들판으로 만물이 살아갈 수 있는 터전을 제공하는 것으로 만족하게 됩니다.
己土는 논과 밭으로서 농작물을 경작하고 가꾸는 일을 즐겨하며 정원으로 가꾸어지며 아름다운 모습으로 보이기를 좋아합니다.

봄의 戊己土는
寅卯辰월에 만물을 양육하여야 하는 임무가 있습니다.
가장 왕성한 기운을 가진 甲乙木의 성장을 돕고 丙丁火를 양육하여 만물에게 온화한 기운으로 만들어주어야 합니다.
조직을 통하여 꿈과 희망을 가진 인재를 기르는 일을 즐겨합니다.

丙丁火는 빛과 열기로서 만물을 번성하게 하는 역할을 하나 봄에는 생성되는 기운이므로 양육해야 쓸모가 있습니다.
학문과 인성을 닦아야 명예가 빛나는 것이며 밝은 인성으로 세상을 밝게 유지할 수 있습니다.

庚辛金으로 甲乙木의 성장을 조절하여야 합니다.
왕성한 甲乙木의 성장을 도와야 하지만 너무 왕성하면 결실을 만들지 못하므로 가지치기를 통하여 억제를 해주어야 결실을 맺을 수 있는 것입니다.

壬癸水로 甲乙木을 돕도록 하여 시장을 조직화하여야 합니다.
유통의 경험과 노하우를 가미한 조직화를 통하여 시장을 확대하고 영역을 넓혀서 활로를 개척하여야 원활한 유통이 이루어집니다.

戊己土는 경쟁자와 협력자의 모습으로
새롭게 시작하는 성장력으로 함께 협력하면서 조직을 정비하여 키우는 모습이고 서로 경쟁하며 조직을 차지하려고 하는 모습이기도 합니다.

여름의 戊己土는

巳午未月에 꽃을 피우며 수정을 하여 결실을 맺어야 하는 시기입니다.
丙丁火가 가장 왕성한 활동을 하는 시기로서 사회에 나아가 인정을 받아 화려한
꽃을 피우며 명성을 얻고 결실을 키우고자 노력하기를 즐겨합니다.

丙丁火는 기세가 가장 왕성한 때이므로 꽃을 활짝 피우며 인기를 얻고 결실을 맺
어야 명예를 빛낼 수 있습니다.
벌과 나비를 모아 준비한 꿀과 화분을 나누어주며 수정을 하도록 유도하고 중개역
할을 자처하고 나서며 역할에 충실하여야 결실을 맺을 수 있습니다.

庚辛金의 결실을 길러야 하는 책임이 있습니다.
결실을 가꾸는 노력이 없이는 튼실한 과실을 만들 수 없습니다.
아름답고 견실한 과실만이 시장에서 가치를 인정받을 수 있습니다.

丙丁火의 열기가 지나치므로 결실의 성장을 방해할 수 있으므로 결실을 보호하는
역할을 합니다.
甲乙木을 통하여 壬癸水의 생명수를 공급하는 일을 게을리 해서는 안 될 것입니
다. 생명수가 부족하면 乙木의 가지에서 잎들이 마르고 결실이 성장을 하지 못하
기 때문입니다.

甲乙木의 잎을 통하여 자양분을 만들어 결실을 성장시켜야 합니다.
丙丁火가 꽃을 피워 수정을 하고 결실을 맺으면 甲乙木의 조직에서 만드는 자양
분으로 결실을 키워야 합니다.

戊己土는 경쟁자와 협력자의 모습으로
일이 번성하므로 함께 협력하여 관리하고 결실을 키워 나누어야 하며
지위와 권한을 서로 차지하기 위하여 경쟁하며 명예를 얻고자 노력하는 모습이기
도 합니다.

가을의 戊己土는

申酉戌월에 결실을 수확하는 시기입니다.

庚辛金이 가장 많은 활동을 하는 시기로서 가꾸고 기른 결실을 숙성시켜 수확하여야 합니다. 숙성이 제대로 된 결실이어야 인기를 얻고 가치가 빛납니다.

丙丁火의 열기로 결실을 숙성시켜야 합니다.

자신에게 부여된 명예스러운 권리와 자격으로 결실을 숙성시키는 노력을 하여야 인정을 받을 수 있습니다.

숙성된 결실로 자신의 명예를 빛낼 수 있습니다.

庚辛金의 결실을 숙성시켜 가치를 만들어야 합니다.

가치를 높이기 위하여 홍보하고 알려서 인기를 끌어야 판로가 좋아집니다. 가치가 없으면 판로가 막히고 결실은 허사가 되기 때문입니다.

壬癸水의 시장을 개척하여 안정적인 판로를 확대하여야 합니다.

결실을 견실하게 가꾸어 유통하여야 가치를 인정받고 제 값을 받을 수 있는 것입니다.

시장이 개척되지 않으면 유통을 할 수 없고 과실을 보관만 하게 되므로 결국 과실이 썩고 버릴 수밖에 없습니다.

甲乙木은 조직화를 통하여 새로운 기반을 마련하는 것입니다.

과실을 수확하고 유통을 원활하게 할 수 있도록 새로운 조직을 만들고 규칙을 정비할 수 있도록 지도하여야 할 것입니다. 새로운 기반으로 더욱 더 발전된 모습을 보이고 기반을 단단하게 다지는 시기입니다.

戊己土는 경쟁자와 협력자의 모습으로

함께 협력하며 결실을 수확하고 시장을 개척하고자 노력하는 모습이며

시장에서 서로 경쟁하며 싸우기도 하고 활력을 만들기도 합니다.

겨울의 戊己土는

亥子丑월에는 결실을 저장하고 유통시켜야 하는 시기입니다.

壬癸水가 가장 많은 활동을 하는 시기로서 시장을 활성화하여 결실을 유통시키고 봄에 쓰일 씨앗을 저장하여야 합니다.

새로운 甲乙木의 조직을 새롭게 정비하여 단단한 조직으로 성장시키는 시기이므로 정성을 다하여 키우고자 노력합니다.

조직을 성장시키기 위하여 계획하고 성장프로그램을 만들어 키우고자 하는 열정과 지혜가 필요한 시기입니다.

丙丁火의 열기로 혹한의 시기를 따뜻하게 하면서 학문과 예술을 닦고 철학과 종교적인 사유로 정신적인 지혜를 만드는 시기이기도 합니다. 어두운 곳을 밝게 하고 추운 곳을 훈훈하게 하며 화려한 명예를 추구하기도 합니다.

庚辛金의 과실이 얼지 않도록 丙丁火의 열기로 보존하여 진열을 하고 가치를 만들어야 壬癸水의 시장으로 유통하여 재물을 벌어들일 수 있는 것입니다. 또한 씨앗을 저장하여 봄에는 새로운 생명을 키우겠다는 의리를 보여주기도 합니다.

壬癸水의 시장에서 과실을 유통하여 확대하고 벌어들인 재물을 저축하며 재투자를 위한 준비를 하는 시기이며

씨앗을 혹한의 추위에 단련시켜 보다 나은 종자로서의 역할을 할 수 있도록 만드는 역할도 동시에 수행하게 됩니다.

戊己土는 경쟁자와 협력자의 모습으로

함께 협력하며 시장에 결실을 유통하여 재물을 모으고 서로 나누는 모습이며 서로 경쟁하면서 서로 시장을 차지하려고 싸우는 모습이기도 합니다.

④ 庚辛金일간과 계절의 시공간 운행

庚金은 결실로서 성장하기 위하여 甲乙木과 丙丁火의 도움을 받아야 합니다.
辛金은 단단한 씨앗이 되기 위하여 庚金의 생기를 받아야 합니다.

여름의 庚辛金은
巳午未월에 양육되어지는 시기입니다.
가장 왕성한 기운을 가진 丙丁火의 열기로 庚辛金이 자라게 됩니다.
씨방에서 수정이 완료가 되면 결실로 성장하기 위하여 甲乙木의 든든한 가지에서
공급되는 壬癸水의 생명수를 흡수하며 戊己土의 보살핌을 받으며 성장하게 됩니다.

庚辛金을 기르는 책임은 戊己土에게 있습니다. 戊己土는 甲乙木의 가지에서 丙
丁火의 열기와 壬癸水의 생명수로 庚辛金을 양육하는 책임이 있습니다. 丙丁火의
씨방에서 자라는 庚辛金에게 자양분을 공급하여 성장할 수 있는 여건을 만들어
주는 역할을 담당합니다.
기술을 숙달시키기 위한 학문과 인성의 교육을 담당하며 조직을 통하여 사회에 쓰
임이 있는 열매를 기르는 역할을 담당하게 됩니다.

壬癸水는 여름의 더위를 조절하는 역할을 하며 甲乙木의 가지와 잎에 수분을 공급
하여 마르지 않도록 하여 결실이 성장할 수 있는 기반을 제공하여야 할 것입니다.

甲乙木은 庚辛金이 자라는 영역으로서 가지가 단단해야 제대로 성장할 수 있으며
잎을 통하여 자양분을 만들어 공급하고 壬癸水의 생명수를 충분히 공급하여 과실
이 성장할 수 있는 환경을 제공합니다.

庚辛金은 경쟁자와 협력자의 모습으로
학문과 인성을 계발하는 동료의 모습이며 선의의 경쟁으로 학문을 발전시키고 서
로 협동하고 경쟁하며 성장하게 됩니다.

가을의 庚辛金은

申酉戌월에 수확되어지는 시기입니다.

가장 왕성한 기운을 가진 庚辛金은 단단하게 숙성된 과실의 모습으로 세상에 드러나게 됩니다.

丙丁火의 열기로써 숙성되어 수확을 하고 시장에서 유통을 준비하는 시기이기도 합니다.

戊己土는 庚辛金을 숙성시키고 유통시켜야 하는 책임이 있습니다.

지위와 권한을 확대하고 기술과 능력을 결집시켜 사회에 쓸모 있는 자질을 만드는 것이 할 일입니다.

결실을 숙성시키기 위하여 甲乙木의 잎을 마르게 하여 낙엽으로 떨어뜨리는 역할을 담당하기도 합니다.

壬癸水는 수확하는 庚辛金의 숙성된 과실을 맑게 씻어 저장하고 진열하고 시장에 진출하기 위하여 준비하는 모습입니다.

戊己土에 의하여 생명수가 저장되므로 생명수로서의 역할은 더 이상 없으므로 과실을 유통하기 위한 역할을 하게 됩니다.

甲乙木은 庚辛金이 수확될 때까지 영역을 제공하며 기다리는 인내와 끈기를 가지고 있습니다. 수확이 완료되면 甲乙木은 벌목되어 재목으로 쓰이기도 합니다.

丙丁火는 庚辛金을 관리하고 숙성시키는 조직으로서의 역할을 하며

밝고 화려한 명예를 보장하며 가치를 높이기도 합니다.

밝게 드러난 조직이므로 숙성된 庚辛金의 과실의 가치가 빛나는 곳으로서 적합한 곳입니다.

庚辛金은 경쟁자와 협력자의 모습으로

甲乙木의 영역과 丙丁火의 조직을 확보하면서 협력하기도 하고 경쟁하기도 하면서 발전하게 됩니다.

겨울의 庚辛金은

亥子丑월에 과실을 저장하는 시기입니다.

가장 왕성한 기운을 가진 壬癸水는 숙성된 과실을 깨끗하게 씻어 진열하고 시장에 유통시켜야 하는 책임이 있습니다.

또한 庚辛金을 저장 관리하며 봄에 쓰일 씨앗을 보관하고 단련시켜 면역력을 향상시켜야 합니다.

戊己土는 庚辛金을 보호하고 관리하여야 하는 책임이 있습니다.

기술과 능력을 완성하고 결집시켜 사회에 쓸모 있는 자질을 만드는 것이 할 일입니다. 결실을 숙성시키기 위하여 甲乙木의 잎을 마르게 하여 낙엽으로 떨어뜨리는 역할을 담당하기도 합니다.

壬癸水는 수확하는 庚辛金의 숙성된 과실을 맑게 씻어 저장하고 진열하고 시장에 진출하기 위하여 준비하는 모습입니다.

戊己土에 의하여 생명수가 저장되므로 생명수로서의 역할은 더 이상 없으므로 과실을 유통하기 위한 역할을 하게 됩니다.

甲乙木은 庚辛金이 수확될 때까지 영역을 제공하며 기다리는 인내와 끈기를 가지고 있습니다.

수확이 완료되면 甲乙木은 벌목되어 재목으로 쓰이기도 합니다.

丙丁火는 庚辛金을 관리하고 숙성시키는 조직으로서의 역할을 하며

밝고 화려한 명예를 보장하며 가치를 높이기도 합니다.

밝게 드러난 조직이므로 숙성된 庚辛金의 과실의 가치가 빛나는 곳으로서 적합한 곳입니다.

庚辛金은 경쟁자와 협력자의 모습으로

甲乙木의 영역과 丙丁火의 조직을 확보하면서 협력하기도 하고 경쟁하기도 하면서 발전하게 됩니다.

❺ 壬癸水일간과 계절의 시공간 운행

壬水는 태양으로서 어두움과 한기로 차갑게 하여 만물의 휴식과 동면을 제공하고 癸水는 생명수로서 만물을 성장시키는 역할을 담당하고 戊土에게 저장되어 만물을 번성시키는 봉사정신이 있습니다.

가을의 壬癸水는

申酉戌월에 양육되어지는 시기입니다.
가장 왕성한 기운을 가진 庚辛金은 壬癸水를 양육하는 책임이 있고
학문과 인성의 교육을 통하여 인재를 만들고자 합니다.

戊己土는 조직으로서 자라는 환경을 제공하고
火기를 적절하게 조절하여 水기의 생산을 독려하는 역할을 합니다.
壬癸水의 한기를 생산하여 뜨거운 열기를 청량한 기후로 조절하여야 과실이 튼실하게 숙성되기 때문입니다.

庚辛金의 숙살지기로 생기를 끊는 아픔이 있지만 결실을 성장시키기 위한 교육책이므로 이를 도와야 하는 것입니다.
어둡고 추운 세상에서 밝은 세상을 기다리기 위하여서는 반드시 거쳐야할 과정이므로 인내심을 갖고 사회적 성과로 풍족한 재물을 만들어야 할 것입니다.

甲乙木은 자신의 생명수를 공급하는 주요한 통로이므로
丙丁火의 빛과 열기가 활동할 수 있도록 에너지를 제공하는 역할을 마다하지 않아야 만물에게 편안한 영역을 제공할 수 있습니다.

壬癸水는 경쟁자와 협력자의 모습으로
학문과 인성을 계발하는 동료의 모습이며 선의의 경쟁으로 학문을 발전시키고 서로 협동하는 마음을 가지며 인성을 계발하게 됩니다.

겨울의 壬癸水는

亥子丑월에는 한기가 절정에 다다르는 시기입니다.

壬癸水가 가장 왕성한 활동을 하는 시기로서 만물이 동면하며 휴식을 취할 수 있는 여건을 제공하고 정신적으로 안정된 삶을 살 수 있도록 배려하고자 합니다.

甲乙木의 생기를 길러야 하는 부담이 작용합니다.

비록 천방지축의 소년기에 있는 甲木이지만 만물이 소생하게 하는 생기를 기르는 일이므로 소홀히 할 수 없습니다.

만물의 어버이로서의 역할을 한다는 마음으로 길러야 할 것입니다.

戊己土는 한기를 조절하며 만물의 동면을 돕게 됩니다.

한기가 지나치면 만물이 동면을 하기 어렵습니다. 그러므로 한기를 조절하고 열기로써 만물을 보호하는 역할을 마다하지 않습니다.

든든하고 따뜻한 둥지로서의 역할로 만족하게 됩니다.

庚辛金의 결실을 유통시키고 저장하는 임무가 있습니다.

추위에 만물들이 배고프지 않도록 결실을 저장하고 배분하여야 합니다. 또한 씨앗을 저장하고 단련을 시켜야 하는 임무도 있습니다.

저장된 씨앗을 혹한의 추위에서 단련하여야 면역력이 높아지기 때문입니다.

丙丁火는 한기를 조절하는 영역으로서

만물에게 빛과 열기를 제공하여 편안한 삶을 살 수 있도록 여건을 제공하는 일을 마다하지 않아야 합니다.

壬癸水는 경쟁자와 협력자의 모습으로

사회적 성취를 위한 선의의 경쟁자로서 적성과 재능을 펼쳐나가며 서로 경쟁하게 되며 때로는 협력하며 직업적 성취를 얻기도 합니다.

봄의 壬癸水는

寅卯辰월에 만물의 소생을 돕게 됩니다.
甲乙木이 가장 많은 활동을 하는 시기로서 壬癸水의 생명수가 절실하며 丙丁火의 빛과 열기도 절실하게 됩니다.

甲乙木은 만물을 소생시켜야 하므로 壬癸水의 생명수가 필요한 것이며 겨울의 한기를 풀면서 만물의 소생을 돕게 됩니다.
만물을 소생시키기 위하여서는 丙丁火의 열기를 수용하고 도와야 합니다.

戊己土는 壬癸水의 생명수를 만물에게 공급하면서 한기를 저장하여야
丙丁火의 열기로서 만물의 소생을 도울 수 있는 것입니다.
자칫 壬癸水의 한기를 막지 못한다면 꽃샘추위로 인하여 만물이 얼 수 있으므로 싹을 피우지도 못하고 시들어버리게 되므로 매우 세심한 배려가 필요합니다.

庚辛金은 생기가 끊어졌으므로 水기를 더 이상 생하기 어렵지만
甲乙木의 웃자람 현상을 방지하여 壬癸水의 생명수를 낭비하는 일이 없도록 가지치기를 단행하여야 할 필요성이 있습니다.

丙丁火는 이제 떠오르는 태양의 모습이지만
소생하는 만물에게 빛과 열기를 제공하고 희망과 꿈을 만들어주는 역할에 열중하게 됩니다.

壬癸水는 경쟁자와 협력자의 모습으로
만물의 소생을 위하여 서로 협력하는 모습을 보여야 합니다.
한기를 내뿜으며 서로 경쟁하다가는 만물이 얼어 죽는 결과가 발생하므로 서로 협력하며 도와야 하는 것입니다.

여름의 壬癸水는

巳午未月에는 열기를 조절하여야 하는 임무가 있습니다.

丙丁火가 가장 많은 활동을 하는 시기로서 열기가 치성하여지므로 한기를 제공하여 만물이 열기에 타죽지 않고 목마르지 않도록 하여야 합니다.

甲乙木은 만물을 소생시키고 휴식을 취하는 시기이지만 결실을 키워야 하는 책임도 있으므로 壬癸水의 생명수를 나르는 임무를 가지고 있습니다.

비록 늙고 노쇠하였지만 지혜가 있으므로 만물들에게 살아가는 방법을 교육하고 전수하면서 삶의 지혜를 나누어주어야 할 것입니다.

戊己土는 열기를 조절하여 만물이 번성할 수 있도록 돕는 한편 만물이 열기에 의하여 마르거나 타지 않도록 壬癸水의 한기와 생명수를 저장하여 공급하는 역할을 하여야 합니다.

중개역할을 적절히 하여준다면 만물은 편안하게 삶을 살 수 있지만 중개역할을 나태하게 한다면 水火의 조절이 안 되어 만물은 힘들게 되므로 역시 자신도 힘든 삶을 살 수 있는 것입니다.

庚辛金은 이 시기에 길러지므로 아직 어리다고 할 것입니다. 甲乙木이 지원하고 丙丁火의 열기로 숙성시키며 壬癸水의 생명수로 목마름을 해결하며 튼실한 과실이 되기 위하여 길러지고 교육을 받는 시기입니다.

壬癸水는 경쟁자와 협력자의 모습으로

더위의 열기가 지나쳐 만물이 힘들어 한다면 협력자가 되어 만물에게 한기와 생명수를 공급하는 역할을 하지만

서로 경쟁적으로 일을 하다가는 한기와 생명수가 모두 소모되어 자칫 만물들에게 해를 입힐 우려가 있으므로 매우 주의를 해야 할 것입니다.

대운의 시공간 운행

조화는 원元에서 시작하여 정貞에서 끝난다.
그리고 다시 정貞에서 원元으로 또 전환하게 되니 이것이 바로 잉태하여 자손으로 이어나가는 이치이다. - 적천수

대운은 월지의 운행입니다.
월지는 태어난 계절로서 일간은 계절의 영향에 매우 민감하게 작용하고 월지는 대운으로 운행하며 사주팔자가 삶의 계절을 체험하며 인생의 성장운세와 하락운세를 만들어 삶의 희비를 만들어냅니다.

월지가 순행하거나 역행하면서 사주팔자를 인생의 계절의 체험을 하게 합니다. 봄과 가을에는 부지런하다면 쾌적한 삶을 살 수 있지만 게으른 삶에게는 그림의 떡이며 여름과 겨울은 혹한과 혹서의 계절로서 어려운 삶을 예고하지만 휴양의 계절로 즐거움을 만끽하기도 합니다.

적천수에서 말하는 원형이정元亨利貞은 삶의 계절입니다.
원은 만물의 시초로서 소년기 봄을 말하고
형은 만물이 자라는 청년기 여름을 말하고
이는 만물이 여무는 장년기 가을을 말하고
정은 만물을 거두는 노년기 겨울을 말합니다.

삶의 계절에 사주팔자의 적성과 역량에 따라 잘사는 삶인가 아닌가로 삶의 희비가 가려지게 됩니다. 잘사는 삶은 성장운세로서 역동감이 있는 삶이 될 것이지만
그러하지 않은 삶은 하락운세로서 힘든 삶이 될 것이며
안정운세로서의 삶으로 즐거운 삶을 살기도 합니다.

사주팔자가 대운에서 적응하는 정도에 따라 삶의 질이 달라집니다.

◆ 대운의 원형이정

정貞		이利		형亨		원元		대운
실實		화花		묘苗		근根		
노년기		장년기		청년기		소년기		
甲	癸	壬	辛	庚	己	戊	丁	
戌	酉	申	未	午	巳	辰	卯	

원元은 소년기의 대운이며 인생이 시작하는 봄으로서 시작하는 기운이고 뿌리를
내리는 시기로서 부모의 도움이 필요한 시기입니다.
인생을 시작하기 위하여 교육을 받으며 적성과 능력을 기르는 때이므로 뿌리를 단
단하게 내려야 성장할 수 있는 것입니다.

형亨은 청년기의 대운이며 왕성한 인생을 사는 여름으로서의 기운이고
싹이 자라는 시기로서 꿈과 희망을 펼치는 청년의 시기입니다.
사회에 진출하여 자신의 적성과 능력을 펼쳐야 하므로 가장 왕성한 에너지를 갖고
활동할 수 있는 시기입니다.
에너지가 부족하거나 적성과 능력을 제대로 발휘하지 못한다면 자신의 역할을 하
지 못하는 것이므로 사회에서 도태되거나 경쟁에서 뒤지며 하락운세의 길을 걸으
며 어려운 삶을 살기 마련입니다.

이利는 장년기의 대운이며 인생의 결실을 맺는 가을로서의 기운이고
꽃을 활짝 피우며 결실을 맺는 장년의 시기입니다.
청년기의 왕성한 활동으로 꽃을 피워 명예를 빛내는 시기입니다.
꽃을 피우지도 못한다면 결실이 없는 것이므로 명예와 재물도 역시 얻기 어려운
것입니다.

정貞은 노년기의 대운이며 인생을 마무리하는 겨울로서의 기운이고
결실을 맺어 후손에게 물려주는 노년의 시기입니다.

반드시 계절 순으로 흘러야 대운이 좋은 것은 아닙니다.

봄에 태어나 여름 가을 겨울의 순으로 흐른다면 매우 이상적이라고 할 수 있지만 사주팔자의 구조에 따라 오히려 힘든 삶이 될 수도 있으므로 이상적이라고 할 수 없습니다.

사주팔자에서 木火의 기운이 매우 강한데 여름의 운으로 흐른다면 하락운세로서 힘든 삶을 사는 것은 당연한 것입니다 .
사주팔자에서 金水의 기운이 매우 강한데 겨울의 운으로 흐른다면 역시 하락운세로서 힘든 삶을 살기 마련입니다.

가을에 태어나 겨울 봄 여름의 순으로 흐르는 대운일지라도 사주팔자가 계절에 맞는 구조이라면 오히려 성장운세로서 발전하면서 살아갈 수 있는 것입니다.

사주팔자에서 木火의 기운이 강한데 겨울 가을의 운으로 흐른다면 안정운세로서 순조로운 삶을 살 수 있는 것이며
사주팔자에서 金水의 기운이 강한데 여름 봄의 운으로 흐른다면 안정운세로서 역시 발전하며 순조로운 삶을 살 수 있는 것입니다.

소년기에 봄의 운이 온다고 반드시 좋은 것만은 아닙니다.
청년기에 여름의 운이 온다고 반드시 좋은 것만은 아닙니다.
장년기에 가을의 운이 온다고 반드시 좋은 것만은 아닙니다.
노년기에 겨울의 운이 온다고 반드시 좋은 것만은 아닙니다.
운의 계절은 사주의 구조에 따라 다르게 작용하는 것임을 알아야 할 것입니다.

간지는 계절에 따라 작용하는 것이 다르므로
어느 것이 어느 계절에 작용하는 것을 익혀야 합니다.
통변의 묘미는 계절에 알맞은 작용을 할 때 즐거움을 알 수 있는 것이며 노력한 결과에 대한 성취감을 맛볼 수 있어야 하는 것입니다.

1 봄에 태어난 사주팔자

봄은 만물이 소생하는 계절이며 양기가 자라는 계절이므로 추진력이 강하고 발전하며 여름을 맞이하고자 하는 열망이 있습니다.

◆ 순행하는 대운

정貞		이利		형亨		원元		대운
실實		화花		묘苗		근根		
노년기		장년기		청년기		소년기		
戌	酉	申	未	午	巳	辰	卯	寅월생
亥	戌	酉	申	未	午	巳	辰	卯월생
子	亥	戌	酉	申	未	午	巳	辰월생

봄에 태어난 사주팔자는 木이 강하므로 金이 약하기 마련입니다.
木이 강하므로 火도 역시 강하여지고
金이 약하므로 水도 역시 약하여집니다.

대운이 여름에서 가을로 흐르므로 세월을 겪으며 火金이 강하여지는 특징이 있기 마련입니다.
청소년기에 火의 기세를 도와 열정적인 활동을 하는 것이 좋으며
장노년기에 金의 기세를 도와 결실을 이루는 것이 좋습니다.

사주팔자가 순행하는 대운을 맞이하므로
소년기에는 봄대운을 맞이하며 꿈과 희망을 키워나가고
여름대운에는 꽃을 피우면서 결실을 만들어가는 재미가 있을 것이며
가을대운에는 결실을 생산하고 수확하면서 성취감을 맛볼 것이며
겨울대운에는 노후를 즐기는 삶을 살 수 있는 것입니다.

寅월생은

소년기에는 꿈과 희망을 펼치면서 뿌리를 내리고자 하므로 추진력이 강한 특징이 있으며 청년기에 꽃을 피우고 장년기에 결실을 맺고자 하는 의욕이 강한 것이 특징입니다.

사주팔자에 金水의 기세가 강하다면 성장운세가 발현되고 장년기에 결실을 이루어 안정운세로 들어가기가 쉽지만 사주팔자에 金水의 기세가 약하거나 없다면 하락운세로 떨어지며 어려움이 많고 장년기에 들어서면서도 어려움이 지속됩니다.

卯월생은

소년기에 아직 어린 시기이지만 꽃을 피워야 하는 부담감을 가지고 있으며 청년기에는 뜨거운 열기를 감당하여야 하지만
장년기에는 훌륭한 결실을 얻을 수 있는 좋은 기회가 있습니다.

사주팔자에 金水의 기세가 강하다면 성장운세로 발현되며 장년기에는 원하는 결실을 얻는데 성공하고 안정운세를 누리겠지만
사주팔자에 金水의 기세가 약하거나 없다면 역시 어려움을 겪으나 장년기에는 어느 정도의 결실을 얻고 안정운세를 누릴 수 있게 됩니다.

辰월생은

소년기에는 다소 부담감이 작용하지만 청년기에는 결실을 키울 수 있는 기회가 주어지고 장년기에 일찍이 결실을 수확하고 노년기에는 안정된 삶으로 편안한 노후를 즐길 수 있기도 합니다.

사주팔자에 金水의 기세가 강하다면 청년기 중반까지 성장운세가 발현되고 이후 안정운세를 유지하며 삶을 평안하게 살 수 있지만
사주팔자에 金水의 기세가 약하거나 없다면 청년기 중반까지는 열정적인 모습으로 일을 하지만 고생이 많을 것이고 청년기 중반이후로는 일한 만큼의 결실을 얻으며 안정운세를 유지할 수 있게 됩니다.

◆ 역행하는 대운

정貞		이利		형亨		원元		대운
실實		화花		묘苗		근根		
노년기		장년기		청년기		소년기		
午	未	申	酉	戌	亥	子	丑	寅월생
未	申	酉	戌	亥	子	丑	寅	卯월생
申	酉	戌	亥	子	丑	寅	卯	辰월생

봄에 태어난 사주팔자는 木이 강하므로 金이 약하기 마련입니다.
木이 강하므로 火도 역시 강하여지는 것이 정상이지만
대운이 역행하면서 겨울대운으로 흐르므로 水가 강하여지면서
火의 기운은 성장하지 못하고 침체되기 마련입니다.

사주팔자에 火의 기세가 강하다면 열정적인 활동으로 성장운세를 발현할 수 있으
며 가을대운에 수확물도 거둘 수 있습니다.
그러나 火의 기세가 미약하다면 침체된 기세로 인하여 어려움을 겪게 되는 것입
니다.

대운이 겨울과 가을로 흐르므로 水金이 강하여지는 특징으로 인하여
청소년기에 水의 기세를 도와 안정적인 활동을 하는 것이 좋으며
장노년기에 金의 기세를 도와 결실을 수확하는 것이 좋습니다.

사주팔자가 역행하는 대운을 맞이하므로
소년기에는 봄대운을 맞이하며 꿈과 희망을 키워나가지만
겨울대운을 맞이하면서 정신적인 안정을 유지하여야
가을대운에는 풍요로운 결실을 맛보면서
여름대운에는 노후를 즐기는 삶을 살 수 있는 것입니다.

寅월생은

꿈과 희망을 펼치면서 성장을 하여야 하는 소년기에 겨울대운이 시작되므로 어둡고 추운 환경을 극복하여야 하는 어려움이 있고 청년기에 겨울준비를 하고 장년기에 결실을 수확하여야 하는 상황입니다.

사주팔자에 火의 기세가 강하다면 열정적인 기세로 인하여 성장운세가 발현되고 장년기에 결실을 이루며 안정운세로 들어가기가 쉽지만
사주팔자에 火의 기세가 약하거나 없다면 침체되며 하락운세로 떨어지지만 장년기에는 결실을 수확하기도 어려운 여건이 되기도 합니다.

卯월생은

소년기에 꽃을 피우지도 못하고 겨울대운으로 들어서야 하므로 꿈과 희망을 간직하면서 성장하며 청년기에는 춥고 어두운 환경에서 어려움이 있으며 장년기에도 결실을 수확하기 어려운 여건이 됩니다.

사주팔자에 火의 기세가 강하다면 성장운세로 발현되며 장년기에는 원하는 결실을 얻는데 성공하고 안정운세를 누리겠지만
사주팔자에 火의 기세가 약하거나 없다면 역시 어려움을 겪으며 장년기에도 결실을 얻지 못하고 어려움을 겪기는 마찬가지입니다.

辰월생은

소년기에는 꿈과 희망을 가지고 역동적인 기세로 성장하지만 청년기에는 겨울대운으로 접어들면서 어려움이 있으며 장년기에도 어려움은 마찬가지이므로 노년기에도 안정운세를 유지하기 어렵습니다.

사주팔자에 火의 기세가 강하다면 청장년기에 성장운세가 발현되고 이후 안정운세를 유지하며 삶을 평안하게 살 수 있지만
사주팔자에 火의 기세가 약하거나 없다면 청장년기에 어려움이 많을 것이며 장년기 중반이후로는 결실을 수확하기도 어려운 상태가 되기 쉽습니다.

❷ 여름에 태어난 사주팔자

여름은 만물이 번성하는 계절이므로 왕성한 활동을 하며 결실을 키우며 가을을 맞이하고자 합니다.

◆ 순행하는 대운

정貞		이利		형亨		원元		대운
실實		화花		묘苗		근根		
노년기		장년기		청년기		소년기		
丑	子	亥	戌	酉	申	未	午	巳월생
寅	丑	子	亥	戌	酉	申	未	午월생
卯	寅	丑	子	亥	戌	酉	申	未월생

여름에 태어난 사주팔자는 火가 강하므로 水가 약하기 마련입니다.
火가 강하므로 金도 역시 강하여지고
水가 약하므로 木도 역시 약하여집니다.

대운이 가을에서 겨울로 흐르므로 세월을 겪으며 金水가 강하여지는 특징이 있기 마련입니다.
청소년기에는 金의 기세를 도와 재능을 키우고 단련하는 것이 좋으며
장노년기에는 水의 기세를 도와 안정적인 활동을 하는 것이 좋습니다.

사주팔자가 순행하는 대운을 맞이하므로
소년기에는 여름대운을 맞이하며 재능을 계발하고 단련하며
가을대운에는 재능을 펼치며 결실을 수확하여야 할 것이며
겨울대운에는 안정적인 삶의 균형을 유지하여야 할 것이며
봄대운에는 후손을 양성하는 삶이 필요할 것입니다.

巳월생은

소년기에는 열기가 가득 찬 시기이므로 열정을 가지고 재능을 계발하고 단련하며 꽃을 활짝 피우고 청년기에 결실을 수확하는 재미를 느끼며 장년기에는 안정된 활동을 하며 성취감을 맛보는 것이 특징입니다.

사주팔자에 木의 기세가 강하다면 성장운세가 발현되고 장년기에 안정운세로 들어가기가 쉽지만
사주팔자에 木의 기세가 약하거나 없다면 하락운세로 떨어지며 어려움이 많고 장년기에 들어서면서도 안정을 찾기 어렵습니다.

午월생은

소년기에 아직 어린 시기이지만 조기 성숙으로 인하여 정체성을 잃기 쉬우며 청년기에는 자신의 재능을 발견하고 수확하는 재미를 느끼고
장년기에는 안정된 삶을 살 수 있는 좋은 기회가 있습니다.

사주팔자에 木의 기세가 강하다면 성장운세로 발현되며 장년기에는 안정된 삶을 누릴 수 있으며
사주팔자에 木의 기세가 약하거나 없다면 결실에만 집착하는 경향이 있지만 장년기에는 어느 정도의 결실을 얻고는 안정운세를 누릴 수 있게 됩니다.

未월생은

소년기에는 다소 풍족한 삶을 누리고 청년기에는 단풍놀이의 시절을 맞이하여 재미있게 지내다가 장년기에는 혹독한 겨울대운을 맞이하므로 어려움을 당할 수 있습니다.

사주팔자에 木의 기세가 강하다면 진취성을 가지고 노력하는 모습을 보이며 성장운세가 발현되고 이후 안정운세를 유지할 수 있지만
사주팔자에 木의 기세가 약하거나 없다면 재능을 계발하지 못하고 안일한 생활을 하므로 어려움이 많을 것입니다.

◆ 역행하는 대운

정貞		이利		형亨		원元		대운
실實		화花		묘苗		근根		
노년기		장년기		청년기		소년기		
酉	戌	亥	子	丑	寅	卯	辰	巳월생
戌	亥	子	丑	寅	卯	辰	巳	午월생
亥	子	丑	寅	卯	辰	巳	午	未월생

여름에 태어난 사주팔자는 火가 강하므로 水가 약하기 마련입니다.
火가 강하므로 金도 역시 강하여지는 것이 정상이지만
대운이 역행하면서 봄대운으로 흐르므로 木이 강하여지면서
金의 기운은 성장하지 못하고 침체되기 마련입니다.

사주팔자에 金의 기세가 강하다면 자신의 재능을 계발하며 진취적인 활동으로 성장운세를 발현할 수 있으며 겨울대운에 안정할 수 있지만
金의 기세가 미약하다면 열심히 노력하지만 결실을 이루지 못하므로 침체된 기세로 인하여 어려움을 겪게 되는 것입니다.

대운이 봄과 겨울로 흐르므로 木水가 강하여지는 특징으로 인하여
청소년기에는 木의 기세를 도와 진취적인 활동을 하는 것이 좋으며
장노년기에는 水의 기세를 도와 안정된 삶을 사는 것이 좋습니다.

사주팔자가 역행하는 대운을 맞이하므로
소년기에는 여름대운을 맞이하며 재능과 실력을 키워나가고
봄대운을 맞이하면서 진취성을 발휘하는 노력이 필요하며
겨울대운에는 안정된 삶의 균형을 유지하는 것이 필요하고
가을대운에는 풍요로운 삶을 즐기는 것이 필요합니다.

巳월생은

소년기에 봄대운이 시작되므로 꿈과 희망을 펼치면서 성장을 하지만
청년기에 겨울대운으로 들어서고 장년기까지 어둡고 추운 환경을 극복하여야 하
는 어려움이 있으므로 안정된 삶을 추구하여야 합니다.

사주팔자에 金의 기세가 강하다면 균형 잡힌 기세로 인하여 성장운세가 발현되고
장년기에 결실을 이루어 안정운세로 들어가기가 쉽지만
사주팔자에 金의 기세가 약하거나 없다면 침체되며 하락운세로 떨어지며 장년기
에는 결실을 수확하기도 어려운 여건이 되기도 합니다.

午월생은

소년기에 꽃을 피우며 꿈과 희망이 가득하고 청년기에는 진취적인 활동으로 성장
운세가 발현되어 열심히 활동하는 운세가 되지만 장년기에는 안정운세를 유지하
는 삶이 필요합니다.

사주팔자에 金의 기세가 강하다면 성장운세로 발현되며 장년기에는 원하는 결실
을 얻는데 성공하고 안정운세를 누리겠지만
사주팔자에 金의 기세가 약하거나 없다면 역시 어려움을 겪으며 장년기에도 결실
을 얻지 못하고 어려움을 겪기는 마찬가지입니다.

未월생은

소년기에는 열정을 가지고 꿈과 희망을 펼치고 청년기에는 봄대운으로 접어들면
서 진취적으로 활동을 하며 장년기에는 새로운 시작을 하는 것보다는 내실을 기하
며 안정운세를 유지하는 삶이 필요합니다.

사주팔자에 金의 기세가 강하다면 성장운세로 발현되며 장년기에는 원하는 결실
을 얻는데 성공하고 안정운세를 누리겠지만
사주팔자에 金의 기세가 약하거나 없다면 역시 어려움을 겪으며 장년기에도 결실
을 얻지 못하고 어려움을 겪기는 마찬가지입니다.

3 가을에 태어난 사주팔자

가을은 결실을 숙성시키고 수확하는 계절이며 풍요로움을 즐기면서
결실을 저장하고 겨울을 맞이할 준비를 합니다.

◆ 순행하는 대운

정貞		이利		형亨		원元		대운
실實		화花		묘苗		근根		
노년기		장년기		청년기		소년기		
辰	卯	寅	丑	子	亥	戌	酉	申월생
巳	辰	卯	寅	丑	子	亥	戌	酉월생
午	巳	辰	卯	寅	丑	子	亥	戌월생

가을에 태어난 사주팔자는 金이 강하므로 木이 약하기 마련입니다.
金이 강하므로 水도 역시 강하여지고
木이 약하므로 火도 역시 약하여집니다.

대운이 겨울에서 봄으로 흐르므로 세월을 겪으며 水木이 강하여지는 특징이 있기
마련입니다.
청소년기에는 水의 기세를 도와 지식을 습득하고 배우는 것이 좋으며
장노년기에는 木의 기세를 도와 진취적인 활동을 하는 것이 좋습니다.

사주팔자가 순행하는 대운을 맞이하므로
소년기에는 가을대운을 맞이하며 재능을 계발하고 단련하며
겨울대운에는 안정적인 삶의 균형을 유지하여야 할 것이며
봄대운에는 진취적인 삶으로 왕성한 활동을 하며
여름대운에는 편안한 삶을 살 수 있는 것입니다.

申월생은

소년기에는 풍요로움이 가득한 시기이므로 재능을 익히고 청년기에 안정적인 활동을 하면서 장년기에는 보다 진취적인 활동을 하며 성취감을 맛보는 것이 특징입니다.

사주팔자에 木火의 기세가 강하다면 성장운세가 발현되고 장년기에 안정운세로 들어가기가 쉽지만
사주팔자에 木火의 기세가 약하거나 없다면 하락운세로 떨어지며 어려움이 많고 장년기에 들어서면서도 안정을 찾기 어렵습니다.

酉월생은

소년기에는 다소 풍족한 삶을 누리며 단풍놀이의 시절을 맞이하여 재미있게 지내다가 청년기에는 혹독한 겨울대운을 맞이하므로 어려움을 당할 수 있으며 장년기에 진취적인 삶을 살고자 합니다.

사주팔자에 木火의 기세가 강하다면 성장운세로 발현되며 장년기에는 진취적인 삶을 살 수 있으며
사주팔자에 木火의 기세가 약하거나 없다면 결실에만 집착하는 경향이 있으며 장년기에는 결실을 얻기 어렵다고 할 수 있습니다.

戌월생은

소년기에 혹독한 겨울대운을 맞이하며 부모의 도움이 절실하고 청장년기에 진취적인 활동으로 성장운세로 발전할 수 있으며 노년기에 편안한 삶으로 안정운세를 유지하게 됩니다.

사주팔자에 木火의 기세가 강하다면 성장운세가 발현되고 이후 안정운세를 유지할 수 있지만
사주팔자에 木火의 기세가 약하거나 없다면 지체되거나 정체가 되면서 어려움이 많을 것입니다.

◆ 역행하는 대운

정貞		이利		형亨		원元		대운
실實		화花		묘苗		근根		
노년기		장년기		청년기		소년기		
子	丑	寅	卯	辰	巳	午	未	申월생
丑	寅	卯	辰	巳	午	未	申	酉월생
寅	卯	辰	巳	午	未	申	酉	戌월생

가을에 태어난 사주팔자는 金이 강하므로 木이 약하기 마련입니다.
金이 강하므로 水도 역시 강하여지는 것이 정상이지만
대운이 역행하면서 여름대운으로 흐르므로 火가 강하여지면서
水의 기운은 성장하지 못하고 침체되기 마련입니다.

사주팔자에 水의 기세가 강하다면 학업에 열중하여 지식을 계발하고 안정적인 성
장운세를 발현할 수 있으며 봄대운에 진취적인 활동을 할 수 있지만
水의 기세가 미약하다면 열심히 노력하여도 침체된 기세로 인하여 어려움을 겪게
되는 것입니다.

대운이 여름과 봄으로 흐르므로 火木이 강하여지는 특징으로 인하여
청소년기에는 火의 기세를 도와 열정적인 활동을 하는 것이 좋으며
장노년기에는 木의 기세를 도와 진취적인 삶을 사는 것이 좋습니다.

사주팔자가 역행하는 대운을 맞이하므로
소년기에는 가을대운을 맞이하며 재능과 실력을 키워나가고
여름대운을 맞이하면서 열정적인 노력이 필요하며
봄대운에는 진취적인 삶이 필요하고
겨울대운에는 안정적인 노후생활을 즐기는 것이 필요합니다.

申월생은

소년기에 여름대운으로 시작하므로 혹서기에 어려움을 겪지만
청장년기에 봄대운으로 들어서며 진취적인 활동으로 성장하며 노년기에는 안정
운세를 유지하는 것이 필요합니다.

사주팔자에 水의 기세가 강하다면 균형 잡힌 기세로 인하여 성장운세가 발현되고
장년기에 진취적인 삶으로 활동적이며 노년기에 안정운세로 들어가기가 쉽지만
사주팔자에 水의 기세가 약하거나 없다면 침체되며 하락운세로 떨어지며 장년기
에도 어려운 여건이 되기도 합니다.

酉월생은

소년기에 결실을 숙성시켜야 하는 단계이므로 자신의 재능을 계발하는 노력이 필
요하며 청년기에는 열정적인 활동으로 성장운세가 발현되는 운세가 되지만 장년
기에는 진취적인 삶이 필요합니다.

사주팔자에 水의 기세가 강하다면 성장운세로 발현되며 장년기에는 원하는 삶을
살고 안정운세를 누리겠지만
사주팔자에 水의 기세가 약하거나 없다면 사주가 조열하므로 어려움을 겪으며 장
년기에도 어려움을 겪기는 마찬가지입니다.

戌월생은

소년기에는 풍요로움을 누리며 자신의 재능을 계발하고 청년기에는 혹서기 대운
으로 어려움을 겪지만 장년기에는 꽃을 피우며 새로운 희망을 가지고 안정운세를
유지하는 삶이 필요합니다.

사주팔자에 水의 기세가 강하다면 성장운세로 발현되며 장년기에는 아름다운 꽃
을 피울 수 있고 안정운세를 누리겠지만
사주팔자에 水의 기세가 약하거나 없다면 역시 어려움을 겪으며 장년기에도 편안
하지 못하고 어려움을 겪기는 마찬가지입니다.

4 겨울에 태어난 사주팔자

겨울은 혹한의 계절이므로 안정적인 활동을 하여야 하며 결실을 저장하고 유통하며 새로운 봄을 맞이할 준비를 합니다.

◆ 순행하는 대운

정貞		이利		형亨		원元		대운
실實		화花		묘苗		근根		
노년기		장년기		청년기		소년기		
未	午	巳	辰	卯	寅	丑	子	亥월생
申	未	午	巳	辰	卯	寅	丑	子월생
酉	申	未	午	巳	辰	卯	寅	丑월생

겨울에 태어난 사주팔자는 水가 강하므로 火가 약하기 마련입니다.
水가 강하므로 木도 역시 강하여지고
火가 약하므로 金도 역시 약하여집니다.

대운이 봄에서 여름으로 흐르므로 세월을 겪으며 木火가 강하여지는 특징이 있기 마련입니다.
청소년기에는 木의 기세를 도와 진취적인 활동을 하는 것이 좋으며
장노년기에는 火의 기세를 도와 열정적인 활동을 하는 것이 좋습니다.

사주팔자가 순행하는 대운을 맞이하므로
소년기에는 겨울대운을 맞이하며 안정적인 성장을 하고
봄대운에는 진취적인 삶으로 왕성한 활동을 하며
여름대운에는 열정적인 삶으로 성취감을 맛보며
가을대운에는 결실을 수확하는 삶이 되어야 할 것입니다.

亥월생은

소년기에는 혹한기에 어려움이 많을 것이지만 청년기에 진취적인 삶으로 희망을 실천하고 장년기에는 열정적인 활동으로 성취감을 맛보며 노년기에 안정적인 삶을 사는 것이 필요합니다.

사주팔자에 金의 기세가 강하다면 성장운세가 발현되고 장년기에도 성장운세가 지속되겠지만
사주팔자에 金의 기세가 약하거나 없다면 하락운세로 떨어지며 어려움이 많고 장년기에 들어서면서 겨우 안정을 찾을 수도 있습니다.

子월생은

소년기에는 꿈과 희망을 나타내며 성장하고 청년기에 진취적인 성장운세를 발현하며 장년기에도 성장운세기 지속되며 열정적인 활동을 하게 됩니다.

사주팔자에 金의 기세가 강하다면 성장운세로 발현되며 장년기에는 열정적인 삶을 살 수 있으며
사주팔자에 金의 기세가 약하거나 없다면 지체되고 정체 되는 삶으로 인하여 어려움이 가중되고 장년기에 겨우 안정세를 유지할 수 있습니다.

丑월생은

소년기에 진취적인 성장으로 동력을 만들고 청장년기에 열정적인 활동으로 성장운세로 발전할 수 있으며 노년기에 편안한 삶으로 안정운세를 유지하게 됩니다.

사주팔자에 金의 기세가 강하다면 성장운세가 발현되지만 이후 자칫하면 지체되거나 정체될 우려가 있으며
사주팔자에 金의 기세가 약하거나 없다면 성장운세로 발현하기는 어려워도 안정운세로 나아갈 수 있습니다.

◆ 역행하는 대운

정貞		이利		형亨		원元		대운
실實		화花		묘苗		근根		
노년기		장년기		청년기		소년기		
卯	辰	巳	午	未	申	酉	戌	亥월생
辰	巳	午	未	申	酉	戌	亥	子월생
巳	午	未	申	酉	戌	亥	子	丑월생

겨울에 태어난 사주팔자는 水가 강하므로 火가 약하기 마련입니다.
水가 강하므로 木도 역시 강하여지는 것이 정상이지만
대운이 역행하면서 가을대운으로 흐르므로 金이 강하여지면서
木의 기운은 성장하지 못하고 침체되기 마련입니다.

사주팔자에 木의 기세가 강하다면 진취적인 활동을 할 수 있지만
木의 기세가 미약하다면 진취적인 노력이 미약하므로 침체된 기세로 인하여 어려
움을 겪게 되는 것입니다.

대운이 가을과 여름으로 흐르므로 金火가 강하여지는 특징으로
청소년기에는 金의 기세를 도와 재능을 펼치는 활동을 하고
장노년기에는 火의 기세를 도와 열정적인 삶을 사는 것이 좋습니다.

사주팔자가 역행하는 대운을 맞이하는 경우에
소년기에는 겨울대운을 맞이하며 안정적인 성장이 필요하고
가을대운을 맞이하면서 재능과 실력을 펼치는 것이 필요하며
여름대운에는 열정적인 활동이 필요하고
봄대운에는 후손을 양성하면서 안정적인 노후생활을 즐기는 것이 필요합니다.

亥월생은

청소년기에 가을대운으로 시작하므로 공부하는데 어려움을 겪으며
장년기에 여름대운으로 들어서며 혹서기를 견디어야 하는 어려움이 있으므로
안정운세를 유지하는 것이 필요합니다.

사주팔자에 木의 기세가 강하다면 균형 잡힌 기세로 인하여 성장운세가 발현되지
만 장년기에는 다소 지체되는 삶이 되어 하락운세가 될 가능성이 많으며
사주팔자에 木의 기세가 약하거나 없다면 침체되며 하락운세로 떨어지며 장년기
에도 어려운 여건이 되기도 합니다.

子월생은

소년기에 자신의 재능을 계발하는 노력이 필요하며 청년기에는 재능을 펼치며 결
실을 수확하고 장년기에 열정적인 활동으로 성장운세를 지속시키는 운세가 될 수
있습니다.

사주팔자에 木의 기세가 강하다면 성장운세로 발현되지만 장년기에는 다소 지체
되므로 안정운세를 유지하는 것이 필요하며
사주팔자에 木의 기세가 약하거나 없다면 재능을 열정적으로 발휘하는데 어려움
을 겪으며 장년기에도 어려움을 겪기는 마찬가지입니다.

丑월생은

소년기에는 혹한의 시기로서 어려움을 겪지만 청년기에는 재능을 펼칠 기회가 주
어지므로 성장운세로 발현되고 노년기에 안정운세를 유지하는 삶이 필요합니다.

사주팔자에 木의 기세가 강하다면 성장운세로 발현되며 장년기에는 결실을 수확
하며 안정운세를 누리겠지만
사주팔자에 木의 기세가 약하거나 없다면 역시 어려움을 겪으며 장년기에도 편안
하지 못하고 어려움을 겪기는 마찬가지입니다.

Summary

◆ 사주팔자의 4차원 구조
사주팔자의 연월일시는 4차원의 시공간을 CT나 MRI처럼 단층으로 촬영해 놓은
것과 같습니다.
태어나는 연월일시에 시공간이 멈추면서 사주팔자가 만들어지는 것입니다.

◆ 대운의 4차원 시공간 운행
대운은 월지의 운행으로서 10년간 한 달씩 운행하는 개념으로
인생의 계절로서 의미를 부여하는 것입니다.

대운의 운행은 순행과 역행이 있으며
양남음녀의 경우는 순행하고
음남양녀의 경우는 역행하는 것입니다.
이는 음양의 이치에 의하여 순역으로 운행하는 것이므로 자연의 이치에 적합하다
고 할 것입니다.

대운의 계절은 인생의 계절로서
봄과 가을에는 적당한 기후로 인하여 삶이 쾌적하다고 하지만 사주팔자의 구조에
따라 어려운 삶을 살기도 하는 것이며
여름과 겨울에는 혹서와 혹한의 기후로 인하여 삶이 어렵다고 하지만 사주팔자의
구조에 따라 편안하고 즐기는 삶이 되기도 합니다.

◆ 일간과 계절의 시공간 운행
일간은 계절의 영향을 많이 받으므로 이를 월령이라고 하여 격국을 정하는 기본으
로 삼고 있는 것입니다.
계절에 적합한 일을 하는 것이 당연지사이므로 직업의 적성이 되는 것입니다.

庚金이 甲木을 만나면 경금벽갑庚金壁甲이라고 합니다.
庚金은 도끼이며 벽갑은 나무를 쪼개는 형상으로
나무를 쪼개어 장작으로 쓰거나 기둥이나 대들보로 쓰는 것이고,
숙살지기肅殺之氣 또는 경금대살庚金帶殺이라고도 합니다.

제6장

5차원
물상의 시공간

———

5
次
元
物
象

5차원 물상의 시공간이란 사주팔자와 대운 그리고 세운이 생성과 소멸을 반복하며 운동하는 시공간입니다.

5차원 물상의 간지는 사주팔자에서 삼합과 방합의 관계성을 만들고 대운에서 계절적 요소로 방합으로 움직이며 세운에서 사회적 목적으로 삼합으로 움직입니다.

천간은 지지에 의하여 생성과 소멸을 반복하며 삶의 성장과 쇠퇴를 만들어 가고 인생의 항로를 운행하면서 삶의 희노애락을 경험하게 됩니다.

사주팔자와 운의 5차원 물상

삼합은 년지과 일지에서 활동 성향을 나타내면서
세운의 활동 성향에 의하여 반응하고
방합은 월지와 시지에서 계절과 시진의 시공간에서
활동 양상을 나타내면서 대운과 월운에서 변화하는 양상을 보입니다.

시	일	월	년
방합	삼합	방합	삼합

		대운	세운
		방합	삼합

			월운
			방합

년지는 삼합의 운동성으로 사회적 활동 성향을 나타내면서
월지는 방합의 시공간으로서 사회적 활동 양상을 나타냅니다.

일지는 삼합의 운동성으로 개인적 성향을 나타내면서
시지는 방합의 시공간으로서 개인적 활동 양상을 나타냅니다.

대운은 월주의 흐름이고 방합의 시공간으로서 인생의 계절을 나타내고
사주팔자가 대운의 계절에 의하여 변화하는 활동양상을 나타냅니다.

세운은 매년의 흐름이고 삼합의 활동 성향을 나타나며
월운은 세운의 계절로서 방합의 활동 양상을 나타냅니다.

 # 5차원 물상의 운동성

지지는 방합과 삼합의 운동을 하면서 천간을 태우고 다니며
십이운성과 십이신살의 작용을 나타냅니다.

◆ 방합의 십이운성 운동성

구분	寅卯辰	巳午未	申酉戌	亥子丑
甲乙木	록왕쇠	병사묘	절태양	생욕대
丙丁火	생욕대	록왕쇠	병사묘	절태양
庚辛金	절태양	생욕대	록왕쇠	병사묘
壬癸水	병사묘	절태양	생욕대	록왕쇠

방합은 십이운성의 운동성을 표현합니다.
지지는 방합을 형성하며 계절과 시간을 나타내고
천간은 지지를 타고 왕쇠강약을 나타내고 있습니다.

◆ 삼합의 십이신살 운동성

구분	寅卯辰	巳午未	申酉戌	亥子丑
寅午戌	지년월	망장반	역육화	겁재천
申子辰	역육화	겁재천	지년월	망장반
亥卯未	망장반	역육화	겁재천	지년월
巳酉丑	겁재천	지년월	망장반	역육화

삼합은 십이신살의 운동성을 표현합니다.
양간의 지지는 寅午戌과 申子辰의 운동을 하며
음간의 지지는 亥卯未와 巳酉丑의 운동을 하며
월지와 시지 또는 대운지에서 십이신살의 변화를 겪는 것입니다.

① 방합의 운동성

방합은 월시지와 대운지에서 계절과 시진의 물상으로
천간의 왕쇠강약을 십이운성으로 나타냅니다.

(1) 방합 물상

월지 - 계절 물상	시지 - 시진 물상
봄 여름 가을 겨울	아침 낮 저녁 밤

↓

대운지 - 계절 물상
봄 여름 가을 겨울

방합은 계절과 시진의 물상이므로
월지와 대운지에서 느끼는 계절의 감각이며
시지에서 느끼는 시진의 감각입니다.

월지와 시지는 4차원의 정지된 시공간으로서
월지는 봄 여름 가을 겨울의 4계절을 뜻하며
시지는 아침 낮 저녁 밤의 4시진을 뜻합니다.

대운은 4차원의 시간축으로 흐르는 시공간으로서
대운지는 인생의 4계절을 뜻합니다.

월지와 시지는 정지된 시공간의 표현으로서
천간의 왕쇠강약을 십이운성으로 표현하는 것이며
대운지는 4차원의 시간축이 흐르는 시공간의 표현으로서
천간이 인생의 계절의 변화를 십이운성으로 느끼는 것입니다.

(2) 월지의 계절 물상과 천간의 관계성

천간의 기세는 계절의 물상에서 십이운성으로 표현합니다.

봄에 태어난 사주팔자라면

구분	甲乙木	丙丁火	庚辛金	壬癸水
寅卯辰	록왕쇠 祿旺衰	생욕대 生浴帶	절태양 絕胎養	병사묘 病死墓

甲乙木은 십이운성으로 록왕쇠祿旺衰이며
기세가 강하므로 독보적인 존재로서 선두에 나서며 추진력이 매우 강하고 庚辛金
의 거스르는 기세가 없다면 종격의 위상을 갖게 됩니다.

丙丁火는 십이운성으로 생욕대生浴帶이며
기세가 강하다면 성장하는 것이 매우 빠르므로 戊己土의 제어가 필요하고 기세가
약하다면 성장이 느리므로 발전하기 어렵습니다.

庚辛金은 십이운성으로 절태양絕胎養이며
기세가 쇠약하므로 戊己土와 壬癸水의 보호가 필요하게 됩니다.
기세가 강하다면 결실을 맺고자 하는 의지가 강하므로 발전하는 계기가 될 수 있
습니다.

壬癸水는 십이운성으로 병사묘病死墓이며
기세가 약하므로 戊己土의 보호가 절실하게 됩니다.
기세가 강하다면 火기의 발전을 저해할 수 있으므로 역시 戊己土의 제어가 필요
하게 됩니다.

戊己土는 水기를 보호하고 火기를 발전시키는 노력을 합니다.
寅卯辰월에는 水火기를 조절하여야 만물이 생성할 수 있는 것입니다.

여름에 태어난 사주팔자라면

구분	丙丁火	庚辛金	壬癸水	甲乙木
巳午未	록왕쇠 祿旺衰	생욕대 生浴帶	절태양 絕胎養	병사묘 病死墓

丙丁火는 십이운성으로 록왕쇠祿旺衰이며

기세가 강하므로 명예를 빛내기 위하여 강한 권력을 확보하기도 합니다. 매우 강한 기세로 번지므로 壬癸水의 거스르는 기세가 없다면 종격의 위상을 갖게 됩니다.

庚辛金은 십이운성으로 생욕대生浴帶이며

기세가 강하여 성장이 빠르다면 오히려 조기에 성장이 멈출 수 있으며

기세가 약하다면 戊己土의 도움으로 천천히 숙성이 되며 알찬 결실로 쓰임새가 많아지게 됩니다.

壬癸水는 십이운성으로 절태양絕胎養이며

기세가 쇠약하지만 戊己土에 의하여 만물의 목마름을 해결하고 열기를 식히는 역할을 하면서 사회에 쓰임새가 있습니다.

기세가 강하다면 홍수나 냉해로 인하여 만물에게 피해를 줄 수 있으므로 戊己土의 제어 역할이 매우 중요합니다.

甲乙木은 십이운성으로 병사묘病死墓이며

기세가 쇠약해지므로 庚辛金의 결실을 성장하도록 돕는 일을 하며

기세가 강하다면 火기의 폭정을 유발할 수 있으므로 壬癸水의 도움이 절실한 때입니다.

戊己土는 水기를 보호하고 火기를 제어하는 노력을 합니다.

巳午未월에는 火기가 맹렬해지므로 火기를 제어하며 壬癸水를 적절히 분사하여 조절할 수 있어야 만물을 번성시키며 庚辛金의 결실을 알차게 키울 수 있는 것입니다.

가을에 태어난 사주팔자라면

구분	庚辛金	壬癸水	甲乙木	丙丁火
申酉戌	록왕쇠 祿旺衰	생욕대 生浴帶	절태양 絶胎養	병사묘 病死墓

庚辛金은 십이운성으로 록왕쇠祿旺衰이며
기세가 강하므로 숙살지기肅殺之氣를 휘두르며 개혁과 혁신을 실천하기 위한 강한 권력을 확보하기도 합니다.
丙丁火의 거스르는 기세가 없다면 종격의 위상을 갖게 됩니다.

壬癸水는 십이운성으로 생욕대生浴帶이며
기세가 강하다면 결실의 성장에 방해가 되며 낙과의 원인이 되므로 丙丁火와 戊己土의 도움이 필요하게 되며 기세가 약하다면 풍성한 결실을 기대하기 어려우며 일이 지체되거나 정체현상이 발생할 수 있습니다.

甲乙木은 십이운성으로 절태양絶胎養이며
기세가 강하다면 庚辛金에 의하여 쓸모 있는 인재로서 개발이 되어 동량지재棟梁之材로서 대들보나 기둥의 역할을 하게 됩니다.
기세가 약하다면 불쏘시개의 역할에 만족하여야 할 것입니다.

丙丁火는 십이운성으로 병사묘病死墓이며
기세가 쇠약해지므로 水기와 교체하지만 水기가 강하다면 만물에게 피해를 줄 수 있으므로 戊己土의 제어가 필요하며 기세가 강하다면 庚辛金의 결실을 숙성시키는 역할을 하지만 역시 만물에게 피해를 줄 수 있으므로 戊己土의 제어가 필요합니다.

戊己土는 火기를 보호하고 水기를 발전시키는 노력을 합니다.
申酉戌월에는 水火기가 모두 약하므로 戊己土의 조절이 있어야 만물이 결실을 맺을 수 있는 것입니다.

겨울에 태어난 사주팔자라면

구분	壬癸水	甲乙木	丙丁火	庚辛金
亥子丑	록왕쇠 祿旺衰	생욕대 生浴帶	절태양 絶胎養	병사묘 病死墓

壬癸水는 십이운성으로 록왕쇠祿旺衰이며

기세가 강하므로 강한 기세를 휘두르며 강한 권력을 확보하기도 합니다. 매우 강한 기세로 모든 것을 휩쓸어버리므로 戊己土의 거스르는 기세가 없다면 종격의 위상을 갖게 됩니다.

甲乙木은 십이운성으로 생욕대生浴帶이며

기세가 강하여 성장이 빠르다면 오히려 조기에 성장이 멈출 수 있으며

기세가 약하다면 戊己土의 도움으로 천천히 성장을 하며 한발 한발씩 노력을 한다면 싹을 피울 수 있습니다.

丙丁火는 십이운성으로 절태양絶胎養이며

기세가 쇠약하지만 戊己土의 도움으로 만물이 견디기 어려운 혹한의 추위를 따뜻하게 하는 역할을 하며 사회에 쓰임새가 많습니다.

기세가 강하다면 만물에게 피해를 줄 수 있으므로 戊己土의 제어 역할이 매우 중요합니다.

庚辛金은 십이운성으로 병사묘病死墓이며

기세가 쇠약해지므로 壬癸水가 결실을 유통하는 일을 도우며

기세가 강하다면 水기의 범람을 유발할 수 있으므로 戊己土의 도움이 절실한 때입니다.

戊己土는 火기를 보호하고 水기를 제어하는 노력을 합니다.

亥子丑월에는 水기가 맹폭해지므로 水기를 제어하며 丙丁火로 하여금 따뜻한 열기로 한기를 조절할 수 있어야 만물이 편안하게 동면을 하며 봄을 맞이할 수 있는 것입니다.

(3) 대운에서 계절 물상의 변화

대운의 계절은 30년 주기로 변화하면서
사주팔자의 천간의 기세를 변화시키는 역할을 하게 됩니다.

봄에 태어난 사주팔자는

순행	봄	여름	가을	겨울
역행	봄	겨울	가을	여름

대운이 순행하는 경우에 봄의 대운이 지나면 여름의 대운을 30년 지내고 가을의
대운과 겨울의 대운을 각각 30년간 보내게 됩니다.

대운이 역행하는 경우에는 봄의 대운이 지나면 겨울의 대운을 30년 지내고 가을
의 대운과 여름의 대운을 각각 30년간 보내게 됩니다.

여름에 태어난 사주팔자는

순행	여름	가을	겨울	봄
역행	여름	봄	겨울	가을

대운이 순행하는 경우에 여름의 대운이 지나면 가을의 대운을 30년 지내고 겨울
의 대운과 봄의 대운을 각각 30년간 보내게 됩니다.

대운이 역행하는 경우에는 여름의 대운이 지나면 봄의 대운을 30년 지내고 겨울
의 대운과 가을의 대운을 각각 30년간 보내게 됩니다.

가을에 태어난 사주팔자는

순행	가을	겨울	봄	여름
역행	가을	여름	봄	겨울

대운이 순행하는 경우에 가을의 대운이 지나면 겨울의 대운을 30년 지내고 봄의 대운과 여름의 대운을 각각 30년간 보내게 됩니다.

대운이 역행하는 경우에는 가을의 대운이 지나면 여름의 대운을 30년 지내고 봄의 대운과 겨울의 대운을 각각 30년간 보내게 됩니다.

겨울에 태어난 사주팔자는

순행	겨울	봄	여름	가을
역행	겨울	가을	여름	봄

대운이 순행하는 경우에 겨울의 대운이 지나면 봄의 대운을 30년 지내고 여름의 대운과 가을의 대운을 각각 30년간 보내게 됩니다.

대운이 역행하는 경우에는 겨울의 대운이 지나면 가을의 대운을 30년 지내고 여름의 대운과 봄의 대운을 각각 30년간 보내게 됩니다.

봄의 대운에는 木기가 강하여지고
여름의 대운에는 火기가 강하여지고
가을의 대운에는 金기가 강하여지고
겨울의 대운에는 水기가 강하여지고
辰戌丑未의 대운에는 계절의 기세와 함께 土기가 강하여집니다.

대운의 역할

대운은 월지의 이동으로 인생의 계절이 변화하면서
사주팔자의 천간과 지지에 영향을 끼치며 삶이 변화하게 됩니다.

봄에 태어난 사주팔자는
순행하면서 여름 가을 겨울의 계절을 겪으며 삶을 살아가게 됩니다.

여기서 이야기하는 계절이란 인생의 계절입니다.
인생의 계절이란 삶에서 체감하는 환경으로서
봄과 가을의 계절은 적당한 기후로 인하여 편하겠지만
여름과 겨울은 혹서와 혹한의 환경으로 삶이 편하지 않습니다.

사주팔자에 냉기가 많다면 여름의 대운을 지내기는 수월하겠지만
겨울의 대운에는 냉기가 더욱 강하여지므로 삶이 어렵게 됩니다.

그러나 냉기나 열기가 가득한 종격이라면 오히려 여름이나 겨울을 지내기가
어려울 것입니다. 마치 북극에 사는 사람이 열대지방에서 지내는 것과 마찬
가지로서 견디기 어려울 것입니다.

봄에 태어난 사주팔자는 木기가 매우 강하기 마련입니다.
사주팔자에 火기가 불급하여 강한 木기를 설기하기 어려운데
여름의 대운이 오면 강한 木기를 설기하며 흐름의 유통이 좋아지므로 삶이
좋아지게 됩니다.

그러나 火기도 강하다면 여름의 대운에는 火기가 더욱 강하여지므로 삶이 쾌
적하지 못하고 열기로 인하여 괴로운 삶을 살게 됩니다.

(4) 방합의 운동성 사례

시		일		월		년		구분
庚		庚		壬		壬		천간
辰		寅		子		寅		지지
庚	己	戊	丁	丙	乙	甲	癸	대운
申	未	午	巳	辰	卯	寅	丑	

겨울 생이므로 월령 水기가 강하다고 합니다.
년월간에 있는 壬水식신은 子水가 왕지에 해당하므로 기세가 매우 강하므로 종아
격의 위상을 가지게 됩니다.

甲寅 乙卯대운은 봄의 대운으로서 월령의 기운이 木기에 의하여 설기되는 시기입
니다. 사주팔자에서 강한 壬水의 기세가 봄 대운에 병사묘病死墓의 십이운성을 거
치면서 설기되므로 대운의 甲乙木의 재성의 기세가 강해지면서 흐름이 맑아지므
로 영역을 확대하며 스타의 인기를 얻게 됩니다.

丙辰 丁巳대운은 봄과 여름을 잇는 환절기의 대운으로서 木의 기세가 쇠병衰病지
의 십이운성으로 다소 약해지면서 火의 기세가 대록帶祿의 십이운성으로 강하게
올라오는 시기입니다.
壬水의 기세는 사묘死墓가 되므로 기세를 쓰지 못하고 丙丁火의 강한 기세를 쓰는
시기이므로 조직에서 강한 능력을 발휘하게 됩니다.

戊午 己未대운은 여름의 대운으로서 丙丁火의 기세가 왕쇠旺衰의 십이운성으로
강하지만 戊己土가 인화하여 일간 庚金을 도우니 장년기에 결실을 이루며 성취감
을 맛보는 시기가 되는 것입니다.

이후 庚申 辛酉대운은 가을의 대운으로 庚辛金의 기세가 록왕祿旺의 십이운성으
로 강하여지면서 풍요로운 삶을 살게 될 것입니다.

시	일	월	년	구분
壬	庚	戊	丁	천간
午	戌	申	卯	지지

丙	乙	甲	癸	壬	辛	庚	己	대운
辰	卯	寅	丑	子	亥	戌	酉	

가을 생으로 월령 金기가 강하다고 합니다.

일간 庚金의 기세가 월지 申金 록祿지의 십이운성으로서 강하므로 록겁격에 해당한다고 할 수 있습니다.

월간 戊土가 월령을 지원하고 있으며 시간에 壬水의 기세가 월지 申金 생生지의 십이운성으로 근거하여 투출하므로 전문가로서의 적성과 능력이 있다고 할 것입니다. 또한 년간에 있는 丁火정관의 기세가 시지 午火 왕旺지의 십이운성으로 약하지 않으므로 록겁용관격의 격국으로도 성격이 되고 있습니다.

己酉 庚戌대운은 일간의 왕쇠旺衰지의 십이운성으로 강하므로 부모의 도움아래 일간의 역량을 증진시키면서 성장하는 기간이며 辛亥대운에 기세가 강한 일간을 설기하여 亥水 록祿지에 근을 두는 壬水식신을 강화시키므로 뛰어난 인재로서 학업성적이 우수하여 일류대에 진학하여 학업에 정진하면서 성장운세로 발전하게 됩니다.

壬子 癸丑대운에는 丁壬합 戊癸합으로 인하여 기반되므로 지체되는 모습을 보이면서 하락운세를 겪게 됩니다.

壬癸水는 비록 왕쇠旺衰지의 십이운성으로 기세가 강하다고 하지만 사주팔자에 있는 丁火 그리고 戊土와 합을 하며 기반이 되므로 역할을 제대로 수행하기 어렵다고 할 수 있습니다.

다행히 甲寅 乙卯대운이 들어오며 木의 기세가 록왕祿旺지의 십이운성으로 강하여지면서 水기를 설기하지만 기세가 쇠약하여진 水기로서는 흐름이 원활하지 않으므로 새로운 영역으로의 진입이 어려울 것입니다.

❷ 삼합의 운동성

삼합은 년일지와 세운지에서 목적을 위한 활동 성향과 활동 양상을
십이신살의 모습으로 표현합니다.

(1) 삼합 물상

년지	일지
寅午戌 火국, 申子辰 水국 亥卯未 木국, 巳酉丑 金국	寅午戌 火국, 申子辰 水국 亥卯未 木국, 巳酉丑 金국

세운지
寅午戌 火국, 申子辰 水국 亥卯未 木국, 巳酉丑 金국

년지와 일지는 4차원의 정지된 시공간으로서
년지는 삼합국으로 사회적 활동 성향을 띠며
일지도 역시 삼합국으로 개인적 활동 성향을 띠게 됩니다.

세운은 5차원의 흐르는 시공간으로서
세운지는 삼합국의 목적성 활동 성향을 띠게 됩니다.

년지와 일지는 정지된 4차원 시공간의 표현이므로
사주팔자의 활동양상을 십이신살로 표현하게 되는 것이고

세운지는 5차원의 시간축이 흐르는 시공간의 표현이므로
해당 년도의 세운지를 기준으로 하여 삼합의 목적성 활동 성향을 표현하고 사주팔
자와 대운과의 관계를 설정하면서 길흉화복을 일으키게 되는 것입니다.

(2) 삼합 물상의 활동성

하나의 목적을 가지고 다른 성분들이 모여 활동하는 것입니다.

◆ 삼합 물상의 활동 목적

수분	寅午戌	申子辰	亥卯未	巳酉丑
활동목적	火	水	木	金

寅午戌은 火의 활동 목적을 가지고 있습니다.
申子辰은 水의 활동 목적을 가지고 있습니다.
亥卯未는 木의 활동 목적을 가지고 있습니다.
巳酉丑은 金의 활동 목적을 가지고 있습니다.

寅午戌은 火의 활동으로 열정적이고 화려한 것을 추구하는 성향이고
申子辰은 水의 활동으로 안정적이고 검소한 것을 추구하는 성향이고
亥卯未는 木의 활동으로 진취적이고 전진성을 추구하는 성향이고
巳酉丑은 金의 활동으로 혁신적이고 성실성을 추구하는 성향이 있다고 할 수 있습
니다.

寅申巳亥는 오행의 활동 목적을 도우며 새로이 시작하는 모습으로
십이운성에서는 생지라고 하며 십이신살에서 지살이라고 하고
子午卯酉는 활동의 주체로서 제왕적 역할을 하며 통솔하는 모습으로
십이운성에서는 왕지라고 하며 십이신살에서 장성살이라고 하고
辰戌丑未는 활동을 마무리하며 피드백을 준비하는 모습으로
십이운성에서는 묘지라고 하며 십이신살에서 화개살이라고 합니다.

삼합의 물상은 반드시 모여 있어야만 활동하는 것이 아닙니다.
단독으로 있어도 활동하겠다는 의지를 가지고 있는 것입니다.

(3) 년지의 기본적인 사회적 성향

년지는 사주팔자의 기본적인 사회적 성향을 띠게 됩니다.

년지의 삼합 물상은 사회적인 성향을 가지고 있습니다.
년지는 사주팔자를 이끄는 주도적인 역할을 하게 됩니다.
사회적인 성향으로서 사주팔자의 기본적인 활동 성향을 나타내고
월지와 대운의 십이신살의 위상에 따라 활동 양상이 변화하게 됩니다.

◆ 년지 삼합 물상의 사회적 기본 성향

구분	寅午戌	申子辰	亥卯未	巳酉丑
기본 성향	열정	안정	진취	혁신

년지의 삼합 물상은 사회적 성향을 기본적으로 가지고 있으며
월지에 의하여 기본적인 사회적 활동 양상을 띠게 됩니다.

寅午戌은 火의 집합이므로 火기의 특성인 열정을 기본성향으로 가지고 매사에 열정적으로 일을 처리하는 성향이 있습니다.

申子辰은 水의 집합이므로 水기의 특성인 안정을 기본성향으로 가지고 매사에 안정적으로 일을 처리하는 성향이 있습니다.

亥卯未는 木의 집합이므로 木기의 특성인 진취를 기본성향으로 가지고 매사에 진취적으로 일을 처리하는 성향이 있습니다.

巳酉丑은 金의 집합이므로 金기의 특성인 혁신을 기본성향으로 가지고 매사에 혁신적으로 일을 처리하는 성향이 있습니다.

삼합의 물상은 글자마다 고유의 특성을 나타내면서
삼합 조직의 사회적 기본 성향에 기여하는 바가 서로 다르지만
년지는 삼합의 일원으로서 각자의 역할에 충실하게 됩니다.

년지가 寅午戌 火국의 열정적인 기본성향을 가지고 있는데
寅木은 午火를 도와 열정적인 기운을 생성하는 역할을 하며
午火는 제왕적 위치로서 열정적인 기운을 통괄하고
戌土는 열정적인 기운을 갈무리하면서 亥子丑 북방에서 火기를 보호하기 위하여
준비하는 역할을 합니다.

년지가 亥卯未 木국의 진취적인 성향을 가지고 있는데
亥水는 卯木을 도와 진취적인 기운을 생성하는 역할을 하며
卯木은 제왕적 위치로서 진취적인 기운을 통괄하고
未土는 진취적인 기운을 갈무리하면서 申酉戌 서방에서 木기를 보호하기 위하여
준비하는 역할을 합니다.

년지가 巳酉丑 金국의 혁신적인 성향을 가지고 있는데
巳火는 酉金을 도와 혁신적인 기운을 생성하는 역할을 하며
酉金은 제왕적 위치로서 혁신적인 기운을 통괄하고
丑土는 혁신적인 기운을 갈무리하면서 寅卯辰 동방에서 金기를 보호하기 위하여
준비하는 역할을 합니다.

년지가 申子辰 水국의 안정적인 성향을 가지고 있는데
申金은 子水를 도와 안정적인 기운을 생성하는 역할을 하며
子水는 제왕적 위치로서 안정적인 기운을 통괄하고
丑土는 안정적인 기운을 갈무리하면서 巳午未 남방에서 水기를 보호하기 위하여
준비하는 역할을 합니다.

(4) 년지와 월지와의 관계성

년지의 사회적 성향과 월지의 계절적 특성이 서로 결합하면서
삼합과 방합이 만든 십이신살의 위상으로서 활동 양상을 나타냅니다.

년지 寅午戌 火 국에서 월지의 십이신살의 위상

월지	寅	卯	辰	巳	午	未	申	酉	戌	亥	子	丑
십이신살	지살	년살	월살	망신살	장성살	반안살	역마살	육해살	화개살	겁살	재살	천살

년지 申子辰 水 국에서 월지의 십이신살의 위상

월지	申	酉	戌	亥	子	丑	寅	卯	辰	巳	午	未
십이신살	지살	년살	월살	망신살	장성살	반안살	역마살	육해살	화개살	겁살	재살	천살

년지 亥卯未 木 국에서 월지의 십이신살의 위상

월지	亥	子	丑	寅	卯	辰	巳	午	未	申	酉	戌
십이신살	지살	년살	월살	망신살	장성살	반안살	역마살	육해살	화개살	겁살	재살	천살

년지 巳酉丑 金 국에서 월지의 십이신살의 위상

월지	巳	午	未	申	酉	戌	亥	子	丑	寅	卯	辰
십이신살	지살	년살	월살	망신살	장성살	반안살	역마살	육해살	화개살	겁살	재살	천살

년지가 **寅午戌 火국**인데 **木기**가 강한 봄에 태어났다면

봄이라는 진취적인 상황에서도 열정적인 성향을 나타내지만
열정이 생성되는 시기이므로 다소 약하다고 할 수 있습니다.

월지 寅木과의 조합이라면 火국이 지살을 만난 격이므로 열정적인 성향이 만들어
지면서 새로이 시작하는 기운이 강하게 형성이 됩니다.

년지	월지	활동 양상
寅	寅	새로운 영역에서 열정을 시작하므로 다소 지체
午	寅	열정적인 기세를 새로운 영역에서 다시 시작
戌	寅	열정을 마무리하면서 새로운 영역으로 진출하는 상황

월지 卯木과의 조합이라면 火국이 년살을 만난 격으로 열정적인 상황을 진취적으
로 바라보며 화려한 꿈과 희망을 펼쳐나가고자 합니다.

년지	월지	활동 양상
寅	卯	새로운 열정이 진취적인 상황에서 성장하는 모습
午	卯	열정적인 기세가 진취적인 상황으로 인하여 갈등
戌	卯	열정을 마무리하면서 진취적인 상황에 묶이는 현상

월지 辰土와의 조합이라면 火국이 월살과 만난 격으로 木기가 쇠퇴하므로 열정이
성장하는 단계이지만 성장하기 위한 숨고르기를 하는 시기입니다.

년지	월지	활동 양상
寅	辰	새로운 열정이 진취적인 상황에서 실력을 기르는 모습
午	辰	열정적인 기세가 진취적인 상황으로 인하여 갈등
戌	辰	열정을 마무리하면서 실력을 길러야 하는 상황

년지가 寅午戌 火국인데 火기가 강한 여름에 태어났다면

열정적으로 번성하는 기운이 절정에 다다른 시기로서
열정이 지나쳐 폭정으로 인하여 어려움을 겪게 됩니다.

월지 巳火와의 조합이라면 火국이 망신살을 만난 격으로 사회초년생으로 시행착
오를 거듭하며 발전하는 모습입니다.

년지	월지	활동 양상
寅	巳	새로운 열정이 열정적 상황으로 증폭되며 갈등
午	巳	열정적인 기세가 열정적 상황에서 지체되는 상황
戌	巳	열정을 마무리하면서 열정적 상황으로 인한 갈등

월지 午火와의 조합이라면 火국이 장성살을 만난 격으로 열정이 극치에 다다르게
되면서 정체되는 현상이 발생하기도 합니다.

년지	월지	활동 양상
寅	午	새로운 열정이 열정적 상황에서 발전하는 상황
午	午	열정적인 기세가 열정적 상황에서 정체가 되는 상황
戌	午	열정을 마무리하면서 열정적 상황으로 갈등

월지 未土와의 조합이라면 火국이 반안살을 만난 격으로 열정을 점차 식히면서 전
열을 가다듬고 전리품을 거두며 실익을 챙기는 시기입니다.

년지	월지	활동 양상
寅	未	새로운 열정이 열정적 상황에서 갈등 양상
午	未	열정적인 기세가 열정적 상황에 묶이는 현상
戌	未	열정을 마무리하면서 실리를 얻고자 증폭되는 모습

년지가 **寅午戌 火국**인데 **金**기가 강한 가을에 태어났다면

열정적으로 번성하는 것은 점차 사라지고 결실을 수확하기 위하여
혁신적인 상황이 펼쳐지고 있습니다.

월지 申金과의 조합이라면 火국이 역마살을 만난 격이므로 열정적인 상황이 쇠퇴
하면서 안정적인 상황에게 자리를 내어주고 이동하여야 합니다.

년지	월지	활동 양상
寅	申	새로운 열정이 혁신적인 상황을 만나 피하는 모습
午	申	열정적인 기세가 혁신적인 상황을 피하는 모습
戌	申	열정을 마무리하면서 혁신적인 상황을 피하는 모습

월지 酉金과의 조합이라면 火국이 육해살을 만난 격으로 열정적인 상황이 사라지
고 혁신을 하기 위한 세력이 자리 잡게 됩니다.

년지	월지	활동 양상
寅	酉	새로운 열정이 혁신적인 상황을 만나면서 갈등
午	酉	열정적인 기세가 혁신적인 상황을 만나면서 갈등
戌	酉	열정을 마무리하면서 혁신적인 상황을 만나면서 갈등

월지 戌土와의 조합이라면 火국이 화개살과 만난 격으로 火기를 갈무리하고 水기
의 생성과 안정을 위한 단계를 실행하고자 합니다.

년지	월지	활동 양상
寅	戌	새로운 열정이 혁신적인 상황에서 마무리
午	戌	열정적인 기세를 혁신적인 상황에서 마무리
戌	戌	열정을 마무리하면서 혁신적인 상황에서 지체

년지가 **寅午戌 火국**인데 **水기**가 강한 겨울에 태어났다면

열정적으로 번성하는 기운이 침체되는 시기이므로 열기를 남겨
혹한의 추위에 만물에게 따스함을 안정적으로 제공하고자 합니다.

월지 **亥水**와의 조합이라면
火국이 겁살을 만난 격으로 水기에게 火기를 **빼앗기지** 않으려고 감추고 눈치를 보
게 됩니다.

년지	월지	활동 양상
寅	亥	새로운 열정이 안정적 상황에 묶이며 지체
午	亥	열정적인 기세가 안정적 상황에서 갈등 양상
戌	亥	열정을 마무리하면서 안정적인 상황을 만나는 모습

월지 **子水**와의 조합이라면 火국이 재살을 만난 격으로 강한 한기의 기세를 피하고
다니며 조심스런 행보를 하여야 합니다.

년지	월지	활동 양상
寅	子	새로운 열정이 안정적인 상황에서의 어려움
午	子	열정적인 기세가 안정적인 상황과의 충돌로 인한 갈등
戌	子	열정을 마무리하면서 안정적인 상황으로 갈등

월지 **丑土**와의 조합이라면 火국이 천살을 만난 격으로 이제 고비의 상태로서 하늘
의 뜻에 모든 것을 맡기고 기다려야 합니다.

년지	월지	활동 양상
寅	丑	새로운 열정이 안정적인 상황에서 어려움을 겪는 모습
午	丑	열정적인 기세가 안정적인 상황에서 갈등 양상
戌	丑	열정을 마무리하면서 실리를 얻고자 중독되는 모습

년지가 申子辰 水국인데 金기가 강한 가을에 태어났다면

결실을 수확하기 위하여 숙살지기를 펼치며 혁신적인 상황이 펼쳐지고 있는 가운데 안정적인 기운을 새로이 생성하고 있습니다.

월지 申金과의 조합이라면 水국이 지살을 만난 격이므로 안정적인 상황을 새로이 시작하는 기운이 강하게 형성이 됩니다.

년지	월지	활동 양상
申	申	새로운 안정이 새로운 영역에서 시작하면서 다소 지체
子	申	안정적인 기세를 새로운 영역에서 다시 시작
辰	申	안정을 마무리하면서 새로운 영역으로 진출하는 상황

월지 酉金과의 조합이라면 水국이 년살을 만난 격으로 풍요로운 상황에서 혁신적으로 바라보며 안정을 추구하는 모습입니다.

년지	월지	활동 양상
申	酉	새로운 안정이 혁신적인 상황에서 성장하는 모습
子	酉	안정적인 기세가 혁신적인 상황에서 갈등
辰	酉	안정을 마무리하면서 혁신적인 상황에서 갈등

월지 戌土와의 조합이라면 水국이 월살과 만난 격으로 金기가 쇠퇴하면서 안정적인 기세를 만들어주지만 성장하기 위한 숨고르기를 하는 시기입니다.

년지	월지	활동 양상
申	戌	새로운 안정이 혁신적인 상황에서 실력을 기르는 모습
子	戌	안정적인 기세가 혁신적인 상황으로 인하여 갈등
辰	戌	안정을 마무리하면서 실력을 길러야 하는 상황

년지가 申子辰 水국인데 水기가 강한 겨울에 태어났다면

안정적인 기세가 강하여지면서 오히려 침체되므로 소통이 안되어 지체되고 정체되면서 어려움을 겪게 됩니다.

월지 亥水와의 조합이라면 水국이 망신살을 만난 격으로 사회초년생으로 시행착오를 거듭하며 발전하는 모습입니다.

년지	월지	활동 양상
申	亥	새로운 안정이 안정적인 상황에서 일으키는 갈등
子	亥	안정적인 기세가 안정적인 상황에서 지체되는 모습
辰	亥	안정을 마무리하는데 안정적 상황에서 갈등

월지 子水와의 조합이라면 水국이 장성살을 만난 격으로 안정이 극치에 다다르게 되면서 침체되는 현상이 발생하기도 합니다.

년지	월지	활동 양상
申	子	새로운 안정이 안정적 상황에서 발전하는 상황
子	子	안정적인 기세가 안정적 상황에서 정체가 되는 상황
辰	子	안정을 마무리하면서 안정적 상황으로 갈등

월지 丑土와의 조합이라면 水국이 반안살을 만난 격으로 안정을 취하면서 전열을 가다듬고 전리품을 거두며 실익을 챙기는 모습입니다.

년지	월지	활동 양상
申	丑	새로운 안정이 안정적 상황에서 갈등 양상
子	丑	안정적인 기세가 안정적 상황에 묶이는 현상
辰	丑	안정을 마무리하면서 실리를 얻고자 갈등하는 모습

년지가 申子辰 水국인데 木기가 강한 봄에 태어났다면

진취적인 상황에서도 안정적인 성향을 나타내지만
안정적인 기세가 물러나면서 약하다고 할 수 있습니다.

월지 寅木과의 조합이라면 水국이 역마살을 만난 격이므로 안정적인 상황이 쇠퇴
하면서 진취적인 생기에게 자리를 내어주고 이동하여야 합니다.

년지	월지	활동 양상
申	寅	새로운 안정이 진취적인 상황을 만나 피하는 모습
子	寅	안정적인 기세가 진취적인 상황을 피하는 모습
辰	寅	안정을 마무리하면서 진취적인 상황을 피하는 모습

월지 卯木과의 조합이라면 水국이 육해살을 만난 격으로 안정적인 상황이 사라지
고 힘찬 발돋움을 위한 진취적인 세력이 자리 잡게 됩니다.

년지	월지	활동 양상
申	卯	새로운 안정이 진취적인 상황을 만나면서 갈등
子	卯	안정적인 기세가 진취적인 상황을 만나면서 갈등
辰	卯	안정을 마무리하면서 진취적인 상황을 만나면서 갈등

월지 辰土와의 조합이라면 水국이 화개살과 만난 격으로 水기를 갈무리하고 火기
의 생성과 열정을 위한 단계를 실행하고자 합니다.

년지	월지	활동 양상
申	辰	새로운 안정성이 진취적인 상황에서 마무리
子	辰	안정적인 기세를 진취적인 상황에서 마무리
辰	辰	안정성을 마무리하면서 진취적인 상황에서 지체

년지가 **申子辰 水국인데 火기가 강한 여름에 태어났다면**

열정적인 기운에 의하여 안정적인 기운은 사라지지만
혹서의 더위에 만물을 시원하게 만들어 줄 생명수를 가지고 있습니다.

월지 **巳火**와의 조합이라면 **水국**이 겁살을 만난 격으로 **火기**에게 **水기**를 빼앗기지
않으려고 감추고 눈치를 보게 됩니다.

년지	월지	활동 양상
申	巳	새로운 안정이 열정적 상황에 묶이며 지체
子	巳	안정적인 기세가 열정적 상황에서 갈등 양상
辰	巳	안정을 마무리하면서 열정적인 상황을 만나는 모습

월지 **午火**와의 조합이라면 **水국**이 재살을 만난 격으로 강한 열기의 기세로 인하여
조심스런 행보를 하여야 합니다.

년지	월지	활동 양상
申	午	새로운 안정성이 열정적인 상황에서의 어려움
子	午	안정적인 기세가 열정적인 상황과의 충돌로 인한 갈등
辰	午	안정성을 마무리하면서 열정적인 상황으로 갈등

월지 **未土**와의 조합이라면
水국이 천살을 만난 격으로 이제 고비의 상태로서 하늘의 뜻에 모든 것을 맡기고
기다려야 합니다.

년지	월지	활동 양상
申	未	새로운 안정이 열정적인 상황에서 어려움을 겪는 모습
子	未	안정적인 기세가 열정적인 상황에서 갈등 양상
辰	未	안정을 마무리하면서 열정적인 상황에서 갈등 양상

년지가 亥卯未 木국인데 水기가 강한 겨울에 태어났다면

안정적인 상황에서도 진취적인 성향을 나타내지만
진취성이 생성되는 시기이므로 다소 약하다고 할 수 있습니다.

월지 亥水와의 조합이라면 木국이 지살을 만난 격이므로 장소를 이동하여 진취적
인 성향을 갈고 닦으며 새로이 만드는 단계입니다.

년지	월지	활동 양상
亥	亥	새로운 영역에서 진취성을 시작하므로 다소 지체
卯	亥	활발한 진취성이 새로운 영역에서 다시 시작
未	亥	진취성을 마무리하는데 새로운 영역으로 진출 상황

월지 子水와의 조합이라면 木국이 년살을 만난 격으로 안정적인 상황을 진취적으
로 바라보며 새로운 꿈과 희망을 펼쳐나가고자 합니다.

년지	월지	활동 양상
亥	子	새로운 진취성이 안정적인 상황에서 성장하는 모습
卯	子	진취적인 기세가 안정적인 상황으로 인하여 갈등
未	子	진취성을 마무리하면서 안정적인 상황에 묶이는 현상

월지 丑土와의 조합이라면 木국이 월살과 만난 격으로 추진하기 위하여 쇠약해지
는 水기를 모아 에너지를 비축하는 시기입니다.

년지	월지	활동 양상
亥	丑	새로운 진취성이 안정적인 상황에서 실력을 기르는 것
卯	丑	진취적인 기세가 안정적인 상황으로 인하여 갈등
未	丑	진취성을 마무리하면서 실력을 길러야 하는 상황

년지가 亥卯未 木국인데 木기가 강한 봄에 태어났다면

진취적으로 뻗어나가는 기운이 절정에 다다른 시기로서
강한 기운을 주체하지 못하고 어려움을 겪게 됩니다.

월지 寅木과의 조합이라면 木국이 망신살을 만난 격으로 사회초년생으로 시행착오를 거듭하며 발전하는 모습입니다.

년지	월지	활동 양상
亥	寅	새로운 진취성이 진취적 상황으로 인하여 묶임
卯	寅	진취적인 기세가 진취적인 상황으로 지체되는 상황
未	寅	열정을 마무리하면서 진취적인 상황으로 인한 갈등

월지 卯木과의 조합이라면 木국이 장성살을 만난 격으로 추진력이 극치에 다다르게 되면서 정체되는 현상이 발생하기도 합니다.

년지	월지	활동 양상
亥	卯	새로운 진취성이 진취적 상황에서 발전하는 상황
卯	卯	진취적인 기세가 진취적 상황에서 정체가 되는 상황
未	卯	진취성을 마무리하면서 진취적 상황으로 갈등

월지 辰土와의 조합이라면 木국이 반안살을 만난 격으로 추진력이 점차 약해지면서 전열을 가다듬고 전리품을 거두며 휴식을 취하는 모습입니다.

년지	월지	활동 양상
亥	辰	새로운 진취성이 진취적 상황에서 갈등 양상
卯	辰	진취적인 기세가 진취적 상황에 묶이는 현상
未	辰	진취성을 마무리하면서 실리를 얻고자 갈등하는 모습

년지가 亥卯未 木국인데 火기가 강한 여름에 태어났다면

열정적으로 번성하는 시기이므로 추진력은 감소되면서
진취적인 성향이 밖으로 드러나지 않습니다.

월지 巳火와의 조합이라면 木국이 역마살을 만난 격이므로 열정적인 상황을 맞이
하면서 추진력을 감추고 이동하여야 합니다.

년지	월지	활동 양상
亥	巳	새로운 진취성이 열정적인 상황을 만나 피하는 모습
卯	巳	진취적인 기세가 열정적인 상황을 피하는 모습
未	巳	진취성을 마무리하면서 열정적인 상황을 피하는 모습

월지 午火와의 조합이라면 木국이 육해살을 만난 격으로 진취적인 모습이 사라지
고 화려한 열정이 자리 잡게 됩니다.

년지	월지	활동 양상
亥	午	새로운 진취성이 열정적인 상황을 만나면서 갈등
卯	午	진취적인 기세가 열정적인 상황을 만나면서 갈등
未	午	진취성을 마무리하면서 열정적인 상황으로 갈등

월지 未土와의 조합이라면 木국이 화개살과 만난 격으로 木기를 갈무리하고 金기
의 생성과 안정을 위한 단계를 실행하고자 합니다.

년지	월지	활동 양상
亥	未	새로운 진취성이 열정적인 상황에서 마무리
卯	未	진취적인 기세를 열정적인 상황에서 마무리
未	未	진취성을 마무리하면서 열정적인 상황에서 지체

년지가 亥卯未 木국인데 金기가 강한 가을에 태어났다면

결실을 숙성시켜 수확을 하여야 하는 시기이므로 숙살지기를 만나 생기의 진취성이 사라지게 됩니다.

월지 申金과의 조합이라면 木국이 겁살을 만난 격으로 金기에게 木기를 빼앗기지 않으려고 감추고 눈치를 보게 됩니다.

년지	월지	활동 양상
亥	申	새로운 진취성이 혁신적인 상황을 만나면서 갈등 증폭
卯	申	진취적인 기세가 혁신적인 상황에서 갈등 양상
未	申	진취성을 마무리하면서 혁신적인 상황에서 갈등

월지 酉金과의 조합이라면 木국이 재살을 만난 격으로 강한 살기의 기세로 인하여 조심스런 행보를 하여야 합니다.

년지	월지	활동 양상
亥	酉	새로운 진취성이 혁신적인 상황에서의 어려움
卯	酉	진취적인 기세가 혁신적인 상황과의 충돌로 인한 갈등
未	酉	진취성을 마무리하면서 혁신적인 상황으로 갈등

월지 戌土와의 조합이라면 木국이 천살을 만난 격으로 이제 고비의 상태로서 하늘의 뜻에 모든 것을 맡기고 기다려야 합니다.

년지	월지	활동 양상
亥	戌	새로운 진취성이 혁신적인 상황에서의 어려움
卯	戌	진취적인 기세가 혁신적인 상황에서 묶이며 지체
未	戌	진취성을 마무리하면서 실리를 얻고자 중독되는 모습

년지가 巳酉丑 金국인데 火기가 강한 여름에 태어났다면

열정적인 상황에서 새로운 결실을 기르는 단계이므로 새로운 혁신적인 기세를 만들고 있습니다.

월지 巳火와의 조합이라면
金국이 지살을 만난 격이므로 혁신적인 상황을 새로이 시작하는 기운이 강하게 형성이 됩니다.

년지	월지	활동 양상
巳	巳	새로운 영역에서 혁신을 시작하므로 다소 지체
酉	巳	혁신적인 기세가 새로운 영역에서 다시 시작
丑	巳	혁신을 마무리하는데 새로운 영역으로 진출 상황

월지 午火와의 조합이라면 金국이 년살을 만난 격으로 열정적인 상황에서 화려한 혁신을 추구하는 모습입니다.

년지	월지	활동 양상
巳	午	새로운 혁신이 열정적인 상황에서 성장하는 모습
酉	午	혁신적인 기세가 열정적인 상황으로 인하여 갈등
丑	午	혁신을 마무리하면서 열정적인 상황에 묶이는 현상

월지 未土와의 조합이라면 金국이 월살과 만난 격으로 火기가 쇠퇴하면서 혁신적인 기세를 만들어주지만 성장하기 위한 숨고르기를 하는 시기입니다.

년지	월지	활동 양상
巳	未	새로운 혁신이 열정적인 상황에서 실력을 기르는 모습
酉	未	혁신적인 기세가 열정적인 상황으로 인하여 갈등
丑	未	혁신을 마무리하면서 실력을 길러야 하는 상황

년지가 巳酉丑 金국인데 金기가 강한 가을에 태어났다면

혁신적인 상황에서 결실을 성장시키며 숙성하는 단계이므로 혁신적인 기세가 극치에 다다르며 다소 지체되는 모습이 발생합니다.

월지 申金과의 조합이라면 金국이 망신살을 만난 격으로 사회초년생으로 시행착오를 거듭하며 발전하는 모습입니다.

년지	월지	활동 양상
巳	申	새로운 혁신이 묶이어 나아가지 못하는 상황
酉	申	혁신적인 기세가 혁신적인 상황으로 인하여 지체
丑	申	혁신을 마무리하는데 혁신적인 상황이 주어진 것

월지 酉金과의 조합이라면 金국이 장성살을 만난 격으로 혁신이 극치에 다다르게 되면서 정체되는 현상이 발생하기도 합니다.

년지	월지	활동 양상
巳	酉	새로운 혁신이 혁신적 상황에서 발전하는 상황
酉	酉	혁신적인 기세가 혁신적 상황에서 정체가 되는 상황
丑	酉	혁신을 마무리하면서 혁신적 상황으로 갈등

월지 戌土와의 조합이라면 金국이 반안살을 만난 격으로 혁신의 기세가 약해지면서 전열을 가다듬고 전리품을 거두며 실익을 챙기는 모습입니다.

년지	월지	활동 양상
巳	戌	새로운 혁신성이 혁신적 상황에서 갈등 양상
酉	戌	혁신적인 기세가 혁신적 상황에 묶이는 현상
丑	戌	혁신을 마무리하면서 실리를 얻고자 증폭되는 모습

년지가 巳酉丑 金국인데 水기가 강한 겨울에 태어났다면

안정적인 상황에서도 혁신적인 성향을 나타내지만
혁신적인 기세가 쇠퇴하는 시기이므로 약하다고 할 수 있습니다.

월지 亥水와의 조합이라면 金국이 역마살을 만난 격이므로 혁신적인 상황이 쇠퇴
하면서 진취적인 생기에게 자리를 내어주고 이동하여야 합니다.

년지	월지	활동 양상
巳	亥	새로운 혁신이 안정적인 상황을 만나 피하는 모습
酉	亥	혁신적인 기세가 안정적인 상황을 피하는 모습
丑	亥	혁신을 마무리하면서 안정적인 상황을 피하는 모습

월지 子水와의 조합이라면 金국이 육해살을 만난 격으로 혁신적인 상황이 사라지
고 안정적인 세력이 자리 잡게 됩니다.

년지	월지	활동 양상
巳	子	새로운 혁신이 안정적인 상황을 만나면서 갈등
酉	子	혁신적인 기세가 안정적인 상황을 만나면서 갈등
丑	子	혁신을 마무리하면서 안정적인 상황을 만나면서 갈등

월지 丑土와의 조합이라면 金국이 화개살과 만난 격으로 金기를 갈무리하고 木기
의 생성과 열정을 위한 단계를 실행하고자 합니다.

년지	월지	활동 양상
巳	丑	새로운 혁신이 안정적인 상황에서 마무리
酉	丑	혁신적인 기세를 안정적인 상황에서 마무리
丑	丑	혁신을 마무리하면서 안정적인 상황에서 지체

년지가 巳酉丑 金국인데 木기가 강한 봄에 태어났다면

진취적인 기운에 의하여 혁신적인 기운은 사라지고
새로운 혁신적인 기운이 절처봉생하는 시기입니다.

월지 寅木과의 조합이라면 金국이 겁살을 만난 격으로 木기에게 金기를 빼앗기지
않으려고 감추고 눈치를 보게 됩니다.

년지	월지	활동 양상
巳	寅	새로운 혁신이 진취적인 상황을 만나면서 갈등 증폭
酉	寅	혁신적인 기세가 진취적인 상황에서 갈등 양상
丑	寅	혁신을 마무리하면서 진취적인 상황에서 갈등

월지 卯木과의 조합이라면 金국이 재살을 만난 격으로 진취적인 강한 기세로 인하
여 조심스런 행보를 하여야 합니다.

년지	월지	활동 양상
巳	卯	새로운 혁신이 진취적인 상황에서의 어려움
酉	卯	혁신적인 기세가 진취적인 상황과의 충돌로 인한 갈등
丑	卯	혁신을 마무리하면서 진취적인 상황으로 갈등

월지 辰土와의 조합이라면 金국이 천살을 만난 격으로 이제 고비의 상태로서 하늘
의 뜻에 모든 것을 맡기고 기다려야 합니다.

년지	월지	활동 양상
巳	辰	새로운 혁신이 진취적인 상황에서의 어려움
酉	辰	혁신적인 기세가 진취적인 상황에서 갈등 양상
丑	辰	혁신을 마무리하면서 진취적인 상황에서 갈등 양상

甲午년생이라면

寅午戌 火국의 열정적인 성향을 가지고 사회적 활동을 하게 됩니다. 午火는 火국의 장성살로서 가장 열정적으로 사회적 활동을 하는 모습으로 주관적으로 주위를 이끄는 리더십을 펼치며 제왕적인 위치에서 능력을 발휘하고자 합니다.

甲木은 午火가 비록 사지이지만 寅午戌 火국을 도와 열정에 불을 지피는 역할을 담당하게 됩니다.

봄에 태어난 甲午년생이라면 木기가 강한 계절이므로
午火는 장성살이지만 木이 강한 봄의 계절에는 火기가 자라는 어린 시절이므로 능력을 발휘하기 어렵습니다.

봄의 계절에는 甲木의 강한 기세로써 午火의 능력을 키워야 합니다.
甲木에게 午火는 사지에 해당하므로 木기의 기세가 강하여 능력이 많아도 위상이 낮아지면서 사회적 지위가 낮아지고 능력을 제대로 펼치기 어렵습니다.

여름에 태어난 甲午년생이라면 火기가 강한 계절이므로
午火 장성살은 여름의 계절에 모든 권력을 행사할 수 있습니다.
그러나 열정이 지나치며 폭정을 할 우려가 많으므로 주의해야 합니다.
甲木에게 午火는 사지에 해당하므로 午火의 열정이 지나쳐 타버릴 우려가 많으니 지위를 유지하기 어려운 것입니다.

가을에 태어난 甲午년생이라면 金기가 강한 계절이므로
午火 장성살은 가을의 계절에 삼재를 겪으며 기세가 꺾이므로 사회적 활동에 열정을 내기 어렵지만 결실을 생산하는 일에는 동참하게 됩니다. 甲木은 절처봉생하고자 하는 노력을 기울이게 됩니다.

겨울에 태어난 甲午년생이라면 水기가 강한 계절이므로
午火 장성살은 겨울의 냉기와 싸우면서 치열한 경쟁을 하지만
甲木은 안정을 유지하며 움직이지 않고 생기를 기르는 때입니다.

己亥년생이라면

亥卯未 木局의 진취적인 성향을 가지고 사회적 활동을 하게 됩니다. 亥水는 지살로서 사회적 초년생이므로 사회적 활동을 진취적으로 시작하게 됩니다.
새로운 호기심과 꿈과 희망을 실천하고자 새로운 영역으로 힘차게 나아가고자 합니다.
己土는 亥水를 이끄는 견인 역할을 하면서 亥중 壬水로 甲木을 키워야하는 임무를 가지고 있습니다.

봄에 태어난 己亥년생이라면 木기가 강한 계절이므로
亥水 지살은 사회적 참여를 시작하는 시기이지만 강한 木기의 환경을 맞이하면서 어리둥절할 수 있습니다. 자칫 경거망동하면서 어려움을 당할 수 있으며 지체되거나 정체되는 현상이 발생할 수 있으므로
己土는 봄에 亥水위에서 겸손한 자세로 때를 기다려야 합니다.

여름에 태어난 己亥년생이라면 火기가 강한 계절이므로
亥水 지살은 여름에 삼재를 겪으며 진취성을 발휘하기 어려우므로 자신의 지위를 유지하기 어렵습니다.
己土는 여름에 亥水위에서 능력을 발휘하기 어려우므로 조용히 에너지를 보충하며 때를 기다려야 합니다.

가을에 태어난 己亥년생이라면 金기가 강한 계절이므로
亥水 지살은 가을에는 진취적으로 활동하기 어려우므로 역시 자신의 지위를 유지하기 어렵습니다.
己土는 가을이지만 亥水위에서는 오직 木만을 기르고자 합니다.

겨울에 태어난 己亥년생이라면 水기가 강한 계절이므로
亥水 지살은 진취성을 키우며 봄에는 세력을 확대하고자 합니다.
己土는 안정을 유지하며 에너지를 보충하고 甲木을 세상에 내놓고자 준비를 하게 됩니다.

庚子년생이라면

申子辰 水국의 안정적인 성향을 가지고 사회적 활동을 하게 됩니다. 子水는 水국의 장성살로서 자신의 자리를 안정적으로 굳세게 지키는 모습으로 함부로 나서려고 하지 않는 특징이 있습니다.

庚金은 子水가 비록 사지이지만 申子辰 水국을 도와 안정된 삶을 살고자 합니다.

봄에 태어난 庚子년생이라면 木기가 강한 계절이므로
子水는 장성살로서 木이 강한 봄의 계절에는 삼재를 겪으면서도 만물의 생명수가 되어 에너지를 주도적으로 공급하는 권한을 행사하며
庚金에게 子水는 사지이며 봄의 계절에는 휴수가 되므로 기세를 발휘하지 못하지만 子水의 수원역할을 마다하지 않아야 지위를 유지할 수 있습니다.

여름에 태어난 庚子년생이라면 火기가 강한 계절이므로
子水 장성살은 여름의 계절에는 강한 열기와 싸워야 하는 임무로 인하여 치열한 경쟁을 하여야 하지만
庚金은 길러지는 시기이므로 섣불리 나서기보다는 관망하는 자세가 필요합니다.

가을에 태어난 庚子년생이라면 金기가 강한 계절이므로
子水 장성살은 도움을 받는 계절이므로 실력을 기르는 기회로 삼아야 발전할 수 있습니다.
庚金은 子水가 비록 사지이지만 金기가 강한 계절이므로 子水를 도와 능력을 키우면서 결실을 준비하여야 합니다.

겨울에 태어난 庚子년생이라면 水기가 강한 계절이므로
子水 장성살의 위세가 높아지므로 능력을 최대한 발휘할 수 있으며
庚金은 안정을 유지하고 휴식을 취하며 절처봉생하고자 노력하여야 합니다.

辛丑년생이라면

巳酉丑 金국의 혁신적인 성향을 가지고 사회적 활동을 하게 됩니다. 丑土는 화개살로서 혁신을 마무리하는 모습으로 피드백을 하면서

새로운 영역으로의 출발을 위하여 에너지를 비축하고 저장하며 조용히 준비하는 모습입니다.

辛金은 丑土에서 혹한 훈련을 받으며 씨앗으로 발아할 준비를 마치게 됩니다.

봄에 태어난 辛丑년생이라면 木기가 강한 계절이므로

丑土 화개살은 적지에서 金기를 보호하는데 최선을 다하여야 하므로 자신의 입지를 감추고 상대의 눈치를 보아야 하는 어려움이 있습니다.

辛金에게 丑土는 묘지이므로 안정을 취하면서 일을 도모하여야 하지만 봄에는 문을 열고 나아가야 하므로 조심스레 행동하여야 합니다.

여름에 태어난 辛丑년생이라면 火기가 강한 계절이므로

丑土 화개살은 여름에 金기가 새로이 길러지는 시기이므로 혁신성을 발휘하기 어려우므로 때를 기다리며 실력을 길러야 할 것입니다.

辛金은 여름에 丑土위에서 능력을 발휘하기 어려우므로 조용히 에너지를 보충하면서 열기를 감당하여야 할 것입니다.

가을에 태어난 辛丑년생이라면 金기가 강한 계절이므로

丑土 화개살은 金기의 혁신이 가장 왕성한 때이므로 실력을 기르면서 혁신을 도와야 할 것입니다.

辛金은 가을이지만 丑土위에서는 수확을 하여 저장할 생각만 하므로 절약과 저축을 강조하면서 실천하고자 합니다.

겨울에 태어난 辛丑년생이라면 水기가 강한 계절이므로

丑土 화개살은 삼재의 어려움을 극복하면서 자신을 단련시켜야 하는 어려움이 있지만 새로운 희망을 위한 것이므로 감내하여야 합니다.

辛金은 안정을 유지하며 에너지를 보충하고 있어야 합니다.

(5) 일지의 기본적인 성품

일지는 사주팔자의 기본적인 성품을 나타냅니다.

일지의 삼합 물상은 기본적인 성품을 가지고 있습니다.
일지는 사주팔자의 기본적인 성품으로서 개인적인 성품이기도 합니다.
평소의 생활태도이기도 하며 습관이 형성되어 직업이나 대인관계에서
나타나는 성품으로서 태어난 시간에 따라 양상이 달라지기도 합니다.

◆ 일지 삼합 물상의 개인적 성품

삼합	寅午戌	申子辰	亥卯未	巳酉丑
성품	화려	검소	전진	성실

일지의 삼합 물상은 개인적인 성품을 기본적으로 가지고 있습니다.
그러나 시지에 의하여 기본적인 개인적 성품이 영향을 받게 됩니다.

寅午戌은 火의 집합이므로 火기의 특성인 화려함을 기본성품으로 가지고 매사에
소비를 추구하는 경향이 있습니다.

申子辰은 水의 집합이므로 水기의 특성인 검소함을 기본성품으로 가지고 매사에
절약을 추구하는 경향이 있습니다.

亥卯未는 木의 집합이므로 木기의 특성인 진정성을 기본성품으로 가지고 매사에
성장하기 위하여 전진하는 경향이 있습니다.

巳酉丑은 金의 집합이므로 金기의 특성인 성실함을 기본성품으로 가지고 매사에
실리를 추구하는 경향이 있습니다.

일지가 **寅午戌 火국의 화려한 기본성품**을 가지고 있는데
木기가 강한 아침에 태어났다면
하루 일과를 시작하면서 화려한 꿈과 희망을 가지고 출발하지만
화려한 치장을 하느라 제대로 출발을 하지 못하기도 합니다.

火기가 강한 낮에 태어났다면
화려한 치장으로 예의를 차리고 인기를 얻고자 하지만
과도한 치장으로 인하여 오히려 추한 모습을 나타내기도 합니다.

金기가 강한 저녁에 태어났다면
화려하고 편안한 휴식을 취하며 하루의 피로를 씻어내지만
과도한 소비로 인하여 낭비가 된다면 주머니는 점점 비워지게 됩니다.

水기가 강한 밤에 태어났다면
어두운 곳을 밝게 비추어주는 마음을 내기도 하지만
쾌락과 향락에 젖어 들기도 합니다.

일지가 **申子辰 水국의 검소한 기본성품**을 가지고 있는데
木기가 강한 아침에 태어났다면
하루 일과를 시작하면서 절약하며 검소한 삶을 살고자 하지만
절약하느라 편안한 출발을 제대로 하지 못 할 수도 있습니다.

火기가 강한 낮에 태어났다면
열심히 일을 하여 돈을 벌려고 노력하면서 즐거움을 갖지만
삶의 여유를 찾지 못하므로 항상 바쁜 모습을 보이게 됩니다.

金기가 강한 저녁에 태어났다면
돈을 벌기 위하여 늦게까지 일하는 즐거움을 갖지만
휴식을 취하지 못하고 일을 하므로 항상 피곤함을 느낍니다.

水기가 강한 밤에 태어났다면
검소한 생활이 습관이 되어 환경이 불편하여도 절약을 합니다.

일지가 亥卯未 木국의 전진하는 기본성품을 가지고 있는데

木기가 강한 아침에 태어났다면
하루 일과를 시작하면서 성장하기 위하여 출발하지만 앞만 보고 전진하므로 인하여 주위를 살피지 못하여 곤란을 겪을 수도 있습니다.

火기가 강한 낮에 태어났다면
한 가지 목표를 가지고 전진하면서 발전하는 모습을 보이지만
우왕좌왕하면서 자신의 정체성을 드러내지 못하기도 합니다.

金기가 강한 저녁에 태어났다면
한 가지 목표를 가지고 있다면 결실을 수확하면서 성취감을 갖지만
결실에만 눈이 어두워진다면 제대로 수확하지 못하기도 합니다.

水기가 강한 밤에 태어났다면
에너지를 보충하느라 아무 일도 못하고 주위의 도움만 바라게 됩니다.

일지가 巳酉丑 金국의 성실한 기본성품을 가지고 있는데

木기가 강한 아침에 태어났다면
하루 일과를 시작하면서 풍족하고 성실한 삶을 살고자 하지만
욕심이 지나치면 오히려 조급해지고 불성실하기 쉽습니다.

火기가 강한 낮에 태어났다면
돈을 벌려고 성실하게 노력하면서도
과도한 욕심으로 인하여 불성실하고 거만한 태도를 보이게 됩니다.

金기가 강한 저녁에 태어났다면
혼자서 수입과 지출을 계산하면서 하루의 결산을 즐기고
식탐을 즐기며 비만으로 이어지기 쉽습니다.

水기가 강한 밤에 태어났다면
벌어들인 돈을 감추고 안정적으로 지내고자 하지만
모아둔 돈을 쓰지도 못하는 경우가 많습니다.

천간과 지지의 5차원 결합물상

천간은 생사로써 성장하고 소멸하는 과정을 겪으며 운행을 합니다.

1 木의 5차원 물상

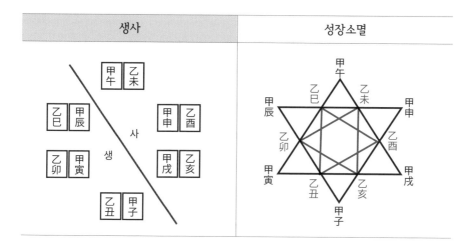

생사	성장소멸

◆ 甲乙木의 생사

생목生木 - 활성화			사목死木 - 비활성화		
甲子 乙丑	甲寅 乙卯	甲辰 乙巳	甲午 乙未	甲申 乙酉	甲戌 乙亥

甲乙木은 생사를 겪으며 활성화와 비활성화의 과정을 갖게 됩니다.

◆ 甲乙木의 성장소멸

성장	甲申 甲子 甲辰	소멸	甲寅 甲午 甲戌
	乙亥 乙卯 乙未		乙巳 乙酉 乙丑

甲木이 申子辰에서 생성하고 寅午戌에서 소멸하는 과정을 겪으며

乙木이 亥卯未에서 성장하고 巳酉丑에서 쇠퇴하는 과정을 겪습니다.

(1) 甲乙木의 생사

생목生木 - 활성화			사목死木 - 비활성화		
甲子 乙丑	甲寅 乙卯	甲辰 乙巳	甲午 乙未	甲申 乙酉	甲戌 乙亥

子丑寅卯辰巳에서는 甲乙木이 활성화되면서 성장하는 생목이며
午未申酉戌亥에서는 甲乙木이 비활성화되면서 휴식하는 사목입니다.
성장과 휴식은 만물이 생존하기 위하여 필요한 과정입니다.
생목生木은 살아있는 나무이고 사목死木은 죽어있는 나무입니다.

생목이 살아가기 위하여서는 水火의 공급이 적절하여야 하며
사목이 휴식하기 위하여서도 水火의 공급이 적절하여야 합니다.

활성화된 지지에서의 水火의 공급은 생목의 성장에 필수입니다.
성장하기 위하여서는 물과 햇빛이 필요합니다.
적당한 물과 햇빛은 성장을 촉구하며 번성하게 합니다.

비활성화된 지지에서도 水火의 공급은 사목의 휴식에도 필수입니다.
휴식을 취하면서 새로운 생기를 만드는데 필요하기 때문입니다.
또한 결실을 만들기 위하여서는 水火가 적절하여야 합니다.

활성화된 지지에서 木기가 성장하기 위하여서는 金기가 필요합니다.
金기가 유지되어야 木기가 성장할 수 있는 것입니다.
또한 土기가 있어야 활성화할 수 있습니다.

비활성화된 지지에서 木기를 유지하여야 金기가 성장할 수 있습니다.
木기가 부실하면 金기가 성장하기 어렵습니다.
비활성화된 상태에서도 土기의 역할이 있어야 합니다.

木기와 金기의 기세가 균형이 되고
水기와 火기가 균형이 되어있다면
사주가 맑다고 하며 성장하고 발전하며 만족한 삶을 사는 것입니다.

甲子 乙丑은 木을 기르는 역할을 합니다.

甲子는 木의 생기를 기르는 모습이고
乙丑은 木의 형질을 만드는 모습입니다.

아직 어리므로 木의 외형이 갖추어지지 않을 때입니다.
甲木의 생기는 자라나는 시기이므로 미약하지만 활성화되어 있으므로 乙木의 형질을 함께 만들어가며 성장할 수 있습니다.

子丑의 지지에서 생기와 형질을 기르는 모습이므로
부모의 품에서 성장하며 공부를 하고 자신의 적성과 능력을 계발하여 사회에 나아가기 위한 준비를 하는 시기입니다.

사주팔자에 甲子와 乙丑을 가지고 있다면 에너지를 비축하기 위하여 끊임없는 공부를 하며 절약과 저축을 생활습관으로 가지고 있습니다.
에너지는 학문과 지식 그리고 재능과 기술이며 재물이기도 합니다.

乙丑이 에너지를 모으는 것은 애벌레가 한발 전진하기 위하여 잔뜩 웅크리는 모습과도 같습니다. 또한 자동차가 출발하기 위하여 연료를 보충하는 것과도 같은 것으로 乙丑을 갖고 있는 사주팔자가 절약 저축을 근본으로 삼는 이유입니다.

木을 기르는 역할을 하므로 아이를 기르거나 학생을 가르치는 교사나 강사의 역할이 적성이 될 수 있으며 인성을 바로 잡기 위하여 심리 상담이나 인성지도를 할 수 있습니다.

사주팔자에 水기가 많다면 모으기만 하고 쓰지 못하므로 흐르지 못하여 결국 썩어 쓸모가 없는 경우가 많게 됩니다.
이러한 경우에는 대운에서 木火운으로 흐른다면 유통이 잘되므로 성장운세로서 하는 일이 순조롭게 발전하고 성공할 수 있습니다.

甲寅 乙卯는 木의 기세가 가장 강합니다.

甲寅은 왕성한 생기를 펼치면서 에너지를 소비하는 모습이고
乙卯는 왕성한 생기를 받아 형질을 완성하는 모습입니다.

木의 외형이 갖추어지는 시기입니다.
甲木의 생기가 왕성한 시기이므로 가장 활성화된 상태로서
乙木의 형질을 성장시키며 완성하고자 노력하게 됩니다.

寅卯의 지지에서 왕성한 에너지를 가지고 있으므로 스스로 독립하고자 합니다.
부모의 품에서 벗어나 그동안 익힌 지식과 재능을 펼쳐가며 사회에서 자신의 역할
에 충실하며 독립적인 활동을 하게 됩니다.

사주팔자에 甲寅과 乙卯를 가지고 있다면 木의 에너지가 왕성하므로
사회적으로 활동하기 위하여 에너지를 많이 소비하게 됩니다.
왕성한 기운을 가지고 있으므로 운동을 좋아하며 운동선수로서 성공하기도 하고
독립적인 활동을 좋아하므로 사업가 또는 자영업자로서 성공하기도 합니다.

적천수에서 수탕기호水宕騎虎라고 하여 甲木은 水기가 아무리 많아도 寅木위에
서는 능히 견딜 수 있다고 합니다. 寅木의 왕성한 생기는 에너지를 많이 소비하므
로 水기를 많이 필요로 하기 때문입니다.

火기는 강한 木기를 설기하여 유통시켜야 하므로 필요합니다.
목화통명木火通明은 강한 木기를 火기로 유통시키는 것으로 총명하여 학문이 발
달한다고 합니다. 火기가 적당히 강하여야 쓸모가 있는 것이며 火기가 약하다면
오히려 총명기가 사라지는 것입니다.

또한 춘불용금春不用金이라고 하여 봄에는 金기가 필요 없다고 하였는데 甲寅은
생기이므로 庚金의 살기가 위협이 되지만 乙木은 적절한 金기가 있어야 웃자람을
방지하여 결실을 키울 수 있습니다.

甲辰 乙巳는 木의 기세가 쇠퇴하기 시작합니다.

甲辰에서 木의 생기가 점점 쇠퇴하여지므로
乙巳에서 木의 형질은 더 이상 성장하기 어렵게 됩니다.

木기는 子丑에서 자라고 寅卯에서 왕성한 활동을 하며
辰巳에서 서서히 쇠퇴하는 것입니다.

甲乙木은 성장을 멈추고 丙丁火를 번성시키고 庚辛金을 키우기 위하여 필요합니다.
甲木의 생기는 乙木의 형질을 성장시키기 위하여 모두 소모하였으므로 더 이상 역
할을 하지 못하고 乙木의 형질이 전면에 나서며 木기의 역할을 수행하게 됩니다.

辰巳는 木기를 火기로 전환시키는 역할을 하므로 명예를 추구하는 전문가의 사주
팔자에게서 많이 볼 수 있습니다.
甲木의 생기가 모조리 소모되면서 丙火의 생기를 활성화시키고
乙木의 형질이 단단해지면서 丁火의 형질을 완성시키는 역할을 합니다. 그래야
金기의 결실을 키울 수 있기 때문입니다.

적천수에서 지윤천화地潤天和 식립천고植立千古라고 하였습니다.
지지가 윤택하고 천간과 조화가 되면 천년을 산다고 하는 뜻입니다.
辰土는 지지가 윤택하므로 뿌리를 박고 생명수를 흡수할 수 있으며
巳火는 천간에 丙丁火가 투출하면 조화를 이루는 것이니 천년을 살 수 있다는 것
입니다.

甲辰은 庚金의 숙살지기肅殺之氣도 두려워하지 않는다고 합니다.
이는 생기가 모조리 소모되었으므로 甲木의 생기를 죽이는 庚金의 살기를 두려워
할 필요가 없다는 뜻입니다.
오히려 乙巳를 통하여 巳중 庚金을 키우는 역할을 하게 됩니다.

甲午 乙未는 木의 기세가 소멸하기 시작합니다.

甲木의 생기는 완전히 소멸하여 없어지고
乙木의 형질은 성장을 멈추고 외형만 유지하게 되므로
木기는 비활성화가 되면서 사목으로 존재하게 됩니다.

木기가 사목死木으로 존재하는 이유는 결실을 키우기 위함입니다.
庚辛金의 결실은 巳午未에서 甲乙木에 의하여 길러지기 때문입니다.
甲木이 동량지목棟梁之木으로서 대들보의 역할을 할 수 있는 것은
庚金을 기르기 때문입니다.

甲木에게 의지하여 자란 乙木은 甲木의 생기를 모조리 흡수하여 형질을 완성시키고는 甲木의 빈껍데기에 의지하여 삶을 살아가게 됩니다.
이를 적천수에서는 등라계갑藤蘿繫甲이라고 하여 넝쿨이 나무를 휘감고 의지하여 살아가는 형상이라고 합니다.

午중 己土와 未중 己土의 역할로서 금화교역金火交易을 통하여
火기를 金기로 전환시키므로 조립이나 완성을 위한 업무에 적성이 있다고 할 수 있으며 조직의 성과를 달성하는 경영관리에도 적성이 있다고 할 수 있습니다.

午未에서는 열기가 치열하므로 결실을 숙성시키기 위하여 水기가 반드시 필요하게 됩니다.
水기가 없다면 甲乙木은 타버리기 때문이며 庚金의 결실을 키우기 어렵기 때문입니다.

사주팔자에 甲午가 있다면 水기가 반드시 있어야 하는 이유이며
乙未가 있다면 甲木이 없이는 활동하기가 어려우므로 천간에 없다면 지지에라도 있어야 능력을 발휘할 수 있는 것이며
水기가 부족하면 庚金을 키우는 역할을 수행하기 어려운 것입니다.

甲申 乙酉는 木의 기세가 소멸된 것입니다.

甲木의 생기는 절처봉생을 준비하고
乙木의 형질은 외형만 유지한 채 결실을 수확하므로
木기는 사목으로 존재하며 비활성화 된 상태입니다.

申酉는 가을의 숙살지기肅殺之氣를 행하므로 木의 생기가 활성화될 수 없는 곳
입니다. 결실을 키우기 위한 숙살지기이므로 木기는 감내하면서 결실을 키우는데
동참할 뿐입니다.

甲乙木은 뜨거운 여름을 지내며 자신의 생기를 죽여가면서 결실을 키우느라 모든
노력을 기울이게 됩니다. 자신의 성장보다는 타인의 성장을 위한 돌봄이나 봉사를
즐겨하면서 삶의 보람을 느끼는 일을 하게 됩니다.

申金중의 壬水는 甲木의 생기를 새로이 만드는 역할을 하므로 甲木이 申金에서
절처봉생絶處逢生한다고 합니다. 절처봉생이란 생기가 끊어진 곳에서 새로이 생
기를 만든다는 뜻입니다.

乙木은 기존의 형질을 유지한 채 庚辛金의 결실을 매달고 숙성시키고 수확할 수
있도록 자신의 일을 묵묵히 수행하는 것입니다.

결실을 숙성시키기 위하여서는 적절한 水火기가 있어야 합니다.
가을은 청량한 계절이므로 水火기가 적절히 조절되는 계절이지만
사주팔자에 水火기가 태과불급 되어있다면 결실을 숙성시키기 어려우므로 甲乙
木의 노력이 허무하게 끝날 우려가 있습니다.

적천수에서 추불용토秋不容土라고 하여 土를 용납하지 않는다고 하였습니다.
金기가 강한데 土마저 있다면 甲乙木이 견디기 어렵다고 한 것이지만 이때에는
金기에 종하면서 오히려 발전하기도 합니다.

甲戌 乙亥는 木의 기세가 새로이 생성되는 것입니다.

甲木의 생기는 壬水의 품에서 자라고 있으며
乙木의 형질은 낙엽이 되어 소멸되는 때이므로
木기는 사목으로 존재하며 비활성화 된 상태입니다.

戌亥는 만물이 동면을 하여야 하는 시기입니다.
甲木의 생기는 엄마의 자궁에서 자라나는 태아와 같습니다.
乙木은 자신의 할 일을 다하고 단풍이 들고 낙엽을 떨어뜨리며 사람들의 가슴에
아쉬움과 쓸쓸함을 남겨주고 있습니다.

甲戌은 태아로서 역할을 하여야 하므로 새로운 생명을 만들어내는 일을 하면서
창조의 짜릿함을 느끼고 자부심을 가지기도 합니다.
乙亥는 甲木의 생기가 태어나므로 이제 새로운 형질을 만들기 위한 준비를 하여
야 합니다.

甲木의 생기가 다시 태어나기 위하여서도 水火가 반드시 필요한 것입니다. 壬水
와 丁火가 甲木의 생기를 새로 만드는 역할을 하게 됩니다.
乙木의 형질은 낙엽을 자연에 반납하고 동면에 들어가며 새로운 형질이 만들어
질 때까지 휴식을 취하면서 기다리는 것입니다.

새로운 일을 추진하기 위하여 기획하고 계획하고 설계하는 일이 적성이 될 수 있
으며 작품을 창조하는 예술가로서의 적성도 있습니다.

적천수에서 허습지지虛濕之地 기마역우騎馬亦憂라고 하였습니다.
허습지지란 乙木이 亥水에 있는 것을 말하며 기마역우란 午火를 만나도 낙엽이
되어 생을 마감하여야 하므로 근심 걱정이 있다는 뜻입니다. 乙木은 단지 亥중 甲
木의 생기가 자라서 자신을 다시 만들어 줄 수 있다는 꿈과 희망을 가지고 기다리
는 즐거움도 있습니다.

(2) 甲乙木의 성장과 소멸

성장	甲申 甲子 甲辰	소멸	甲寅 甲午 甲戌
	乙亥 乙卯 乙未		乙巳 乙酉 乙丑

甲木의 생기는 申子辰 운동을 하며 생성하고
甲木의 생기는 寅午戌 운동을 하며 소멸하게 됩니다.

乙木의 형질은 亥卯未운동을 하면서 성장하고
乙木의 형질은 巳酉丑운동을 하면서 쇠퇴합니다.

申子辰 운동은 水기로써 甲木의 생기를 만드는 역할을 합니다.
申金중 壬水가 甲木의 생기를 생산하는 일을 하며
子水중 壬癸水가 甲木을 기르는 역할을 하고
辰土중 癸水는 생명수를 공급하며 甲木의 생기를 유지시킵니다.

寅午戌 운동은 火기로써 甲木의 생기를 소모하는 역할을 합니다.
寅중 丙火가 甲木의 생기를 소모하는 일을 하며
午중 丙丁火가 甲木의 생기를 소멸하는 역할을 하고
戌중 丁火는 열기를 공급하며 甲木의 생기를 보호하게 됩니다.

亥卯未운동은 木기 운동이므로 乙木의 형질을 성장시킵니다.
亥중 甲木이 乙木의 형질을 만들기 시작하며
卯중 甲乙木이 乙木의 형질을 완성시키고
未중 乙木은 완성된 형질로써 결실을 키우게 됩니다.

巳酉丑운동은 金기 운동이므로 乙木의 형질을 쇠퇴하게 합니다.
巳중 庚金이 甲木의 생기를 끊으며 乙木의 성장을 중단시키고
酉중 庚辛金이 결실을 수확하고 乙木의 형질을 쇠퇴시키며
丑중 辛金은 乙木의 형질이 싹트는 것을 돕게 됩니다.

甲申의 간지는

申子辰 水기의 지살로서 새로운 출발을 하며 甲木의 생기를 새로이 만들고자 하는 사명을 가지고 실천하고자 하는 의지가 있습니다.

甲木에게는 절지로서 절처봉생의 자리입니다.

甲子의 간지는

申子辰 水기의 장성살로서 왕성한 기세로서 甲木의 생기를 생산하고자 합니다.

甲木에게는 목욕지로서 부모의 도움으로 자라나는 시기입니다.

甲辰의 간지는

申子辰 水기의 화개살로서 水기를 갈무리하는 시기이며 甲木의 생기가 寅午戌 火기에 의하여 소모되어 고갈되고 있습니다.

甲木에게는 쇠지로서 생기가 떨어지면서 쇠약해지고 있는 때입니다.

甲寅의 간지는

寅午戌 火기의 지살로서 새로운 출발을 하며 甲木의 왕성한 생기를 소모하고자 합니다.

甲木에게는 건록지로서 생기가 왕성한 시기입니다.

甲午의 간지는

寅午戌 火기의 장성살로서 왕성한 火기로 인하여 甲木의 생기가 모조리 소진되어 없는 시기입니다.

甲木에게는 사死지로서 생기가 소진되어 죽었다고 합니다.

甲戌의 간지는

寅午戌 火기의 화개살로서 火기를 갈무리하는 시기이며 甲木의 생기가 申子辰 水기에 의하여 새로이 만들어지고 있습니다.

甲木에게는 양지로서 새로운 생기가 생산되는 시기입니다.

乙巳의 간지는

巳酉丑 金氣의 지살로서 새로운 출발을 하는 기세가 강하므로 乙木의 형질은 金기의 출발을 돕는 역할을 하게 됩니다.

乙木에게는 병지로서 더 이상 성장하지 못하고 형질만을 유지합니다.

乙酉의 간지는

巳酉丑 金氣의 장성살로서 왕성한 기세로 숙성한 결실을 매달고 있으면서 수확하기를 기다리는 형상입니다.

乙木은 형질을 유지하며 태지에서 甲木의 새로운 생기를 기다립니다.

乙丑의 간지는

巳酉丑 金氣의 화개살로서 金의 씨앗을 저장하고 단련시키고 교육을 시키며 세상에 내보낼 준비를 하게 됩니다.

乙木에게는 관대지로서 형질을 만들어가는 시기입니다.

乙亥의 간지는

亥卯未 木氣의 지살로서 새로운 출발을 하며 甲木의 생기로써 새로운 형질을 만들기 시작합니다.

乙木에게는 생지로서 형질이 만들어지기 시작하는 시기입니다.

乙卯의 간지는

亥卯未 木氣의 장성살로서 왕성한 甲木의 생기로 인하여 형질이 완성되는 시기입니다. 乙木에게는 왕지로서 형질이 단단하게 형성되는 시기입니다.

乙未의 간지는

亥卯未 木氣의 화개살로서 木氣를 갈무리하는 시기이며 甲木의 생기는 소멸되고 더 이상 형질은 성장하지 못하는 것입니다.

乙木에게는 묘지로서 甲木의 생기가 없어지므로 형질만 유지하면서 金氣를 기르는 역할을 하게 됩니다.

❷ 火의 5차원 물상

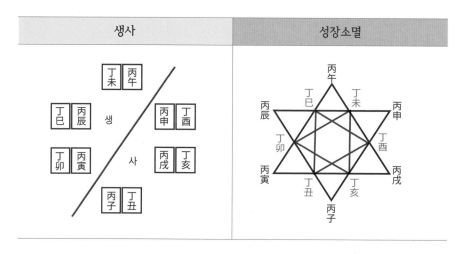

생사	성장소멸

◆ 丙丁火의 생사

생화生火 - 활성화			사화死火 - 비활성화		
丙寅 丁卯	丙辰 丁巳	丙午 丁未	丙申 丁酉	丙戌 丁亥	丙子 丁丑

丙丁火는 생사를 겪으며 활성화와 비활성화의 과정을 갖게 됩니다.

◆ 丙丁火의 성장소멸

성장	丙寅 丙午 丙戌	소멸	丙申 丙子 丙辰
	丁亥 丁卯 丁未		丁巳 丁酉 丁丑

丙火는 寅午戌에서 생성하고 申子辰에서 소멸하는 과정을 겪으며
丁火는 亥卯未에서 성장하고 巳酉丑에서 쇠퇴하는 과정을 겪습니다.

(1) 丙丁火의 생사

생화生火 - 활성화			사화死火 - 비활성화		
丙寅 丁卯	丙辰 丁巳	丙午 丁未	丙申 丁酉	丙戌 丁亥	丙子 丁丑

寅卯辰巳午未에서는 丙丁火가 활성화되면서 성장하는 생화이며
申酉戌亥子丑에서는 丙丁火가 비활성화되면서 휴식하는 사화입니다.
성장과 휴식은 만물을 생존시키기 위하여 필요한 과정입니다.

생화生火는 살아있는 불이고 사화死火은 죽어있는 불입니다.
생화는 만물을 성장시키고 번성시키는 작용을 하게 됩니다.
사화는 비록 꺼진 불이지만 재속에 남아있는 은은한 열기는 오래가면서 만물의 결
실을 숙성시키고 한기로부터 보호하는 작용을 합니다

양기가 성장하고 음기가 쇠퇴하면서 생화가 활성화되고
음기가 성장하고 양기가 쇠퇴하면서 사화가 비활성화되는 것입니다.

활성화된 지지에서의 생화生火의 역할은
木기를 소모시켜 火기를 활성화시키고
활성화된 火기로 金기를 숙성시키는 역할을 하며

비활성화된 지지에서의 사화死火의 역할은
金기를 숙성시켜 水기를 활성화시키고
활성화된 水기로 木기를 기르는 역할을 합니다.

火기를 조절하는 역할은 土기가 합니다.
태과한 火기가 치열하면 만물이 마르거나 타버릴 우려가 있으므로
土기가 水기를 동원하여 火기를 진정시키게 됩니다.
불급한 火기로 인하여 만물이 냉해로 성장하지 못한다면
土기가 水기를 억제하여 火기를 살리어야 만물이 살 수 있습니다.

丙寅 丁卯는 火를 기르는 역할을 합니다.

丙寅은 火의 생기를 기르는 모습이고
丁卯는 火의 열기를 만드는 모습입니다.

아직 어리므로 火의 외형이 갖추어지지 않을 때입니다.
丙寅의 생기는 자라나는 시기이므로 미약하지만 활성화되어 있으므로 丁卯의 열기를 함께 만들어가며 성장할 수 있습니다.

寅卯의 지지에서 생기와 열기를 기르는 모습이므로 부모의 품에서 성장하며 공부를 하고 자신의 적성과 능력을 계발하여 사회에 나아가기 위한 준비를 하는 시기입니다.

사주팔자에 丙寅과 丁卯를 가지고 있다면 에너지를 비축하기 위하여 끊임없는 공부를 하며 꿈과 희망을 가지고 있습니다.
새로운 세계로 나아가기 위하여 꿈과 희망을 품고 가는 것입니다.

丙火를 기르는 역할을 하므로 학생을 가르치는 교사나 강사의 역할이 적성이 될 수 있으며 인성을 바로 잡기 위하여 심리 상담이나 인성지도를 할 수 있습니다.

丁卯는 촛불의 형상이므로 종교와 관련성이 있으며 봉사와 복지 분야에서 두각을 나타낼 수 있습니다. 또한 환자 진료나 상담과 관련된 의료분야에서 활동할 수 있는 적성이 있다고 할 수 있습니다.

사주팔자에 火기가 많다면 명예를 추구하는 정신이 강하지만 인기에만 관심을 두고 결실을 맺지 못하는 경우가 있습니다. 흔히 연예계나 정치계에 입문하여 인기에만 신경을 쓰는 경우로서 알찬 결실을 맺기 어려운 것입니다.
이러한 경우에는 金水운으로 흐른다면 유통의 흐름이 좋으므로 알찬 결실을 맺으면서 명예를 빛낼 수 있는 것입니다.

丙辰 丁巳는 火의 기세를 강하게 펼치는 것입니다.

丙辰은 왕성한 생기를 펼치는 모습이고
丁巳는 왕성한 생기를 받아 열기를 완성하는 모습입니다.

火의 펼쳐지는 모습이 강렬한 시기입니다.
丙火의 생기가 왕성한 시기이므로 가장 활성화된 상태로서
丁火의 열기를 성장시키며 완성하고자 노력하게 됩니다.

辰巳의 지지에서 왕성한 에너지를 가지고 있으므로 스스로 독립하고자 합니다.
부모의 품에서 벗어나 그동안 익힌 지식과 재능을 펼쳐가며 사회에서 자신의 역할
에 충실하며 독립적인 활동을 하게 됩니다.

사주팔자에 丙辰과 丁巳를 가지고 있다면 火의 에너지가 왕성하므로
사회적으로 활동하기 위하여 에너지를 많이 소비하게 됩니다.
왕성한 기운을 가지고 있으므로 운동을 좋아하며 운동선수로서 성공하기도 하고
독립적인 활동을 좋아하므로 사업가 또는 자영업자로서 명예를 추구하며 성공하
기도 합니다.

辰巳는 태양이 중천으로 내달리며 힘차게 올라가는 모습입니다.
만물은 태양 빛을 받으며 기지개를 펴고 생존 활동을 열심히 시작하는 때입니다.
태양이 발하는 빛과 열은 만물을 번성하게 만드는 주요 요소이기 때문입니다.

또한 가지에서 꽃봉오리가 맺히고 꽃이 활짝 피는 시기이기도 합니다.
丙辰은 꽃봉오리로서 새롭게 활짝 피어나는 생기이며
丁巳는 활짝 핀 꽃으로서 농염하므로 꽃구경의 대상이 되기도 합니다.

아름다움을 한껏 발휘하며 대중의 인기를 받으며 명예를 추구하는 모습입니다. 장
정壯丁의 힘센 젊은 남자의 모습은 丁巳에게서 나옵니다.

丙午 丁未는 火의 열기가 매우 강합니다.

丙火의 생기는 음기가 나타나면서 서서히 쇠퇴하여지지만
丁火의 열기는 한층 더하면서 점점 뜨거워지는 특징이 있습니다.

火기는 寅卯에서 자라고 辰巳에서 왕성한 활동을 하며
午未에서 음이 자라므로 기세는 서서히 쇠퇴하지만
열기는 가장 강한 시기로서 만물이 더위에 지치는 때이기도 합니다.

丙丁火는 甲乙木의 에너지로 성장을 하고
戊己土에 의하여 조절되고
庚辛金을 숙성시키면서 에너지를 소모하게 됩니다.

丙火의 생기는 밝음을 유지하며 만물의 생존활동을 돕게 되며
丁火는 열기를 유지하며 만물이 생존할 수 있는 온기를 제공하는 역할을 합니다.

午未는 한낮이며 한여름이므로 태양이 중천에 떠있는 때입니다.
절기는 하지 소서 대서의 시기로서 낮 길이가 가장 긴 때이고
일 년 중 더위가 가장 극성을 부릴 때이므로 복중伏中이라고 합니다.
복중이란 너무 더워 바짝 엎드려 있어야 살 수 있다는 것입니다.

적천수에서 能煅庚金능단연금이라고 하였습니다.
午未에서 庚金을 교육시키며 길러야 하므로 庚金을 단련시키며 숙성시킨다고 하
는 것입니다.
甲乙木은 庚辛金을 소모하며 壬癸水가 교육하며 기르지만
庚辛金은 甲乙木을 소모하며 丙丁火가 교육하며 기르기 때문입니다.

丙丁火의 기세는 戊己土에 의하여 조절됩니다.
강한 기세를 설기하여 음기로 전환하도록 돕는 역할을 하는 것입니다.

丙申 丁酉는 火의 기세가 쇠퇴하기 시작합니다.

丙火의 생기는 서서히 쇠퇴하여 지지만
丁火는 여전히 뜨거운 열기이며 서서히 식어가는 것입니다.
火기는 비활성화가 되면서 사화死火로서 존재하게 됩니다.

비록 생기가 약해지며 죽어가는 사화死火이라고 할지라도 열기는 결실을 숙성시키기 위하여 계속 뜨거움을 유지하여야 합니다.
巳午未에서 길러진 庚辛金의 결실은 열기에 의하여 숙성이 되고 숙성된 결실을 수확하는 것입니다.

甲乙木이 巳午未에서 자신의 성장을 멈추고 庚辛金을 기르고
申酉戌에서 결실이 수확되면 비로소 소멸하듯이
丙丁火는 申酉戌에서 역시 자신의 성장을 멈추고 열기를 소모하면서 庚辛金을 숙성시키고
亥子丑에서 결실이 저장되면 만물의 생존을 위하여 미약한 열기이지만 제공하고자 하는 봉사와 희생정신이 있습니다.

申酉는 가을의 숙살지기를 행하므로 火의 생기가 활성화 될 수 없는 곳입니다.
火기의 생기는 숙살지기를 없앨 수 있기 때문입니다.
그러므로 火기는 감내하면서 결실을 숙성시키는 역할을 할 뿐입니다.
申金중의 壬水는 庚金의 숙살지기를 丙火로부터 보호하는 역할을 합니다.

적천수에 여유적모如有嫡母 가추가동可秋可冬이라고 하였습니다.
적모란 丁火의 친어머니로서 甲木이 있다면 가을과 겨울을 능히 견딜 수 있다는 것이지만
벽갑인정劈甲引丁이라고 하여 丁火의 불길을 살리기 위하여 甲木을 庚金의 도끼로 잘라 장작으로 만드는 희생이 있어야 합니다.

丙戌 丁亥는 火의 열기를 저장하는 것입니다.

丙火의 생기는 완전히 소멸하여 없어지고
丁火의 열기는 戊土의 땅속에 저장이 되어 만물이 따뜻하게 동면할 수 있도록 돕는 역할을 합니다.
火기는 사화死火로 존재하며 비활성화 된 상태입니다.

戌亥는 만물이 동면에 들어가는 때이므로 겨울 준비를 하는 시기입니다. 동물들은 땅속으로 기어들어가고 사람들은 김장을 하며 겨울나기를 준비하는 것입니다.

결실이 수확이 되면 나뭇잎은 단풍이 들고 낙엽이 되어 떨어지고 역시 동면에 들어가는 것입니다.
나뭇잎에 초록색이 없어지고 빨간 단풍이 드는 것은 丙丁火의 열기로 인하여 수분이 말랐기 때문입니다.

戊土는 열기를 보관하는 창고와 같은 것으로
화로에 담겨진 丁火의 열기라고 보면 될 것입니다.
불은 꺼지고 없지만 화로의 열기는 여전히 남아서
추위를 따뜻하게 하므로 만물이 동면을 할 수 있는 것입니다.

戊土에 저장된 丁火의 열기는 亥水의 壬水와 함께 새로운 甲乙木을 만들어 내느라 여념이 없습니다.
새로운 생명을 기르는 일이므로 아기와 관련된 직업에 종사할 수 있으며 제품을 설계하고 창작하는 일에 종사하기도 합니다.

적천수에서 왕이불열旺而不烈 쇠이불궁衰而不窮이라고 하였습니다.
은은한 열기이므로 아무리 왕성하다고 하여도 치열하지 않고 약하여도 역시 궁색하지 않다고 하는 것은 만물을 보호하고 생산하는 일에 관여하기 때문입니다.

丙子 丁丑은 火의 열기를 제공하는 것입니다.

丙火의 생기는 戊土의 품에서 자라고 있으며
丁火의 열기가 남아 은은한 온기를 전합니다.
火기는 아직은 사화死火로 존재하며 비활성화 된 상태입니다.

자축子丑은 만물이 동면을 하는 시기입니다.
丙火의 생기는 엄마의 자궁에서 자라나는 태아와 같습니다.
丁火에게 남아있는 열기는 만물이 따뜻하게 동면을 할 수 있도록 온기를 전합니다.

丙火는 깊은 물속에 잠기어 빛을 낼 수 없지만 겨울 하늘에 빛나는 태양을 바라보
며 동면을 하는 만물에게 희망의 빛이 되어 줍니다.
새로운 빛이 태어나면 만물은 생동감을 갖고 새로운 세상에 거듭 날 수 있기 때문
입니다.

丁火는 丙火의 희망의 빛을 받아
아직 남아있는 온기를 만물에게 전하여 따뜻하게 동면을 할 수 있도록 제공하여
줍니다.
어둡고 추운 곳에 온기를 전하는 정성은 봉사와 희생정신이 없으면 할 수 없는 것
입니다.

사주팔자에 丙子 丁丑이 있다면 어둡고 추운 곳에서 고생하는 사람들에게 희망과
따뜻한 온기를 전하여주는 역할을 하게 됩니다.
사회복지분야에서 일을 하거나 인권이 취약한 곳에서 능력을 발휘하게 됩니다.

적천수에서 토중성자土衆成慈 수창현절水猖顯節이라고 하였습니다. 水기가 날
뛰어도 土기는 丙火를 보호하므로 자애로움이 일어나는 것이며 절개를 지키는 품
위가 있기 때문입니다.

(2) 丙丁火의 성장과 소멸

성장	丙寅 丙午 丙戌	소멸	丙申 丙子 丙辰
	丁亥 丁卯 丁未		丁巳 丁酉 丁丑

丙火의 생기는 寅午戌운동을 하며 생성하고
丙火의 생기는 申子辰 운동을 하며 소멸하게 됩니다.

丁火의 열기는 亥卯未운동을 하면서 성장하고
丁火의 열기는 巳酉丑운동을 하면서 쇠퇴합니다.

寅午戌 운동은 火기로써 丙火의 생기를 만드는 역할을 합니다.
寅木중 丙火는 丙火의 생기가 새롭게 자라는 모습이며
午火중 丙丁火는 丙火가 왕성하게 자라는 모습이고
戌土중 戊土는 丙丁火를 저장하여 열기를 유지시킵니다.

申子辰 운동은 水기로써 丙火의 생기를 소모하는 역할을 합니다.
申중 壬水는 丙火의 생기를 소모하는 일을 하며
子중 壬癸水가 丙火의 생기를 소멸하는 역할을 하고
辰중 戊土는 丙火의 생기를 보호하게 됩니다.

亥卯未운동은 木기 운동이므로 丁火의 열기를 성장시킵니다.
亥중 甲木이 丁火의 열기를 유지하게 만들며
卯중 甲乙木이 丁火의 열기를 왕성하게 하고
未중 乙木이 丁火의 열기를 북돋으며 결실을 숙성시키게 됩니다.

巳酉丑운동은 金기 운동이므로 丁火의 열기를 소모하게 합니다.
巳중 庚金을 키우기 위하여 丁火의 열기가 소모되며
酉중 庚辛金이 결실을 수확하기 위하여 丁火의 열기를 소모하며
丑중 辛金은 丁火의 열기를 소모하며 동면하는 것입니다.

丙寅의 간지는

寅午戌 火기의 지살로서 丙火의 생기가 새로운 출발을 하는 곳이며 밝은 빛을 새로이 만들고자 하는 사명을 가지고 실천하고자 하는 의지가 있습니다.

丙火에게는 생지로서 세상에 빛을 내고자 새로 태어난 자리입니다.

丙午의 간지는

寅午戌 火기의 장성살로서 왕성한 기세를 가진 丙火의 생기로써 丁火의 열기를 완성하고자 합니다.

丙火에게는 왕지로서 가장 왕성한 시기입니다.

丙戌의 간지는

寅午戌 火기의 화개살로서 기세가 쇠약하므로 丙火의 생기를 보존하고자 합니다.

丙火에게는 묘지로서 물속으로 떨어지며 수장되는 시기입니다.

丙申의 간지는

申子辰 水기의 지살로서 새로운 출발을 하며 丙火의 왕성한 생기를 소모하고자 합니다.

丙火에게는 병지로서 생기가 쇠퇴하기 시작하는 시기입니다.

丙子의 간지는

申子辰 水기의 장성살로서 왕성한 水기로 인하여 丙火의 생기가 모조리 소진되어 없는 시기입니다.

丙火에게는 태지로서 생기가 태아로 새로이 만들어진다고 합니다.

丙辰의 간지는

申子辰 水기의 화개살로서 水기를 갈무리하는 시기이며 丙火의 생기가 점차 강렬하게 빛나는 시기입니다.

丙火에게는 관대지로서 새로운 생기의 기세가 왕성해지는 시기입니다.

丁亥의 간지는

亥卯未 木기의 지살로서 새로운 출발을 하며 丁火의 열기를 소모하며 새로운 甲木의 생기를 만들기 시작합니다.

丁火에게는 보존한 열기를 동면하는 만물에게 제공하는 시기입니다.

丁卯의 간지는

亥卯未 木기의 장성살로서 甲木의 생기가 왕성하므로 丁火의 열기는 더 이상 필요가 없으므로 소멸되고 맙니다.

丁火에게는 새로운 열기가 만들어지는 시기입니다.

丁未의 간지는

亥卯未 木기의 화개살로서 木기를 갈무리하는 시기이며 丁火의 열기로써 결실을 숙성시키게 됩니다.

丁火에게는 열기가 극성에 다다르는 시기입니다.

丁巳의 간지는

巳酉丑 金기의 지살로서 새로운 출발을 하는 기세가 강하므로 丁火의 열기는 金기의 출발을 돕는 역할을 하게 됩니다.

丁火에게는 자신의 일을 왕성하게 하는 시기입니다.

丁酉의 간지는

巳酉丑 金기의 장성살로서 왕성한 기세로 숙성한 결실을 매달고 있으면서 수확하기를 기다리는 형상입니다.

丁火는 열기를 유지하며 결실을 숙성시키는 역할을 합니다.

丁丑의 간지는

巳酉丑 金기의 화개살로서 金의 씨앗을 저장하고 단련시키고 교육을 시키며 세상에 내보낼 준비를 하게 됩니다.

丁火에게는 열기로써 만물을 따뜻하게 보온하는 역할을 합니다.

③ 金의 5차원 물상

생사	성장소멸
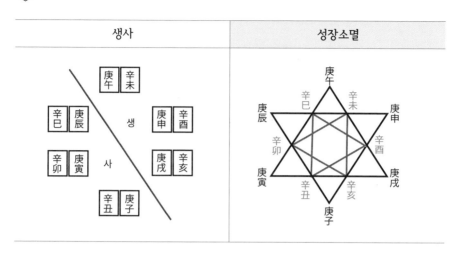	

◆ 庚辛金의 생사

생금生金 - 활성화			사금死金 - 비활성화		
庚午 辛未	庚申 辛酉	庚戌 辛亥	庚子 辛丑	庚寅 辛卯	庚辰 辛巳

庚辛金은 생사를 겪으며 활성화와 비활성화의 과정을 갖게 됩니다.

◆ 庚辛金의 성장소멸

성장	庚寅 庚午 庚戌	소멸	庚申 庚子 庚辰
	辛巳 辛酉 辛丑		辛亥 辛卯 辛未

庚金은 寅午戌에서 생성하고 申子辰에서 소멸하는 과정을 겪으며
辛金은 巳酉丑에서 성장하고 亥卯未에서 쇠퇴하는 과정을 겪습니다.

(1) 庚辛金의 생사

생금生金 - 활성화			사금死金 - 비활성화		
庚午 辛未	庚申 辛酉	庚戌 辛亥	庚子 辛丑	庚寅 辛卯	庚辰 辛巳

午未申酉戌亥에서는 庚辛金이 활성화되면서 성장하는 생금이며
子丑寅卯辰巳에서는 庚辛金이 비활성화되면서 휴식하는 사금입니다.
성장과 휴식은 만물이 생명을 유지하기 위하여 필요한 과정입니다.
생금生金은 만들어지는 결실이고 사금死金은 저장하고 소모되는 결실입니다.

생금이 만들어지기 위하여서는 水火의 공급이 적절하여야 하며
사금을 저장하고 소모되기 위하여서도 水火의 공급이 적절하여야 합니다.

활성화된 지지에서의 水火의 공급은 결실의 성장에 필수입니다.
결실이 성장하기 위하여서는 물과 햇빛이 필요합니다.
적당한 물과 햇빛은 성장을 촉구하며 번성하게 합니다.

비활성화된 지지에서도 水火의 공급은 결실의 저장에도 필수입니다.
휴식을 취하면서 새로운 생기를 만드는데 필요하기 때문입니다.
결실을 저장하기 위하여서는 水火가 적절하여야 합니다.

활성화된 지지에서 金기가 성장하기 위하여서는 木기가 필요합니다.
木기가 유지되어야 金기가 성장할 수 있는 것입니다.
또한 土기가 있어야 활성화할 수 있습니다.

비활성화된 지지에서 金기를 유지하여야 木기가 성장할 수 있습니다.
金기가 부실하면 木기가 성장하기 어렵습니다.
비활성화된 상태에서도 土기의 역할이 있어야 합니다.

木기는 火기의 성장을 위한 동력動力의 에너지가 된다면
金기는 水기의 성장을 위한 수원水源의 에너지가 됩니다.

庚午 辛未는 金을 기르는 역할을 합니다.

庚午는 생기를 기르는 모습이고
辛未는 형질을 만드는 모습입니다.

아직 어리므로 金의 외형이 갖추어지지 않을 때입니다.
庚金의 생기는 자라나는 시기이므로 미약하지만 활성화되어 있으므로 辛金의 형질을 함께 만들어가며 성장할 수 있습니다.

午未의 지지에서 생기와 형질을 기르는 모습이므로
부모의 품에서 성장하며 공부를 하고 자신의 적성과 능력을 계발하여 사회에 나아가기 위한 준비를 하는 시기입니다.

사주팔자에 庚午와 辛未를 가지고 있다면 결실을 완성하기 위하여 고통을 감내하며 에너지를 모아야 합니다.
알찬 결실을 만들기 위하여 에너지를 절약하고 저축하는 것입니다.
에너지는 학문과 지식 그리고 재능과 기술이며 재물이기도 합니다.

庚午가 에너지를 모으는 것은 결실이 나뭇가지에 매달려 성장하는 과정이라고 보면 될 것입니다.
더운 여름에 열기로써 성숙하여야 하므로 에너지를 모아 몸집을 키워야 과실이 성실하게 성장하는 것입니다.

사주팔자에 辛未를 가지고 있다면 열악한 조건에서 씨앗을 영글게 하여야 하므로 고통을 인내로써 견디어야 하는 것입니다.
庚午는 辛未의 고통을 덜어주고자 환경을 개선하고자 하므로 개혁적이고 혁신적인 업무에 능력을 발휘하게 됩니다.

적천수에서 득화이예得火而銳라고 하였습니다.
金기는 火기를 얻어야 날카롭게 단련된다고 하는 것입니다.

庚申 辛酉는 金의 기세가 가장 강합니다.

庚申은 왕성한 생기를 펼치는 모습이고
辛酉는 왕성한 생기를 받아 형질을 완성하는 모습입니다.

金의 외형이 갖추어지는 시기입니다.
庚金의 생기가 왕성한 시기이므로 가장 활성화된 상태로서
辛金의 형질을 성장시키며 완성하고자 노력하게 됩니다.

申酉의 지지에서 왕성한 에너지를 가지고 있으므로 스스로 독립하고자 합니다.
부모의 품에서 벗어나 그동안 익힌 지식과 재능을 펼쳐가며 사회에서 자신의 역할
에 충실하며 독립적인 활동을 하게 됩니다.

사주팔자에 庚申과 辛酉를 가지고 있다면 金의 에너지가 왕성하므로
사회적으로 활동하기 위하여 에너지를 많이 소비하게 됩니다.
왕성한 기운을 가지고 있으므로 운동을 좋아하며 운동선수로서 성공하기도 하고
독립적인 활동을 좋아하므로 사업가 또는 자영업자로서 성공하기도 합니다.

적천수에서 경금대살庚金帶煞 강건위최剛健爲最라고 하여 庚金은 숙살지기를
가지고 있으므로 강한 기세가 최고라고 합니다.

庚金의 왕성한 생기는 에너지를 많이 소비하므로 土기를 많이 필요로 하므로 토
윤즉생土潤則生이라고 하여 윤택한 土기가 에너지를 보충하여 준다고 하는 것입
니다. 火기는 토건취약土乾則脆이라고 하여 土를 건조하게 하므로 庚金이 약하게
물러진다고 합니다.

庚金을 숙성시키기 위하여서는 火기가 필수적으로 필요하지만
火기는 金을 무르게 하는 작용도 하므로 土가 이를 적절히 조절하여 주어야 하는
것입니다.

庚戌 辛亥는 金의 기세가 쇠퇴하기 시작하는 것입니다.

庚戌에서 金의 생기가 점점 쇠퇴하여지므로
辛亥에서 金의 형질은 더 이상 성장할 수 없게 됩니다.

金기는 午未에서 자라고 申酉에서 왕성한 활동을 하며
戌亥에서 서서히 쇠퇴하는 것입니다.

庚辛金은 성장을 멈추고 壬癸水를 번성시키고 甲乙木을 키우기 위하여 필요합니다.
庚金의 생기는 辛金의 형질을 성장시키기 위하여 모두 소모하였으므로 더 이상 역할을 하지 못하고 辛金의 형질이 전면에 나서며 金기의 역할을 수행하게 됩니다.

戌亥는 金기를 水기로 전환시키는 역할을 하므로 안정을 추구하는 경영 전문가의 사주팔자에게서 많이 볼 수 있습니다.
庚金의 생기가 모조리 소모되면서 壬水의 생기를 활성화시키고
辛金의 형질이 단단해지면서 癸水의 형질을 완성시키는 역할을 합니다. 그래야 木기를 키울 수 있기 때문입니다.

적천수에서 외토지첩畏土之疊 요수지영樂水之盈라고 하였습니다.
辛金은 土가 중첩되는 것을 두려워하며 물이 가득함을 즐긴다고 하는 것입니다.
土가 많으면 토다금매土多金埋가 되어 辛金을 흙에 묻어버리므로 두려워하는 것이며 壬癸水의 물은 辛金을 깨끗이 씻어 빛나게 하므로 즐긴다는 것입니다.

또한 열즉희모熱則喜母 한즉희정寒則喜丁이라고 합니다.
뜨거우면 戊土어머니를 반기며 추우면 丁火를 반긴다는 것입니다.
戊土는 辛金의 어머니로서 火기를 막아주므로 좋아하는 것이며
丁火는 열기로써 辛金을 따뜻하게 하므로 좋아하는 것입니다.

庚子 辛丑은 金의 기세가 소멸하기 시작하는 것입니다.

庚金의 생기는 완전히 소멸하여 없어지고
辛金의 형질은 성장을 멈추고 외형만 유지하게 되므로
金기는 비활성화가 되면서 사금死金으로 존재하게 됩니다.

庚金은 생기가 소멸되어 아무 역할도 하지 못하지만
辛金은 새로운 세상으로 나아가기 위하여 단련을 하여야 합니다.
혹독한 추위에서 단련한 씨앗은 면역력이 생기고 새싹으로 재배가 되어도 병충해
에 강하게 됩니다.

丑土는 辛金을 지장간에 보관하며 혹독한 추위에서 고통을 느끼게 합니다.
辛은 매울 신으로 눈물을 줄줄 흘리며 먹는 매우 고추의 맛이라고 합니다.
고통이 심하여 눈물을 흘리는 것입니다.

辛金을 훈련시키는 것은 壬癸水입니다.
壬水의 차가운 한기와 癸水의 응고된 얼음으로 辛金을 담가 차갑게 만드는 것입
니다. 무쇠를 담금질을 통하여 강철로 만드는 것과 마찬가지라고 할 수 있습니다.

적천수에서 능부사직能扶社稷 능구생령能救生靈이라고 하였습니다.
丙火와 합하여 水기를 생산함으로써 甲木의 사직을 구한다고 하는 것입니다.
甲木은 辛金의 재성으로써 사직에 해당하기 때문입니다.
또한 甲木은 백성에 해당하므로 생령한다고 하는 것입니다.
생령이란 백성을 구한다는 말입니다.

결국 辛金은 甲木을 구함으로서 자신이 새로 태어나는 에너지를 확보하는 것이니
甲木의 분출력이 에너지로서 작용하게 되는 것입니다.
甲木이 분출력을 발휘하려면 丙火의 에너지가 필요하므로 丙辛이 합하여 水기를
생산하고 甲木을 돕는다고 하는 것입니다.

庚寅 辛卯는 金의 기세가 소멸된 것입니다.

庚金의 생기는 완전히 소멸하여 없어지고
辛金의 형질은 木기의 성장을 도와야 합니다.
金기는 사금死金으로 존재하며 비활성화 된 상태입니다.

寅卯는 만물이 소생하는 생기를 발산하는 시기이므로 庚金의 숙살지기가 작용하면 안 됩니다. 마침 庚金의 생기는 완전히 소멸된 상태이므로 살기殺氣를 발동할 수 없습니다.

辛金은 형질로서 존재하며 木기의 성장을 도와야 합니다.
甲木의 생기가 매우 강하므로 乙木의 성장이 매우 빠르게 진행되며 웃자랄 우려가 있습니다.

乙木이 웃자라면 꽃을 피우기 어렵고 결실을 맺지 못하므로 새로운 庚金의 생산에 지장을 초래하므로 辛金은 乙木의 가지를 잘라주어야 합니다. 이를 봄의 가지치기라고 합니다.

辛金은 불필요한 것을 자르는 역할을 하므로
사회적으로 불필요한 요소들을 제거하는 능력을 가지고 있습니다.
법을 지키지 않고 교묘하게 이용하며 썩고 부패한 사람들을 응징하고 사회적 격리를 하는 임무를 수행하게 됩니다.

寅木중의 戊土는 庚金의 생기를 새로이 만드는 역할을 하므로 庚金이 寅木에서 절처봉생絶處逢生한다고 합니다. 절처봉생이란 생기가 끊어진 곳에서 새로이 생기를 만든다는 뜻입니다.

辛金은 壬癸水로부터 혹독한 훈련을 받아 맑아지면 丙火의 도움으로 甲木을 분출하고 乙木을 가지치기하며 庚金의 생기가 생산될 수 있는 준비를 마치고 소멸하게 됩니다.

庚辰 辛巳는 金의 기세가 새로이 생성되는 것입니다.

庚金의 생기는 戊土의 품에서 자라고 있으며
辛金의 형질은 소멸되고 새로운 辛金이 만들어지는 때입니다.
金기는 아직은 사금死金으로 존재하며 비활성화 된 상태입니다.

辰巳는 만물이 꽃을 피우며 수정을 하는 시기입니다.
庚金의 생기는 엄마의 자궁에서 자라나는 태아와 같습니다.
辛金은 자신의 할 일을 다하고 庚金이 자라나서 자신을 다시 만들기를 기다리며
꽃구경을 다니게 됩니다.

庚辰은 태아로서 역할을 하여야 하므로 새로운 생명을 만들어내는 일을 하면서
창조의 짜릿함을 느끼고 자부심을 가지기도 합니다.
辛巳는 庚金의 생기가 태어나므로 이제 새로운 형질을 만들기 위한 준비를 하여
야 합니다.

庚金의 생기가 다시 태어나기 위하여서도 水火가 반드시 필요한 것입니다. 丙火
와 癸水가 庚金의 생기를 새로 만드는 역할을 하게 됩니다.
辛巳의 형질은 새로운 형질이 만들어지는 것을 기다리는 것입니다.

새로운 일을 추진하기 위하여 기술을 익히고 능력을 기르는 시기입니다. 기능인으
로서 또는 전문가로서의 발전이 기대되며 능력에 따라 달인이 되기도 합니다.

적천수에서 신금 연약辛金軟弱 온유지청溫潤而淸이라고 하였습니다.
辛金은 음금陰金이므로 부드럽고 연약하다고 하며 따뜻하고 윤습하므로 맑다고
하는 것입니다.
水火의 적절한 작용은 辛金을 따뜻하고 윤습하게 만들어주는 것입니다. 水火의
태과불급은 辛金을 맑게 하여주지 못하고 결국 탁하게 만들게 됩니다.

(2) 庚辛金의 성장과 소멸

성장	庚寅 庚午 庚戌	소멸	庚申 庚子 庚辰
	辛巳 辛酉 辛丑		辛亥 辛卯 辛未

庚金의 생기는 寅午戌 운동을 하며 생성하고
庚金의 생기는 申子辰 운동을 하며 소멸하게 됩니다.

辛金의 형질은 巳酉丑운동을 하면서 성장하고
辛金의 형질은 亥卯未운동을 하면서 쇠퇴합니다.

寅午戌 운동은 火기로써 庚金의 생기를 만드는 역할을 합니다.
寅木중 丙火가 庚金의 생기를 생산하는 일을 하며
午火중 丙丁火가 庚金을 기르는 역할을 하고
戌土중 丁火는 열기를 공급하며 庚金의 생기를 보호합니다.

申子辰 운동은 水기로써 庚金의 생기를 소모하는 역할을 합니다.
申金중 壬水가 庚金의 생기를 소모하는 일을 하며
子水중 壬癸水가 庚金의 생기를 소멸하는 역할을 하고
辰土중 癸水는 한기를 공급하며 庚金의 생기를 보호합니다.

巳酉丑운동은 金기 운동이므로 辛金의 형질을 성장시킵니다.
巳火중 庚金이 辛金의 형질을 만들기 시작하며
酉金중 庚金이 辛金의 형질을 완성시키고
丑土중 辛金은 완성된 형질로써 새로운 싹을 키우게 됩니다.

亥卯未운동은 木기 운동이므로 辛金의 형질을 쇠퇴하게 합니다.
亥水중 甲木이 庚金의 생기를 끊으며 辛金의 성장을 중단시키고
卯木중 甲乙木이 새로운 싹을 내면서 辛金의 형질을 쇠퇴시키며
未土중 乙木은 辛金의 형질이 성장하는 것을 돕게 됩니다.

庚寅의 간지는

寅午戌 火기의 지살로서 새로운 출발을 하며 庚金의 생기를 새로이 만들고자 하는 사명을 가지고 실천하고자 하는 의지가 있습니다.

庚金에게는 절지로서 절처봉생의 자리입니다.

庚午의 간지는

寅午戌 火기의 장성살로서 왕성한 기세로서 庚金의 생기를 생산하고자 합니다.

庚金에게는 목욕지로서 부모의 도움으로 자라나는 시기입니다.

庚戌의 간지는

寅午戌 火기의 화개살로서 기세가 쇠약하므로 庚金의 생기를 더 이상 생산하지 않으려고 합니다.

庚金에게는 쇠지로서 생기가 떨어지면서 쇠약해지고 있는 때입니다.

庚申의 간지는

申子辰 水기의 지살로서 새로운 출발을 하며 庚金의 왕성한 생기를 소모하고자 합니다.

庚金에게는 건록지로서 생기가 왕성한 시기입니다.

庚子의 간지는

申子辰 水기의 장성살로서 왕성한 水기로 인하여 庚金의 생기가 모조리 소진되어 없는 시기입니다.

庚金에게는 사死지로서 생기가 소진되어 죽었다고 합니다.

庚辰의 간지는

申子辰 水기의 화개살로서 水기를 갈무리하는 시기이며

庚金의 생기가 寅午戌 火기에 의하여 새로이 만들어지고 있습니다.

庚金에게는 양지로서 새로운 생기가 생산되는 시기입니다.

辛巳의 간지는

巳酉丑 金기의 지살로서 새로운 출발을 하며
庚金의 생기로써 새로운 형질을 만들기 시작합니다.
辛金에게는 생지로서 형질이 만들어지기 시작하는 시기입니다.

辛酉의 간지는

巳酉丑 金기의 장성살로서 왕성한 庚金의 생기로 인하여
형질이 완성되는 시기입니다.
辛金에게는 왕지로서 형질이 단단하게 형성되는 시기입니다.

辛丑의 간지는

巳酉丑 金기의 화개살로서 金기를 갈무리하는 시기이며
庚金의 생기는 소멸되고 더 이상 형질은 성장하지 못하는 것입니다.
辛金에게는 묘지로서 金기가 나타나지 못하는 시기입니다.

辛亥의 간지는

亥卯未 木기의 지살로서 새로운 출발을 하는 기세가 강하므로
辛金의 형질은 木기의 출발을 돕는 역할을 하게 됩니다.
辛金에게는 병지로서 더 이상 성장하지 못하고 형질만을 유지합니다.

辛卯의 간지는

亥卯未 木기의 장성살로서 왕성한 기세로 전진하므로
辛金의 형질은 빈껍데기만 남은채로 소멸하는 형상입니다.
辛金은 형질이 소모되고 태지에서 庚金의 새로운 생기를 기다립니다.

辛未의 간지는

亥卯未 木기의 화개살로서 木의 씨앗을 저장하고 단련시키고
교육을 시키며 세상에 내보낼 준비를 하게 됩니다.
辛金에게는 관대지로서 형질을 만들어가는 시기입니다.

❹ 水의 5차원 물상

생사	성장소멸
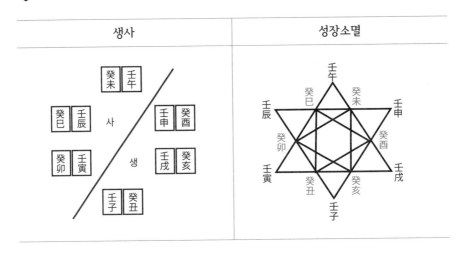	

◆ **壬癸水의 생사**

생수生水 - 활성화			사수死水 - 비활성화		
壬申 癸酉	壬戌 癸亥	壬子 癸丑	壬寅 癸卯	壬辰 癸巳	壬午 癸未

壬癸水는 생사를 겪으며 활성화와 비활성화의 과정을 갖게 됩니다.

◆ **壬癸水의 성장소멸**

성장	壬申 壬子 壬辰	소멸	壬寅 壬午 壬戌
	癸巳 癸酉 癸丑		癸亥 癸卯 癸未

壬水는 申子辰에서 생성하고 寅午戌에서 소멸하는 과정을 겪으며
癸水는 巳酉丑에서 성장하고 亥卯未에서 쇠퇴하는 과정을 겪습니다.

(1) 壬癸水의 생사

생수生水 - 활성화			사수死水 - 비활성화		
壬申 癸酉	壬戌 癸亥	壬子 癸丑	壬寅 癸卯	壬辰 癸巳	壬午 癸未

申酉戌亥子丑에서는 壬癸水가 활성화되면서 성장하는 생수이며
寅卯辰巳午未에서는 壬癸水가 비활성화되면서 휴식하는 사수입니다.
성장과 휴식은 만물을 생존시키기 위하여 필요한 과정입니다.

생수生水는 살아있는 물이고 사수死水은 죽어있는 물입니다.
생수는 만물을 성장시키고 번성시키는 작용을 하게 됩니다.
사수는 비록 죽은 물이지만 만물을 자윤하는 생명수로서 작용을 하며 만물을 성장
시키고 발전시키는 에너지로서의 역할을 담당합니다.

음기가 성장하고 양기가 쇠퇴하면서 생수가 활성화되고
양기가 성장하고 음기가 쇠퇴하면서 사수가 비활성화되는 것입니다.

활성화된 지지에서의 생수生水의 역할은
金기를 소모시켜 水기를 활성화시키고
활성화된 水기로 木기를 기르는 역할을 하며

비활성화된 지지에서의 사수死水의 역할은
木기를 숙성시켜 火기를 활성화시키고
활성화된 火기로 金기를 기르는 역할을 합니다.

水기를 조절하는 역할은 土기가 합니다.
태과한 水기가 범람하면 만물이 물에 잠기거나 썩을 우려가 있으므로
土기가 火기를 동원하여 水기를 진정시키게 됩니다.
불급한 水기로 인하여 만물이 열기로 인하여 성장하지 못한다면
土기가 火기를 억제하고 金기를 동원하여 水기를 공급하여야 만물이 살 수 있습
니다.

壬申 癸酉는 水를 기르는 역할을 합니다.

壬申은 水의 생기를 기르는 모습이고
癸酉는 水의 형질을 만드는 모습입니다.

아직 어리므로 水의 외형이 갖추어지지 않을 때입니다.
壬申의 생기는 자라나는 시기이므로 미약하지만 활성화되어 있으므로 癸酉의 형
질을 함께 만들어가며 성장할 수 있습니다.

申酉의 지지에서 생기와 형질을 기르고 만드는 모습이므로
부모의 품에서 성장하며 공부를 하고 자신의 적성과 능력을 계발하여 사회에 나아
가기 위한 준비를 하는 시기입니다.

사주팔자에 壬申과 癸酉를 가지고 있다면 결실을 저장하고 유통시키고자 하는 꿈
과 희망을 가지고 있습니다.
새로운 세계로 나아가기 위하여 꿈과 희망을 품고 가는 것입니다.

壬水를 기르는 역할을 하므로 결실을 수확하고 유통시키는 역할이 적성이 될 수
있으며 지식을 전달하고 가르치는 역할로서 교사나 교수의 적성을 가지기도 하며
예술가로서의 적성도 있다고 할 것입니다.

癸酉는 발효를 시키며 숙성을 시키는 형상이므로 가공기술에 대한 적성이 있다고
할 수 있으며 결실을 수확하여 유통하는 분야에서 능력을 발휘하기도 하고 지식을
연구하여 학문을 발전시키는 학자와 연구자로서의 적성도 뛰어나다고 할 것입니다.

사주팔자에 水기가 많다면 실리를 추구하는 정신이 강하므로 사업가나 전문가에
게 많은 유형입니다.
또한 물이 흐르며 만물의 생명수가 되는 것이니 인권에 대한 사명감을 갖고 정치
인으로 활동하는 경우도 많습니다.

壬戌 癸亥는 水의 기세를 강하게 펼치는 것입니다.

壬戌은 왕성한 생기를 펼치는 모습이고
癸亥는 왕성한 생기를 받아 형질을 완성하는 모습입니다.

水의 펼쳐지는 모습이 강렬한 시기입니다.
壬水의 생기가 왕성한 시기이므로 가장 활성화된 상태로서
癸水의 형질을 성장시키며 완성하고자 노력하게 됩니다.

戌亥의 지지에서 왕성한 에너지를 가지고 있으므로 스스로 독립하고자 합니다.
부모의 품에서 벗어나 그동안 익힌 지식과 재능을 펼쳐가며 사회에서 자신의 역할
에 충실하며 독립적인 활동을 하게 됩니다.

사주팔자에 壬戌과 癸亥를 가지고 있다면 水의 에너지가 왕성하게 축적되는 시기
이므로 사회적으로 왕성한 활동을 하게 됩니다.
왕성한 기운을 가지고 있으므로 운동을 좋아하며 운동선수로서 성공하기도 하고
독립적인 활동을 좋아하므로 사업가 또는 자영업자로서 성공하기도 합니다.

戌亥는 태양이 서산에 지는 모습이며 수평선 아래로 사라지는 모습입니다. 만물은
태양이 지고 어두워지면 휴식을 취하려고 땅속으로 들어가 동면할 준비를 하거나
집으로 들어가 잠을 자려고 합니다. 어두우므로 더 이상 활동하기 어렵기 때문입
니다. 내일을 준비하기 위한 휴식이므로 에너지를 충전하는 시간이기도 합니다.

적천수에서 강중지덕剛中之德 주류불체周流不滯라고 하였습니다.
강하면서도 덕이 있으며 두루 흐르면서 멈추지 않는다는 것입니다.
왕성한 水의 물길이 사방에 흐르며 덕을 베푸는 모습이며 흐름이 멈추지 아니하
므로 왕성한 활동으로 사회적 역할을 수행하는 모습을 볼 수 있습니다.

壬子 癸丑은 水의 한기가 매우 강합니다.

壬水의 생기는 양기가 나타나면서 서서히 쇠퇴하여지지만
癸水의 형질은 한기가 한층 더하면서 얼어붙는 특징이 있습니다.

水기는 申酉에서 자라고 戌亥에서 왕성한 활동을 하며
子丑에서 양이 자라므로 기세는 서서히 쇠퇴하지만
한기는 가장 강한 시기로서 만물이 혹한의 추위에 고통스러워합니다.

壬癸水는 庚辛金의 에너지로 성장을 하고
戊己土에 의하여 조절되고
甲乙木을 키우면서 에너지를 소모하게 됩니다.

壬水의 생기는 어두움을 유지하며 만물의 휴식을 돕게 되며
癸水의 형질은 한기를 유지하며 만물이 생존할 수 있도록 생명수를 만들게 됩니다.

子丑은 한밤중이며 한겨울이므로 태양이 물속에 가라앉은 때입니다.
절기는 동지 소한 대한의 시기로서 밤 길이가 가장 긴 때이고
일 년 중 추위가 가장 극성을 부릴 때입니다.

적천수에서 통근투계通根透癸 충천분지沖天奔地라고 하였습니다.
壬癸水가 함께 통근하고 투출하면 하늘을 뚫고 땅을 내달린다고 하는 것입니다.
그만큼 水기의 위력이 강하다는 것입니다.
홍수나 해일은 모든 것을 휩쓸어버릴 만큼의 위력을 가진 것입니다.
戊土가 강하지 않으면 壬癸水의 위력을 막을 수 없습니다.

壬癸水의 기세는 戊己土에 의하여 조절됩니다.
최선의 방법은 강한 木의 기세로 설기하여야 유통이 되며 발전할 수 있는 것입니다. 강한 기세를 설기하여 양기로 전환하는 것입니다.

壬寅 癸卯는 水의 기세가 쇠퇴하기 시작하는 것입니다.

壬水의 생기는 서서히 쇠퇴하여 지지만
癸水의 형질은 생명수로서의 역할에 충실하게 됩니다.
水기는 비활성화가 되면서 사수死水로서 존재하게 됩니다.

비록 음기가 양기로 인하여 죽어가는 사수死水이라고 할지라도
열기를 견제하기 위하여 필요한 한기를 보유하고 있는 것입니다.
亥子丑에서 길러진 甲乙木의 새싹은 생명수에 의하여 자라고 번성할 수 있는 것입니다.

丙丁火가 申酉戌에서 자신의 성장을 멈추고 庚辛金의 결실의 숙성을 위하여 노력하고 申酉戌에서 결실이 수확되면 비로소 소멸하듯이
壬癸水는 寅卯辰에서 역시 자신의 성장을 멈추고 새로운 싹을 성장시키며 생명수를 소모하면서 甲乙木의 성장을 위하여 노력하고 소멸하는 것입니다.

寅卯는 봄의 생기를 성장시키는 기운이므로 水기의 생명수가 반드시 필요하게 됩니다. 생명수가 부족하면 가뭄이 들어 새싹은 자라지도 못하고 말라 죽게 됩니다.

寅卯는 水기를 설기하는 능력이 뛰어나므로 水기가 아무리 많아도 이를 감당할 능력이 있습니다.
그러므로 사주팔자에 水기가 많은데 寅卯가 있다면 오히려 水기를 설기하면서 성장을 하므로 진취적으로 부를 축적할 수 있는 여건을 만들 수 있는 것입니다.

적천수에 계수지약癸水之弱 달어천진達於天津이라고 하였습니다.
癸水가 아무리 약하여도 동남방의 천진으로 흐르며 생명수의 역할을 다 한다는 것입니다. 동남방은 봄과 여름의 계절이기도 합니다.

壬辰 癸巳는 水의 한기를 저장하는 것입니다.

壬水의 생기는 완전히 소멸하여 없어지고
癸水의 형질은 만물의 생명수로서 성장을 돕게 됩니다.
水기는 사수死水로 존재하며 비활성화 된 상태입니다.

辰巳는 만물이 성장을 하며 번성을 하는 때로서 꽃을 피우고 수정을 하며 결실을
맺고자 하는 시기입니다. 동물들은 새끼를 낳고 새끼를 기르기 위하여 먹이를 찾
아 열심히 활동하는 시기입니다.

나무와 화초들은 너도 나도 아름다운 꽃을 피우며 벌과 나비를 유혹하고 꽃가루를
뿌리며 수정을 하게 됩니다.
수정이 된 꽃은 떨어지고 나무와 화초들은 결실을 키우기 위한 노력을 게을리 하
지 않는 것입니다. 庚辛金의 결실이 巳午未에서 키워지는 이유입니다.

辰土는 한기를 보관하는 창고와 같은 것으로
창고에 담겨진 壬癸水를 한기라고 보면 될 것입니다.
巳午未의 열기가 치열하여 만물이 목말라하면 생명수를 공급하고
더우면 한기를 주어 생명활동을 원활하게 만들어주는 역할을 합니다.

戊土에 저장된 癸水의 한기는 戊土와 합하여 火기를 만들어내며 만물을 발전시키
는 역할을 마다하지 않습니다.
새로운 결실을 창조하는 일이므로 인기를 모으고 화려한 모습으로 자신의 재능을
발휘하는 일에 역량이 있다고 할 것입니다.

적천수에서 득룡이운得龍而運 공화사신功化斯神이라고 하였습니다.
辰土는 용이라고 하여 辰土를 얻었으니 변화하는 신이라고 합니다.
천간이 합을 하여 辰土를 얻으면 화신化神을 얻는다는 뜻입니다.
戊癸가 합하여 火기를 얻으니 이를 화신을 얻었다고 하는 것입니다.

壬午 癸未 는 水의 한기를 제공하는 것입니다.

壬水의 생기는 戊土의 품에서 자라고 있으며
癸水의 형질은 열기가 남아 은은한 온기를 전합니다.
水기는 아직은 사수死水로 존재하며 비활성화 된 상태입니다.

午未는 만물이 번성을 하며 결실을 기르는 시기입니다.
壬水의 생기는 한기로서 열기를 제어할 수 있는 역할을 합니다.
癸水에게 남아있는 생명수는 만물이 번성할 수 있도록 제공하며 열기를 식힐 수
있는 한기를 동시에 제공하기도 합니다.

壬癸水는 丙丁火의 열기에 의하여 한기가 지속될 수 없지만
번성을 하며 결실을 키워야 하는 만물에게는 필요한 존재입니다.
생명수의 역할을 하며 열기를 식혀주기 때문입니다.
이 역시 봉사와 희생정신이 없으면 할 수 없는 것입니다.

사주팔자에 壬午 癸未가 있다면 더운 곳에서 땀 흘리며 일하는 사람들에게 시원
한 냉수 한잔을 건네는 아량과 배품으로 삶의 보람을 전하는 사랑의 전도사 역할
을 마다하지 않습니다.
사회복지분야에서 일을 하거나 인권이 취약한 곳에서 능력을 발휘하게 됩니다.

적천수에서 화즉유정化則有情 종즉상제從則相齊라고 하였습니다.
壬水는 丁火와 합하여 열기를 식혀주니 유정하다고 하는 것이며
水火가 기제를 이루며 조화를 이루며 서로 따른다고 하는 것입니다.

水는 아래로 내려가려는 성질이 있고 火는 위로 올라가려는 성질이 있으므로 수화
기제水火既濟는 水가 위에 있어 아래로 내려오려고 하고 火는 아래에 있어 위로
올라가려고 하니 서로 조화가 이루어진다고 하는 우주변화의 원리인 것입니다.

(2) 壬癸水의 성장과 소멸

성장	壬申 壬子 壬辰	소멸	壬寅 壬午 壬戌
	癸巳 癸酉 癸丑		癸亥 癸卯 癸未

壬水의 생기는 申子辰 운동을 하며 생성하고
壬水의 생기는 寅午戌 운동을 하며 소멸하게 됩니다.

癸水의 형질은 巳酉丑 운동을 하면서 성장하고
癸水의 형질은 亥卯未 운동을 하면서 쇠퇴합니다.

申子辰 운동은 水氣로서 壬水의 생기를 만드는 역할을 합니다.
申金중 壬水는 壬水의 생기가 새롭게 자라는 모습이며
子水중 壬癸水는 壬水가 왕성하게 자라는 모습이고
辰土중 戊土는 壬癸水를 저장하여 한기를 유지시킵니다.

寅午戌 운동은 火氣로써 壬水의 생기를 소모하는 역할을 합니다.
寅木중 丙火는 壬水의 생기를 소모하는 일을 하며
午火중 丙丁火는 壬水의 생기를 소멸하는 역할을 하고
戌土중 戊土는 壬水의 새로운 생기를 보호하게 됩니다.

巳酉丑 운동은 금기 운동이므로 癸水의 형질을 성장시킵니다.
巳火중 庚金은 癸水의 형질을 유지하게 만들며
酉金중 庚辛金이 癸水의 형질을 왕성하게 하고
丑土중 辛金은 癸水의 형질을 북돋으며 생명을 탄생시킵니다.

亥卯未 운동은 木氣 운동이므로 癸水의 형질을 소모하게 합니다.
亥水중 甲木을 키우기 위하여 癸水의 형질이 소모되며
卯木중 甲乙木이 성장하게 위하여 癸水의 형질을 소모하며
未土중 乙木은 癸水의 형질을 소모하며 결실을 키우는 것입니다.

壬申의 간지는

申子辰 水기의 지살로서 새로운 출발을 하며

壬水의 왕성한 생기를 생성하고자 합니다.

壬水에게는 생지로서 생기가 생성되기 시작하는 시기입니다.

壬子의 간지는

申子辰 水기의 장성살로서 왕성한 水기로 인하여

壬水의 생기가 왕성하게 자라는 시기입니다.

壬水에게는 왕지로서 생기가 가장 왕성한 시기입니다.

壬辰의 간지는

申子辰 水기의 화개살로서 水기를 갈무리하는 시기이며

壬水의 생기가 소멸하는 시기입니다.

壬水에게는 묘지로서 생기가 감추어지는 시기입니다.

壬寅의 간지는

寅午戌 火기의 지살로서 만물이 생성하기 위하여 열기가 점차 왕성해지므로

壬水가의 생기는 상대적으로 물러나는 시기입니다.

壬水에게는 병지로서 휴식을 하는 시기입니다.

壬午의 간지는

寅午戌 火기의 장성살로서 열기가 태왕한 시기로서

壬水는 미약하지만 한기로써 열기를 식히고자 하는 정성이 있습니다.

壬水에게는 태지로서 뱃속에서 자라는 시기입니다.

壬戌의 간지는

寅午戌 火기의 화개살로서 火기의 기세가 쇠약하므로

壬水의 생기가 점차 왕성해지는 시기입니다.

壬水에게는 관대지로서 교육받으며 재능과 능력을 기르는 때입니다.

癸巳의 간지는

巳酉丑 金기의 지살로서 새로운 출발을 하는 기세가 강하므로 결실을 맺고 성장하는 역할을 하게 됩니다.

癸水에게는 비록 절지이지만 생명수로서의 역할에 충실합니다.

癸酉의 간지는

巳酉丑 金기의 장성살로서 왕성한 기세로 숙성한 결실을 매달고 있으면서 수확하기를 기다리는 형상입니다.

癸水는 형질을 유지하며 결실의 과즙을 풍부하게 하는 역할을 합니다.

癸丑의 간지는

巳酉丑 金기의 화개살로서 辛金의 씨앗을 저장하고 단련시키고 교육을 시키며 세상에 내보낼 준비를 하게 됩니다.

癸水에게는 한기로써 辛金을 단련시키는 역할을 합니다.

癸亥의 간지는

亥卯未 木기의 지살로서 새로운 출발을 하며 癸水의 한기를 소모하며 새로운 甲木의 생기를 만들기 시작합니다.

癸水에게는 생명수로써 만물의 생성에 도움을 주는 시기입니다.

癸卯의 간지는

亥卯未 木기의 장성살로서 甲木의 생기가 왕성하므로 癸水의 생명수가 많이 필요하게 됩니다.

癸水에게는 생명수를 제공하여 만물의 생성을 돕게 됩니다.

癸未의 간지는

亥卯未 木기의 화개살로서 木기를 갈무리하는 시기이며 癸水로써 열기를 식히고자 합니다.

癸水에게는 만물의 목마름을 해결하고 열기를 식혀주는 역할이 있습니다.

5 土의 5차원 물상

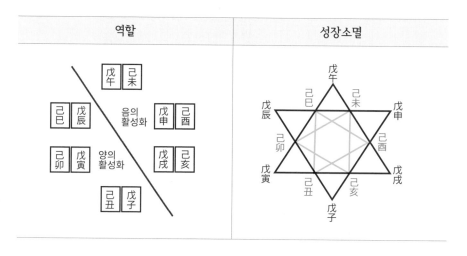

역할	성장소멸

◆ 戊己土의 역할

양의 활성화			음의 활성화		
戊子 己丑	戊寅 己卯	戊辰 己巳	戊午 己未	戊申 己酉	戊戌 己亥

戊己土는 음양의 활성화에 관여하며 조절하는 역할이 있습니다.

◆ 戊己土의 성장소멸 기능

성장	戊寅 戊午 戊戌	소멸	戊申 戊子 戊辰
	己亥 己卯 己未		己巳 己酉 己丑

戊土는 寅午戌에서 만물을 성장시키고 申子辰에서 만물을 소멸시키는 역할을 하며 己土는 亥卯未에서 만물을 성장시키고 巳酉丑에서 만물을 쇠퇴시키는 역할을 합니다.

(1) 戊己土의 역할

양의 활성화			음의 활성화		
戊子 己丑	戊寅 己卯	戊辰 己巳	戊午 己未	戊申 己酉	戊戌 己亥

子丑寅卯辰巳에서는 양의 기세가 활성화되면서 만물을 성장시키며
午未申酉戌亥에서는 음의 기세가 활성화하면서 만물을 휴식하게 합니다.
성장과 휴식은 만물을 생존시키기 위하여 필요한 과정입니다.

양의 기세는 만물을 성장시키고 번성시키는 작용을 하게 됩니다.
음의 기세는 결실을 수확하면서 만물이 휴식하도록 작용합니다.

양의 기세가 활성화되면 음의 기세는 비활성화되는 것이며
음의 기세가 활성화되면 양의 기세는 비활성화되는 것입니다.

양의 기세가 활성화된 지지에서는
음의 기세를 소모시켜 양의 기세를 활성화하는 것이고
음의 기세가 활성화된 지지에서는
양의 기세를 소모시켜 음의 기세를 활성화시키는 것입니다.

태과한 火기가 치열하면 만물이 마르거나 타버릴 우려가 있으므로
土기가 水기를 동원하여 火기를 진정시키게 됩니다.
불급한 火기로 인하여 만물이 냉해로 성장하지 못한다면
土기가 水기를 억제하고 木기를 동원하여 火기를 살리어야 만물이 살 수 있습니다.

태과한 水기가 범람하면 만물이 물에 잠기거나 썩을 우려가 있으므로
土기가 火기를 동원하여 水기를 진정시키게 됩니다.
불급한 水기로 인하여 만물이 열기로 인하여 성장하지 못한다면
土기가 火기를 억제하고 金기를 동원하여 水기를 공급하여야 만물이 살 수 있습니다.

戊子 己丑은 양의 기세를 기르는 역할을 합니다.

戊子는 음의 생기를 비축하고 양의 생기를 기르는 모습이고
己丑은 음의 형질을 비축하고 양의 형질을 만들고자 합니다.

子水는 일양이 시생하는 때이므로 하나의 양이 밑바닥에서 올라오는 모습입니다.
양기가 새로 탄생하면서 복원되는 모습입니다.
주역에서는 이를 지뢰복地雷復이라고 하여 땅속에서 우뢰와 같이 양기가 솟아올
라 복원시킨다는 뜻으로 표현하고 있습니다.

丑土는 음기를 저장하는 것으로 연료를 보충하는 모습입니다.
힘찬 출발을 위하여 절약과 저축을 하면서 에너지를 비축하는 모습이기도 합니다.

사주팔자에 戊子와 己丑을 가지고 있다면 양기를 성장시키기 위하여 에너지를 비
축하고 노력하는 모습을 볼 수 있습니다.
양기는 새로운 희망과 꿈으로서 비전이라고 할 수 있습니다.
새로운 곳으로 향하여 출발하는 사람들을 돕고 이들에게 강한 에너지를 제공하면
서 삶의 보람을 느끼는 것입니다.

적천수에 정흡동벽靜翕動闢 만물사명萬物司命이라고 하였습니다.
戊土는 음양을 열고 닫으며 만물의 생명을 주관한다고 하는 것입니다.
子丑에서 문을 열고 만물의 생명을 탄생시키고
午未에서 문을 닫고 만물의 생명을 죽이는 역할을 하는 것입니다.

또한 불외수광不畏水狂이라고하여
水기가 아무리 많아서 미쳐 날뛰어도 두려워하지 않는다고 하였으니
생명을 탄생시키기 위한 에너지를 비축하여야 하기 때문입니다.
水는 생명을 살리는 에너지로서 생명수의 역할을 하므로 己土가 보유하고 있어야
하는 것입니다.

戊寅 己卯는 양의 기세를 강하게 펼치는 것입니다.

戊寅은 왕성한 생기를 펼치는 모습이고
己卯는 왕성한 생기를 받아 형질을 완성하는 모습입니다.

양의 생기가 펼쳐지는 모습이 강렬한 시기입니다.
양의 생기가 왕성한 시기이므로 가장 활성화된 상태로서
양의 형질을 성장시키며 완성하고자 노력하게 됩니다.

寅卯의 지지에서 왕성한 에너지를 가지고 있으므로 만물을 성장시키기 위하여 노력하게 됩니다.
木火의 생기를 성장시키고 발전시키고자 하므로 사회적 발전을 위한 노력을 게을리 하지 않습니다.
성장하는 청소년들을 돕고 성장하는 산업을 도우며 그들이 성장하는 모습을 바라보면 삶의 보람을 느끼게 됩니다.

寅卯는 생명이 탄생하고 태양이 떠오르는 모습이므로 희망과 꿈을 가지고 발전하고자 하는 의지를 가지고 있습니다. 戊己土는 양의 발전하는 에너지를 전하고 중개하며 활성화시키고자 노력하는 것입니다.

水火를 조절하는 역할도 게을리 할 수 없습니다.
戊己土는 水火를 조절하여 만물의 생명수와 빛을 제공하여 주어야 만물은 안정적으로 성장할 수 있는 것입니다.

적천수에 약재간곤若在艮坤 파충의정怕沖宜靜이라고 하였습니다.
寅申충으로 인하여 성장이 방해를 받음을 두려워하는 것입니다.
寅木은 만물을 성장시키는 세력이고 申金은 만물을 죽이는 세력이기 때문입니다.
만물을 성장시키고자 하는데 죽이는 세력이 온다면 만물을 성장시키는데 방해가 될 뿐입니다.

戊辰 己巳는 양의 기세가 절정에 이르릅니다.

戊辰은 양의 생기가 절정에 다다르고
己巳는 양의 형질이 절정에 다다르는 모습입니다.

辰巳는 태양이 중천으로 내달리며 힘차게 올라가는 모습입니다.
만물은 태양 빛을 받으며 기지개를 펴고 생존 활동을 열심히 시작하는 때입니다.
태양이 발하는 빛과 열은 만물을 번성하게 만드는 주요 요소이기 때문입니다.

가지에서 꽃봉오리가 맺히고 꽃이 활짝 피는 시기이기도 합니다.
戊辰은 벌과 나비를 동원하여 수정을 할 수 있도록 돕는 역할을 하며
己巳는 꽃이 꿀과 화분을 제공하도록 독려하며 벌과 나비가 수정을 하도록 유도하는 역할을 합니다.

주역에서 중천건重天乾이라고 하여 양의 기세가 가장 강한 시기라고 할 수 있습니다. 양의 기세가 강하므로 수정을 하여 결실을 잉태시키고자 하는 의지가 강하다고 할 수 있습니다.

적천수에서 수윤물생水潤物生이라고 하였습니다.
戊土에 水기로 인하여 윤택하면 만물을 생할 수 있다는 것입니다.
戊辰은 水기를 품은 것이므로 만물을 생하는 기운이 강하다고 할 수 있습니다.
癸水는 생명수로서의 역할을 하므로 戊土는 癸水를 품어 만물을 성장할 수 있도록 돕는 것입니다.

또한 약요물왕若要物旺 의조의방宜助宜幇이라고 하였습니다.
만물이 왕성하기를 바란다면 도와주어야 하는 것입니다.
火土의 기세가 도와주어야 하므로
辰巳의 지지에서 만물이 왕성하게 번성할 수 있는 것입니다.

戊午 己未는 음의 기세를 기르는 역할을 합니다.

戊午는 양의 생기를 비축하고 음의 생기를 기르는 모습이고
己未는 양의 형질을 비축하여 음의 형질을 만들고자 합니다.

午火는 일음이 시생하는 때이므로 하나의 음이 밑바닥에서 올라오는 모습입니다.
음기가 새로 탄생하면서 복원되는 모습입니다.
주역에서는 이를 천풍구天風姤라고 하여 땅속에서 음기가 하나 올라오는 형상으
로 차차 음의 시대가 열린다고 예고하고 있는 것입니다.

未土는 양기를 저장하는 것으로 결실을 맺기 위하여 양기를 저장하고 음기를 펼
치기 위함입니다.
양기를 저장하는 것은 성장과 번성을 그만 그치게 하고 결실을 키우기 위한 모든
노력을 기울여야 한다는 것입니다. 나무에서 잎으로 가던 모든 영양분을 차단하고
결실에 영양분을 집중시켜 알찬 결실을 키우고자 하는 것입니다.

사주팔자에 戊午와 己未를 가지고 있다면 음기를 펼치기 위하여 양기의 활동을
축소하고 결실을 맺기 위하여 노력하는 모습을 볼 수 있습니다. 음기는 성실과 안
정으로 활동성향을 나타내고자 합니다.

적천수에서 화조물병火燥物病이라고 하였습니다.
午未에서 열기가 가득하여 水기를 말리므로 만물이 병이 든다고 하는 것입니다.
나무에서 잎들이 번성하는 것을 막기 위하여 열기로써 水기를 차단하기 때문입니
다. 차단한 水기는 결실을 키우기 위한 생명수로서 역할을 하게 됩니다.

戊己土가 水火를 조절하는 것은 만물을 번성시키기도 하며 만물을 병들게도 하는
작용을 하는 것입니다. 번성시키기 위하여도 水火의 적절한 조절이 필요하고 병
들게 하는데도 水火의 조절이 필요한 것입니다.

戊申 己酉는 음의 기세를 강하게 펼치는 것입니다.

戊申은 왕성한 숙살지기를 펼치는 모습이고
己酉는 왕성한 숙살지기로써 음의 형질을 완성하는 모습입니다.

음의 생기가 펼쳐지는 모습이 강렬한 시기입니다.
음의 생기가 왕성하게 수렴하는 시기이므로 가장 활성화된 상태로서
음의 형질을 성장시키며 완성하고자 노력하게 됩니다.

申酉의 지지에서 왕성하게 펼쳐지는 음기 에너지를 가지고 있으므로 결실을 숙성시키기 위하여 노력하게 됩니다.
金水의 생기를 성장시키고 발전시키고자 하므로 사회적 개혁을 위한 노력을 게을리 하지 않습니다. 결실을 이루고자 하는 사람들을 도우며 그들이 이루는 결실의 모습을 바라보며 삶의 보람을 느끼게 됩니다.

申酉는 번성하는 기운을 잠시 중단시키고 결실을 숙성시키는 단계이므로 발전보다는 내실을 기하여야 합니다. 성장하는 기업은 이제 숨고르기를 하면서 성장하면서 발생하는 모든 것들을 점검하여 불합리한 것들을 개선하고 개혁하면서 내실을 기하여야 기업이 튼실하여 지는 것입니다.
戊己土는 음의 수렴하는 에너지를 전하고 중개하며 활성화시키고자 노력하는 것입니다.

水火를 조절하는 역할도 게을리 할 수 없습니다.
戊己土는 水火를 조절하여 만물의 성장을 멈추게 하여야 결실을 키울 수 있기 때문입니다.

적천수에 중정축장中正蓄藏이라고 하였습니다.
가운데 바르게 존재하며 거두고 보관하는 일을 하라는 것입니다.

戊戌 己亥는 음의 기세가 절정에 이르릅니다.

戊戌은 음의 생기가 절정에 다다르고
己亥는 음의 형질이 완성되어 저장하는 모습입니다.

戊亥는 태양이 서산으로 지며 수평선 아래로 가라앉는 모습입니다.
만물은 활동을 멈추고 휴식을 하며 긴 동면으로 들어가는 시기입니다.
동면과 휴식을 통하여 에너지를 재충전하고 봄을 맞이하여 새로운 활동을 재개할 수 있는 것입니다.

가지에서 잎이 가지각색으로 단풍이 들면서 아름다움을 펼치게 됩니다. 황혼의 멋진 영상을 연출하며 마지막 열정을 표현하기도 합니다. 태양과 호수의 조화로 이루어진 황혼의 연출은 삶의 마지막을 장식하며 아름다운 삶의 모습으로 나타나는 것입니다.
내면에서 우러러 나오는 멋진 영상을 만들어내는 예술가의 정신이기도 하며 휴식 장소의 멋진 인테리어의 연출이기도 합니다.

주역에서 중지곤重地坤이라고 하여 음의 기세가 가장 강한 시기라고 할 수 있습니다. 음의 기세가 강하므로 결실을 수렴하여 만물을 품고 포용하는 덕을 베풀어 만물이 편안하게 쉴 수 있도록 배려하고 있는 모습을 볼 수 있는 것입니다.

적천수에서 무토고중戊土固重 기중차정既中且正이라고 하였습니다.
戊土는 무거운 흙을 지녔으므로 무겁고 고정되어 있다고 하는 것입니다. 음을 안고 음이 덕을 베풀 수 있도록 참견하지 아니하므로 가운데 바르게 있다고 하는 것입니다.

戊戌과 己亥는 만물이 스스로 변화하도록 유도하는 것이므로
만물이 작용하는 것에 참견하지 않고 중정을 지키며 변화를 유도하면서 우주 자연의 이치를 실천하도록 독려하는 것입니다.

(2) 戊己土의 성장과 소멸 기능

성장	戊寅 戊午 戊戌	소멸	戊申 戊子 戊辰
	己亥 己卯 己未		己巳 己酉 己丑

戊土의 생기는 寅午戌운동을 하며 木火의 성장과 발전을 돕고
戊土의 생기는 申子辰 운동을 하며 金水의 수렴과 휴식을 돕습니다.

己土의 형질은 亥卯未운동을 하면서 木火의 성장을 돕고
己土의 형질은 巳酉丑운동을 하면서 金水의 수렴을 돕게 됩니다.

寅午戌 운동은 火기로써 戊土가 양기를 활성화하는 역할을 합니다.
寅木에서 양기를 활성화시키며
午火에서 양기를 왕성하게 활성화시키고
戊土에서 양기를 보호하는 역할을 합니다.

申子辰 운동은 水기로써 戊土가 음기를 활성화하는 역할을 합니다.
申金에서 음기를 활성화시키며
子水에서 음기를 왕성하게 활성화시키고
辰土에서 음기를 보호하는 역할을 합니다.

亥卯未운동은 木기 운동이므로 양기의 형질을 성장시킵니다.
亥水에서 양기의 형질을 생성시키며
卯木에서 양기의 형질을 왕성하게 성장시키고
未土에서 양기의 형질은 성장을 멈추게 합니다.

巳酉丑운동은 金기 운동이므로 양기의 형질을 소모하게 합니다.
巳火에서 음기의 형질을 생성시키며
酉金에서 음기의 형질을 왕성하게 성장시키며
丑土에서 음기의 형질은 성장을 멈추게 합니다.

戊寅의 간지는

寅午戌 火기의 지살로서 丙火의 생기가 새로운 출발을 하는 곳이며 밝은 빛을 새로이 만들고자 하는 사명을 가지고 실천하고자 하는 의지가 있습니다.

戊土는 木火의 성장을 위한 노력을 하게 됩니다.

戊午의 간지는

寅午戌 火기의 장성살로서 왕성한 기세를 가진 丙火의 생기로써 丁火의 열기를 완성하고자 합니다.

戊土는 열기를 제어하며 만물이 메마르지 않도록 조절합니다.

戊戌의 간지는

寅午戌 火기의 화개살로서 기세가 쇠약하므로 丁火의 열기를 보존하고자 합니다.

戊土는 火기를 보존하고 水기를 생성하고자 합니다.

戊申의 간지는

申子辰 水기의 지살로서 새로운 출발을 하며 丙火의 왕성한 생기를 소모하고자 합니다.

戊土는 숙살지기를 도와 만물이 결실을 이루도록 돕는 노력을 합니다.

戊子의 간지는

申子辰 水기의 장성살로서 왕성한 水기로 인하여 丙火의 생기가 모조리 소진되어 없는 시기입니다.

戊土는 한기를 제어하며 만물이 얼지 않도록 조절하는 작용을 합니다.

戊辰의 간지는

申子辰 水기의 화개살로서 水기를 갈무리하는 시기이며 丙火의 생기가 점차 강렬하게 빛나는 시기입니다.

戊土는 만물에게 생명수를 제공하도록 도와주어 번성하도록 합니다.

己亥의 간지는

亥卯未 木기의 지살로서 새로운 출발을 하며

丁火의 열기를 소모하며 새로운 甲木의 생기를 만들기 시작합니다.

己土는 만물이 생명을 잉태할 수 있도록 돕는 역할을 합니다.

己卯의 간지는

亥卯未 木기의 장성살로서 甲木의 생기가 왕성하므로

丁火의 열기는 더 이상 필요가 없으므로 소멸되고 맙니다.

己土는 만물의 형질이 완성되도록 돕는 역할을 합니다.

己未의 간지는

亥卯未 木기의 화개살로서 木기를 갈무리하는 시기이며

丁火의 열기로써 결실을 숙성시키게 됩니다.

己土는 木火기를 수렴하고 金水기가 펼칠 수 있도록 돕습니다.

己巳의 간지는

巳酉丑 金기의 지살로서 새로운 출발을 하는 기세가 강하므로

丙火의 생기는 金기의 성장을 돕는 역할을 하게 됩니다.

己土는 만물이 결실을 맺을 수 있도록 돕는 역할을 합니다.

己酉의 간지는

巳酉丑 金기의 장성살로서 왕성한 기세로 결실을 숙성시키면서 수확하기를 기다리는 형상입니다.

己土는 결실을 숙성하여 수확하는 일을 돕는 역할을 합니다.

己丑의 간지는

巳酉丑 金기의 화개살로서 金의 씨앗을 저장하고 단련시키고 교육을 시키며 세상에 내보낼 준비를 하게 됩니다.

己土는 金水기를 수렴하고 木火기를 펼칠 수 있도록 돕습니다.

Summary

◆ 사주팔자와 운의 5차원 물상

시	일	월	년
방합	삼합	방합	삼합

		대운	세운
		방합	삼합

			월운
			방합

년지와 일지는 삼합의 물상으로 활동성향을 가지며
월지와 시지는 방합의 물상으로 활동양상을 가지게 됩니다.

년지는 월지를 바라보며 십이신살의 물상으로 활동양상을 가지며
일지는 시지를 바라보며 십이신살의 물상으로 활동양상을 가집니다.

◆ 방합 물상

월지 - 계절 물상	시지 - 시진 물상
봄 여름 가을 겨울	아침 낮 저녁 밤

↓

대운지 - 계절 물상
봄 여름 가을 겨울

월지와 시지는 1년의 계절과 하루의 시간으로 표현되는 물상이며
대운지는 변화하는 인생의 계절 물상으로 작용합니다.

◆ 삼합 물상

년지	일지
寅午戌 火국, 申子辰 水국 亥卯未 木국, 巳酉丑 金국	寅午戌 火국, 申子辰 水국 亥卯未 木국, 巳酉丑 金국

세운지
寅午戌 火국, 申子辰 水국 亥卯未 木국, 巳酉丑 金국

년지와 일지 그리고 세운지는 삼합의 물상으로 운용합니다.

삼합의 물상은 십이신살의 위상으로 표현하게 됩니다.

◆ 년지 삼합 물상의 사회적 기본성향

구분	寅午戌	申子辰	亥卯未	巳酉丑
기본 성향	열정적	안정적	진취적	혁신적

년지의 삼합 물상은 사회적 성향을 기본적으로 가지고 있습니다.

그러나 월지에 의하여 기본적인 사회적 성향이 영향을 받게 됩니다.

◆ 일지 삼합 물상의 개인적 성품

삼합	寅午戌	申子辰	亥卯未	巳酉丑
성품	화려	검소	전진	성실

일지의 삼합 물상은 개인적인 성품을 기본적으로 가지고 있습니다.

그러나 시지에 의하여 기본적인 개인적 성품이 영향을 받으면서 활동양상이 변화
하게 됩니다.

간지 물상의 생사

◆ 甲乙木의 생사

생목生木 - 활성화			사목死木 - 비활성화		
甲子 乙丑	甲寅 乙卯	甲辰 乙巳	甲午 乙未	甲申 乙酉	甲戌 乙亥

◆ 丙丁火의 생사

생화生火 - 활성화			사화死火 - 비활성화		
丙寅 丁卯	丙辰 丁巳	丙午 丁未	丙申 丁酉	丙戌 丁亥	丙子 丁丑

◇ 庚辛金의 생사

생금生金 - 활성화			사금死金 - 비활성화		
庚午 辛未	庚申 辛酉	庚戌 辛亥	庚子 辛丑	庚寅 辛卯	庚辰 辛巳

◆ 壬癸水의 생사

생수生水 - 활성화			사수死水 - 비활성화		
壬申 癸酉	壬戌 癸亥	壬子 癸丑	壬寅 癸卯	壬辰 癸巳	壬午 癸未

◆ 戊己土의 역할

양의 활성화			음의 활성화		
戊子 己丑	戊寅 己卯	戊辰 己巳	戊午 己未	戊申 己酉	戊戌 己亥

간지 물상의 성장 소멸

◆ 甲乙木의 성장소멸

성장	甲申 甲子 甲辰	소멸	甲寅 甲午 甲戌
	乙亥 乙卯 乙未		乙巳 乙酉 乙丑

◆ 丙丁火의 성장소멸

성장	丙寅 丙午 丙戌	소멸	丙申 丙子 丙辰
	丁亥 丁卯 丁未		丁巳 丁酉 丁丑

◆ 庚辛金의 성장소멸

성장	庚寅 庚午 庚戌	소멸	庚申 庚子 庚辰
	辛巳 辛酉 辛丑		辛亥 辛卯 辛未

◆ 壬癸水의 성장소멸

성장	壬申 壬子 壬辰	소멸	壬寅 壬午 壬戌
	癸巳 癸酉 癸丑		癸亥 癸卯 癸未

◆ 戊己土의 성장소멸 기능

성장	戊寅 戊午 戊戌	소멸	戊申 戊子 戊辰
	己亥 己卯 己未		己巳 己酉 己丑

戊土는 寅午戌에서 만물을 성장시키고 申子辰에서
만물을 소멸시키는 역할을 겪으며
己土는 亥卯未에서 만물을 성장시키고 巳酉丑에서
만물을 쇠퇴시키는 역할을 합니다.

제7장

5차원 물상 입체 통변 요령

——

物象立體通辯

 지금까지 1권부터 4권까지 익혔던 용신과 운세 그리고 5차원까지 익힌 간지의 물상들을 조합하여 입체적인 종합 통변을 익히는 곳입니다.

5차원 물상 입체통변의 요령은 사주팔자가 원하는 것을 알고 대운이 원하는 것을 알면서 성장운세와 하락운세 그리고 안정운세의 변화를 살피고 세운이 원하는 것을 알아 사주팔자와 대운이 원하는 것과의 유기적인 관계를 살피며 삶에서 겪는 길흉화복을 자세하게 통변함으로서 보다 나은 삶을 행복하게 살기 위한 개운의 요소를 찾는 것입니다.

5차원 물상의 입체적인 통변 요령

사주명리와 간지물상에 대한 이론을 공부하였으면 입체적인 통변을 통하여 삶을 조망하고 개운의 요소를 찾아야 할 것입니다.

첫째로 사주팔자가 원하는 것이 무엇인가를 알아야 할 것입니다.

사주팔자가 원하는 것이 있습니다.
격국용신과 억부용신에서 삶을 살아가는 수단인 적성과 능력을 파악하게 됩니다.
적성과 능력은 삶을 살아가기 위한 수단이므로 매우 중요합니다. 각자의 적성과 능력은 다르다고 할 수 있습니다.

적성과 능력은 생존하기 위하여서는 반드시 필요한 것이므로
사주팔자에서 적성과 능력을 찾아 어느 정도의 자질과 역량을 갖추었는가를 보아야 삶을 살아가면서 만족과 행복을 누릴 수 있는지 알 수 있는 것입니다.

직장인의 사주팔자인가 아니면 사업가의 사주팔자인가 또는 전문가의 사주팔자인가를 알아야 직업을 선택하고 재물과 명예를 추구할 수 있는 것입니다.
자신의 적성과 능력을 제대로 알지 못하고 직업을 선택한다면 만족한 직업을 수행하지 못하므로 인생의 삶은 행복하다고 할 수 없습니다.

직장인의 사주팔자인데도 불구하고 사업을 하겠다고 나서면 대부분 실패하기 마련입니다.
자신의 능력이 1억원의 자산을 운용할 능력인데도 불구하고 100억원을 운용하겠다고 한다면 역시 대부분 실패하기 마련입니다.
인생을 성공하면서 행복하게 살기 위하여서는 적성과 능력을 확실하게 알아야 하는 이유입니다.

둘째로 대운이 원하는 것이 무엇인가를 알아야 할 것입니다.

대운의 계절은 인생의 계절입니다.
인생의 계절에서 사주팔자가 제대로 활동할 수 있는지를 보아야 하는 것입니다.

사주팔자가 전문가의 적성을 수행하고자 한다면
대운에서 전문가의 자질을 키울 수 있는 계절인가를 우선 보아야 할 것입니다. 청소년기에 전문가의 자질을 키울 수 없다면 전문가의 적성과 능력을 계발할 수 없으므로 전문가로서 활동하기 어려울 것입니다.

또한 전문가의 자질을 구비하였다면 적성을 펼치며 성장운세를 만들 수 있는 환경인가를 보아야 할 것입니다.
사업가의 적성이라면 재물을 취하는 방식이 어떠한 가를 보아야 할 것이며 대운에서 성장운세가 어느 시기인가를 보아야 하는 것입니다.
직장인의 적성이라면 어느 시기에 승진하는 성장운세인지를 알아야 할 것입니다.
정치인의 적성이라면 어느 시기에 선거에 당선하는 성장운세인지를 알아야 할 것입니다.
연예인의 적성이라면 어느 시기에 인기를 얻어 스타에 오를 수 있는 성장운세인지를 알아야 할 것입니다.

사주팔자가 원하는 것이 대운의 계절에 적합한지를 보아야 할 것입니다. 사주팔자에서는 꽃을 피우고자 하는데 겨울 대운이라면 꽃을 피우기 어려울 것입니다. 결실을 맺고자 하는데 봄 대운이라면 역시 결실을 맺기 어려울 것입니다.

사주팔자가 겨울에 태어나 추운데 난방기를 가동시키려면 봄과 여름 대운으로 흘러야 따뜻해 질것입니다. 여름에 태어나 더운데 냉방기를 가동시키려면 가을과 겨울로 흘러야 시원하다고 할 것입니다.

셋째로 세운이 원하는 것이 무엇인가를 알아야 할 것입니다.

세운은 세군歲君으로서 왕이라고 하며 손님이라고 합니다.
사주팔자를 다스리는 왕이기도 하며
사주팔자에서 만족을 얻기 위하여 방문한 손님이기도 합니다.
손님은 왕이라고 하였습니다. 왕으로서 대접을 해주어야 합니다.

세운이 사주팔자에게 원하는 것이 있습니다.
사주팔자는 세운이 원하는 것을 해주어야 무사하게 지낼 수 있습니다.
세운이 원하는 것을 해주지 못한다면 세운은 화를 내며 그 해는 무사하게 지내기
어렵습니다.

세운이 금생수金生水를 원하는데
사주팔자가 목생화木生火를 한다면 세운이 원하는 것을 해주지 못합니다. 당연히
세운은 木生火를 방해하면서 심지어 빼앗아 가기도 합니다. 결과는 木生火를 하
지 못하므로 하던 일도 지체가 되면서 어려움을 겪게 되는 것입니다.

세운이 목생화木生火를 원하는데
사주팔자가 木生火를 한다면 세운이 원하는 것을 하는 것입니다.
당연히 세운은 사주팔자의 木生火를 돕게 되고 木生火가 잘 되므로 일이 순조롭
게 진행되면서 발전할 수 있는 것입니다.

세운은 대운의 계절에 민감하게 작용합니다.
세운과 사주팔자가 모두 목생화木生火를 하고 있는데
대운의 계절이 봄이나 여름이라면 성장운세로서 발전하므로 세운도 만족하면서
기쁜 마음으로 도울 것이지만
겨울이라면 木生火가 원활하게 진행되지 못하므로 하락운세로서 어려운 처지에
있으므로 세운도 만족하지 못하므로 도울 수 없게 됩니다.

넷째로 개운의 요소를 찾아 실천하며 행복을 만들어야 합니다.

직업에 만족하지 못하고 재물과 명예에 만족하지 못하고
배우자에게 만족하지 못하고 건강에 만족하지 못한다면
사주팔자와 운의 기운과는 다른 삶을 산다고 할 수 있습니다.

직업에 만족하지 못하는 것은 사주팔자에서 정하여준 자신의 적성과 능력을 발휘
할 수 있는 직업을 찾지 못하였기 때문이며
능력을 초과한 직업을 선택하여 고전을 하고 있다고 보면 될 것입니다. 개운의 요
결은 적성과 능력에 알맞은 직업을 선택하는 것입니다.

재물과 명예 또는 인간관계에 만족하지 못하는 것은 자신의 분수를 제대로 알지
못하고 과욕을 부리고 있다는 것입니다.
개운의 요결은 사주팔자에서 정하여준 자신의 분수가 어느 정도인지를 알고 추구
해야 하는 것입니다.

배우자에게 만족하지 못하는 것은 자신이 배우자에게 원하는 것이 무엇인지를 모
르고 또한 배우자가 자신에게 원하는 것이 무엇인지를 모르기 때문입니다.
개운의 요결은 서로가 원하는 것을 알고 맞추어나가야 하는 것입니다.

건강에 만족하지 못하는 것은 삶에 만족하지 못하므로 인하여 발생하는 경우가 대
부분이라고 할 수 있습니다. 자신의 분수와 능력을 초과하여 욕망을 추구할 때 건
강을 해치는 것입니다.
개운의 요결은 분수에 맞는 삶을 살아야 하는 것입니다.

사주팔자와 운을 거스르면서 사는 삶이란 물의 흐름을 역행하며 수영을 하는 것과
마찬가지로 에너지 소모만 많게 되고 목표에 다다르기 어려운 것입니다. 개운의
요결은 자유의지로써 운의 흐름을 따라가면서 자신의 길을 선택하는 것입니다.

# 5차원 물상 입체통변 사례

1 전문가의 사주팔자

시		일		월		년		구분
甲		丁		乙		丁		천간
辰		酉		巳		亥		지지
丁	戊	己	庚	辛	壬	癸	甲	대운
酉	戌	亥	子	丑	寅	卯	辰	

사주팔자가 원하는 것

초여름에 태어난 사주팔자는 木기로써 火기를 증진시키고 金기를 기르는 것이 가장 효율적입니다. 월시에 甲乙木이 丁火일간과 비견을 생하여주고 있으므로 매우 강한 록겁격의 격용신을 가지고 甲乙木 인성의 자격으로 독립적인 지위를 확보하고자 하는 뜻이 있습니다.

록겁격에 木火의 인성과 비겁이 강하므로 종왕격의 위상을 가지고 있는 것입니다. 종왕격은 인비에 종하는 것이므로 자신의 능력으로 세상을 다스리겠다는 야망이 있다고 할 수 있습니다.

甲乙木의 기운을 소모하여 丁火의 기운으로 종왕격의 위상을 가지고 있으므로 제왕적 위치에서 金水재관을 다스리고자 하는 것이 사주팔자가 원하는 것입니다.

사주팔자가 木火의 기세로 치우치고 金水의 기세가 미약하지만
지지에 巳酉의 金기와 亥辰의 水기가 있어 운에서 보완해준다면
균형과 조화를 이루는 맑은 사주로서 성장운세를 만들 수 있습니다.
더구나 지지에 조후가 구비되었으므로 쾌적한 삶을 살 수 있습니다.

시		일		월		년		구분
甲		丁		乙		丁		천간
辰		酉		巳		亥		지지
丁	戊	己	庚	辛	壬	癸	甲	대운
酉	戌	亥	子	丑	寅	卯	辰	

년월은 사회적 물상으로서

년주 丁亥는 水기로써 木기를 성장시키면서 丁火의 열기로써 어린 木기를 보호하고자 하는 뜻이 있으며

木기를 기르며 진취적이며 열정을 가지고 성장하고자 하며 돼지의 물상으로서 저돌적인 사회적 성향을 가지고 있다고 할 수 있습니다.

월주 乙巳는 火기로써 金기를 성장시키며 乙木으로써 어린 金을 키우고자 하는 뜻이 있으며

金기를 기르며 은근과 끈기로써 뱀의 열정을 가지고 결실을 만들고자 하는 욕망을 강하게 나타내 보이는 사회적 활동양상이 나타납니다.

일시는 개인적 물상으로서

일주 丁酉는 金기가 왕성하므로 丁火의 열기로 숙성하고 단련하고자 하는 뜻이 있으며

왕성한 金기로서 성실하게 실리를 추구하면서 닭이 병아리를 돌보듯이 따뜻하고 자상한 가장으로서의 역할에 충실한 모습을 나타내 보이는 개인적 성향이 있다고 할 수 있습니다.

시주 甲辰은 水기의 지혜로써 火기를 발전시키면서 甲木의 측은지심惻隱之心의 성정을 가지고 전문가로서의 재능을 펼치면서 앞장서며 발전하고자 하는 야망을 실현하고자 하며 아침을 시작하는 기운으로 용이 승천하듯이 진취적인 개인적 활동양상을 나타내고 있습니다.

시	일	월	년	구분
甲	丁	乙	丁	천간
辰	酉	巳	亥	지지

								구분
丁	戊	己	庚	辛	壬	癸	甲	대운
酉	戌	亥	子	丑	寅	卯	辰	

庚子대운이 원하는 것

庚子는 겨울이 한창인 대운으로서 금생수金生水를 하고자 하는 것이므로 재생관으로 조직을 발전시키고자 하는 것입니다.

봄 대운에 甲乙木인성을 활성화시키고 겨울 대운에 丁火로써 조직을 다스리면서 사주팔자의 야망을 실현하는 시기라고 할 수 있습니다.

庚金재성이 오면서 월간의 乙木인성을 합거하는 일이 먼저 벌어집니다. 乙木인성은 巳중 庚金을 키우고자 하는 뜻이 있으므로 대운에서 오는 庚金이 반갑기만 합니다.

庚金은 子水를 타고 오므로 조직을 만들기 위한 재원으로서의 역할을 하게 됩니다. 그러나 乙庚합으로 기반되므로 사회적 조직을 만들 수 있는 재원이 묶이므로 자신의 재력으로 조직을 만들기 어렵게 됩니다.
따라서 기존의 사회적 조직에 들어가 전문경영인으로서 조직을 경영하는 것이 안정운세를 유지하는 최선의 개운이라고 할 수 있습니다.

년지 亥水는 왕성한 조직에 몸을 담고 보호를 받으면서 활동할 수 있는 양상이 나타나므로 안정적인 환경에서 안정운세를 만들어가며 사회적 활동을 할 수 있게 됩니다.

일지 酉金은 왕성한 金기가 죽음을 앞두고 있으므로 가정적으로 어려운 시기로서 안정운세를 유지할 수 있는 개운이 필요한 시기임을 나타내고 있는 것입니다.

甲戌년 세운이 원하는 것

사주팔자는 왕성한 木火로써 金水를 다스리고자 하는 야망이 있으며
庚子대운은 金生水로써 조직을 만들어서 경영하겠다는 뜻이 있지만 乙庚합으로
인하여 조직에 몸을 담고 전문경영인으로서 능력을 키워나가는 시기라고 하겠습
니다.

甲戌년은 戊土가 火기를 보호하고 金生水를 하면서 甲木을 키우고자 하는 뜻을
가지고 있으므로 개인적인 발전을 위한 노력을 요구하고 있는 것입니다.

대운에서 乙庚합으로 인하여 자신의 재력으로 조직을 만들지 못하므로 사주팔자
는 부득이 남의 조직에서 활동하여야 하지만
세운에서는 金生水로써 水기를 확보하고 甲木을 기르고자 하는 것이므로 일단 남
의 조직이라도 활동하면서 甲木의 위상을 기르는 것이 사주팔자와 대운 그리고
세운의 요구에 부응하는 최선의 길이라고 할 수 있습니다.

세운은 궁극적으로 甲木을 기르는 것이 목적이므로
甲戌년에는 조직에 들어가 지위를 부여받고 개인적인 성장을 도모하는 계기를 만
드는 것이 무엇보다 중요하다고 할 것입니다.
또한 乙庚합으로 인하여 커다란 재물운은 기대하기 어렵고 조직에 헌신하면서 받
는 년봉으로 만족을 하여야 할 것입니다.

겨울 대운에 甲木만으로 丁火를 지원하여야 하므로 사회적이나 개인적으로 다소
힘든 점이 있지만 세운에서 지원하여 주므로 무리한 행보만 하지 않는다면 건강을
유지하면서 개인적인 성장을 할 것이며

일지 酉金이 대운에서 겨울을 맞이하여 수장된 가운데 세운과 酉戌해가 발생하면
서 가정적인 어려움을 가질 수 있으므로 가정에 신경을 많이 써야 하는 세운이라
고 할 수 있습니다.

乙亥년 세운이 원하는 것

사주팔자는 왕성한 木火로써 金水를 다스리고자 하는 야망이 있으며 庚子대운은 金生水로써 조직을 만들어서 경영하겠다는 뜻이 있지만 乙庚합으로 인하여 조직에 몸을 담고 전문경영인으로서 능력을 키워나가는 시기라고 하겠습니다.

乙亥년은 木기가 乙木의 형질을 만들기 위하여 甲木의 생기와 水기를 활용하고자 하는 뜻을 가지고 있으므로 사회적인 지위를 만들기 위한 노력을 해야 하는 것입니다.

대운에서 乙庚합으로 인하여 자신의 재력으로 조직을 만들지 못하므로 사주팔자는 부득이 남의 조직에서 활동하여야 하지만
세운에서는 水기를 확보하고 甲木의 생기를 길러 乙木의 형질을 기르고자 하는 것이므로 사주팔자는 甲戌년에 이어 개인적인 성장을 위한 노력을 지속하면서 사회적인 역량을 기르는데 노력을 다 하여야 세운의 요구에 부응할 수 있는 것입니다.

세운은 궁극적으로 乙木을 기르는 것이 목적이므로
乙亥년에는 조직에서 개인적인 성장을 하면서 사회적 지위를 만들기 위한 노력을 하는 것이 중요하다고 할 것입니다.
역시 乙庚합으로 인하여 커다란 재물운은 기대하기 어렵고 조직에 헌신하면서 받는 년봉으로 만족을 하여야 할 것입니다.

겨울 대운에는 木기가 자라나는 시기이므로 甲乙木을 기르기 위한 노력을 하여야 할 것이며 甲乙木의 성장은 조직에 기여할 수 있는 동력을 만들어주므로 건강을 유지하면서 성장을 할 것입니다.

일지 酉金이 대운에서 겨울을 맞이하여 수장된 가운데 세운에서도 水기로 설기하므로 가정적인 어려움은 지속된다고 할 수 있습니다.
안정적인 운세를 유지할 수 있는 개운이 필요한 한해가 될 것입니다.

시		일		월		년		구분
甲		丁		乙		丁		천간
辰		酉		巳		亥		지지
丁	戊	己	庚	辛	壬	癸	甲	대운
酉	戌	亥	子	丑	寅	卯	辰	

己亥대운이 원하는 것

己亥는 겨울이 시작되는 대운으로서 수생목水生木을 하고자 하는 것이므로 조직에서 지위를 발전시키고자 하는 뜻이 있습니다.

봄 대운에 성장을 하고 겨울 대운에 조직을 다스리면서 개인적인 자아성취의 결실을 실현하는 시기로서 성장운세를 만드는 대운이라고 할 수 있습니다.

己土식신이 시간의 甲木인성을 기반시키는 일이 먼저 벌어집니다.
己土는 甲木인성을 키우고자 하는 뜻이 있으므로 사주팔자에 있는 甲木을 기반시켜 역할을 중단시키고 안전하게 키우고자 하는 것입니다.

己亥대운은 甲木의 역할이 중지되면서 개인의 역량을 소모하기보다는 乙木의 역량으로 조직의 발전을 위한 노력을 경주하여야 하는 것입니다. 대운에서 甲木을 기반시켜 乙木에게 생기를 제공하지 못하므로 스스로 노력하며 사회적인 역량을 키우는 것만이 안정운세를 만드는 개운의 기회를 만드는 것이라고 할 수 있습니다.

년지 亥水는 대운에서 새로운 영역으로 진출하라고 하는 뜻이 있으므로 자신의 역량을 발휘하기 위한 여건을 마련하여 줄 것이므로 사회적 역량을 키워가는 것이 핵심이라고 할 수 있습니다.

일지 酉金은 대운으로 인하여 어쩔 수 없는 상황이 만들어지는 것이므로 겸허히 받아들이면서 개인과 가정을 관리하여야 할 것입니다.

戊戌년 세운이 원하는 것

사주팔자는 왕성한 木火로써 金水를 다스리고자 하는 야망이 있으며 己亥대운은 水生木으로써 조직에서 지위를 발전시키고자 하는 뜻이 있으므로 조직에서 전문경영인으로서 능력을 발휘하는 시기라고 하겠습니다.

戊戌년은 戊土가 火기를 보호하고 金生水를 하면서 水기를 발전시키고자 하는 뜻을 가지고 있으므로 자신의 사회적 역량을 발휘하며 조직을 발전시켜야 하는 것입니다.

대운에서 甲己합으로 인하여 개인적인 발전은 어렵지만 乙木을 기르며 사회적 역량을 키워나갈 수 있으므로 조직의 발전을 위하여 자신의 능력을 최대한 발휘한다면 대운과 세운의 요구에 부응하며 발전할 수 있으므로 성장운세를 만들어 나갈 수 있습니다.

세운은 궁극적으로 木기를 기르는 것이 목적이므로
戊戌년에는 조직에서 개인적인 성장을 하면서 사회적 지위를 만들기 위한 노력을 하는 것이 중요하다고 할 것입니다.
개인적 성장을 위하여서는 조직의 발전을 위하여 노력하여야 하므로 지위 향상에 따른 연봉이 오를 것이지만 커다란 재물운은 기대하기 어렵다고 할 수 있습니다.

겨울 대운에 乙木을 성장시키면서 丁火를 지원하여야 하므로 사회적이나 개인적으로 다소 힘든 점이 있지만 세운에서 丁火를 보호하여 주므로 무리한 행보만 하지 않는다면 건강은 유지할 것이며

일지 酉金이 대운에서 어쩔 수 없는 상황을 맞이하고 더구나 세운과 酉戌해가 발생하면서 가정적인 어려움을 가질 수 있으므로 가정에 신경을 많이 써야 하는 세운이라고 할 수 있습니다.

己亥년 세운이 원하는 것

사주팔자는 왕성한 木火로써 金水를 다스리고자 하는 야망이 있으며 己亥대운은 水生木으로써 조직에서 지위를 발전시키고자 하는 뜻이 있으므로 조직에서 전문경영인으로서 능력을 발휘하는 시기라고 하겠습니다.

己亥년은 대운과 같은 간지로서 水기의 환경에서 木기를 기르고자 하는 의지를 나타내고 있으므로 대운과는 뜻이 같다고 할 수 있습니다.
그러나 대운에서 甲己합으로 甲木을 기반시키고 있으므로 세운으로서는 오히려 월간乙木의 공격을 받는 여건이 만들어지고 있는 것입니다.

대운이나 세운에서는 甲木을 기르고자 하는 것이지만 대운에서 甲木을 기르겠다고 역할을 중단시키므로 세운으로서는 亥중 甲木으로 乙木에게 생기를 제공하고 싶어도 乙木이 반항을 하므로 제대로 생기를 전달하지도 못하는 상황이 만들어지는 것입니다.

사주팔자는 甲木의 기반으로 인하여 乙木만으로 조직을 다스리기 어려우므로 사회적으로나 개인적으로 어려운 한해가 될 것입니다.
그러므로 세운의 요구에 부응하면서 乙木의 사회적 역량을 키워나가면서 조직을 운영한다면 안정운세를 만들 수 있는 개운의 기회를 얻을 수 있는 것입니다.

겨울 대운에 乙木을 성장시키면서 丁火를 지원하여야 하므로 사회적이나 개인적으로 다소 힘든 점이 있지만 세운에서 乙木을 지원하여 준다면 안정운세를 유지할 수 있습니다.

일지 酉金이 대운에서 어쩔 수 없는 상황을 맞이하고 있으며 세운에서는 돌볼 여력이 없으므로 외로움과 허전함을 느끼는 한해가 될 것입니다. 안정운세를 유지할 수 있는 개운이 필요하다고 할 것입니다.

❷ 전문경영인의 사주팔자

시		일		월		년		구분
甲		丁		癸		壬		천간
辰		巳		丑		寅		지지
辛	庚	己	戊	丁	丙	乙	甲	대운
酉	申	未	午	巳	辰	卯	寅	

사주팔자가 원하는 것

한 겨울 혹한의 추위에 태어난 사주팔자는 수생목水生木을 하는 것이 자연의 이치에 따르는 길입니다.
조직에서 자신의 능력을 기르는 것이 최선이라고 할 수 있습니다.

丑월에서 壬癸水관살이 투출하여 관살격의 격용신이 매우 강한 기세를 가지고 있으며 甲木인성은 이미 성장을 한 상태이므로 丁火일간이 조직을 다스리는데 甲木을 쓰고자 합니다.
그러므로 사주팔자는 전문경영인으로서 적성과 능력으로써 조직을 관리하는 것을 원한다고 할 수 있습니다.

거대한 조직에서 자신의 능력을 발휘하며 명예를 추구하고 조직을 발전시켜 조직의 가치를 증대시키는 것이 사주팔자의 궁극적인 목적이라고 할 수 있습니다.

강한 관살을 甲木인성이 인화하여 일간으로 원활하게 흐르고 있으므로 기세가 맑아지며 신왕살왕身旺殺旺의 격국으로서 성장운세를 만들 수 있는 여건이 마련되었다고 볼 수 있습니다.

다만 관살혼잡으로 인하여 기세가 탁하므로 대운에서 관살혼잡을 해소시켜줄 때 성장운세로서 발전할 수 있는 것입니다.
또한 지지에 조후가 구비되었으므로 쾌적한 삶을 산다고 할 수 있습니다.

시			일			월			년		구분
甲			丁			癸			壬		천간
辰			巳			丑			寅		지지
辛	庚	己	戊	丁	丙	乙	甲		대운
酉	申	未	午	巳	辰	卯	寅		

년월은 사회적 물상으로서

년주 壬寅은 甲木을 계속 돌보는 壬水의 희생정신이 드러나는 것이며 火氣의 성장을 위하여 노력하는 한편

火氣가 시작하는 물상으로 열정과 지혜를 가지고 호랑이의 권위적인 성정을 나타내며 명예를 빛내고자 하는 사회적 성향이 나타납니다.

월주 癸丑은 水기로써 木기를 성장시키기 위한 에너지를 축장하여

癸水로써 木기의 생명수의 역할을 하고자 하는 뜻이 있으며

金기를 마무리하면서 水기를 저장하므로 소의 근면함과 저축의 성정으로 재물을 축적하고자 하는 활동양상이 나타납니다.

일시는 개인적 물상으로서

일주 丁巳는 金기가 시작되므로 丁火의 열기로 꽃을 피우고 수정을 하여 결실을 맺고자 하는 뜻이 있으며

火기를 바탕으로 金기를 성장시키고자 열정적이면서도 먹이를 한 번에 삼키는 뱀과 같이 명예와 실리를 동시에 취하고자 하는 개인적인 욕망을 추구하는 성향이 있습니다.

시주 甲辰은 水기의 지혜로써 火기를 발전시키면서 甲木의 생기를 활용하고자 하는 뜻이 있으며

水기를 마무리하고 木기로써 火기를 발전시키고자 하므로 용이 승천하듯이 진취적으로 발전하면서 명예를 추구하는 활동양상이 나타나는 것입니다

시	일	월	년	구분
甲	丁	癸	壬	천간
辰	巳	丑	寅	지지

								구분
辛	庚	己	戊	丁	丙	乙	甲	대운
酉	申	未	午	巳	辰	卯	寅	

戊午대운이 원하는 것

戊午는 여름이 한창인 대운으로 火기가 치성한 계절로서 火기를 진정시키며 과도한 열정의 부작용을 방지하고자 합니다.

그러나 戊癸합으로 癸水를 기반시키고 火기를 생산하므로 오히려 火기를 더욱 증폭시키면서 일간의 역량을 크게 만드는 결과를 가져오게 됩니다.

戊癸합으로 인하여 관살혼잡을 맑게 하면서 조직은 성장운세를 만들게 되고 일간의 능력이 일취월장하면서 조직을 다스리는 역량이 커지므로 세계적인 재벌 기업으로 성장시키는 계기가 됩니다.

사주팔자가 원하는 것이 조직을 다스리며 기업 가치를 증대시키고 명예를 추구하는 것이므로

戊午대운은 일간의 역량을 극대화하면서 관살혼잡을 제거하여 맑게 유지시키므로 기업을 안정적으로 발전시키는 성장운세로서의 역할을 충실히 한다고 할 수 있습니다.

년지 寅木은 戊午대운에서 강한 기운으로 행사할 수 있으므로 조직이 개인의 능력이 증대되면서 조직을 발전시키는 활동양상을 보여주며

일지 巳火는 戊午대운에서 성장하는 기운으로 인하여 주위의 도움을 받으며 안정적인 생활을 할 수 있는 활동양상을 만들어 줍니다.

丁酉년 세운이 원하는 것

사주팔자는 조직을 다스려 기업 가치를 증대시켜 명예를 추구하는 것을 원하는 것이라면

戊午대운은 일간의 역량을 조절하는 것이지만 戊癸합으로 관살혼잡을 맑게 하면서 일간의 능력을 향상시켜 성장운세를 만들어 기업의 가치를 증대시키는 역할을 하고 있으므로 사주팔자의 뜻에 부응하고 있다고 할 수 있습니다.

丁酉세운은 金기가 왕성한 기세를 자랑하며 열정을 가지고 실리를 만들고자 하는 뜻을 가지고 있습니다.

여름 대운은 金기가 성장하는 계절이므로 세운의 요구를 적극적으로 수용할 수 있는 여건이 되는 한편

월지와 일지에 巳丑이 있으므로 酉金이 참여하여 巳酉丑의 삼합을 만들어 재물을 키우고자 하는 목적으로 활동양상이 나타나고 있는 것입니다.

또한 戊午대운에서 관살혼잡을 해소하여 성장운세를 만들어 주고 일간의 역량을 증대시켜주므로 일간은 기업을 성장 발전시킬 수 있는 여건이 마련되었으므로 기업가치를 증대시켜 세운이 원하는 실리를 확보하는 일을 수행할 수 있는 것입니다.

丁酉세운은 壬水조직을 기반시키지만 지지에 巳酉丑합으로써 기업 가치를 증대시켜 실리를 챙기는 것을 도우므로 오히려 세운이 사주팔자를 도와주는 결과를 만들어 주므로 길운이 된 것이며 순조롭게 진행이 되므로 만족하면서 건강한 삶을 살 수 있는 것 입니다.

일지 巳火는 巳酉丑합으로 인하여 사회적 일에 매진하고 있으니 가정적으로 돌볼 여유가 없으므로 안정을 도모할 수 있는 개운이 필요하다고 할 것입니다.

戊戌년 세운이 원하는 것

사주팔자는 조직을 다스려 기업 가치를 증대시켜 명예를 추구하는 것을 원하는 것이라면

戊午대운은 일간의 역량을 조절하는 것이지만 戊癸합으로 관살혼잡을 맑게 하면서 일간의 능력을 향상시켜 성장운세를 만들어 기업의 가치를 증대시키는 역할을 하고 있으므로 사주팔자의 뜻에 부응하고 있다고 할 수 있습니다.

戊戌세운은 丁火를 보호하며 金기로써 水기를 발전시켜 궁극적으로 木기를 키우고자 하는 뜻을 가지고 있습니다.

사주팔자와 대운에서 비록 金기가 불급하지만 水기가 강하며 甲木을 활용하여 水기를 다스리므로 세운이 원하는 것과는 다소 차이가 있다고 할 것입니다.

세운은 甲木을 기르고자 하는 것이고 사주팔자와 대운은 甲木을 활용하고자 하므로 서로의 뜻이 다르게 되므로 갈등이 예상되지만 현명한 지혜로써 개인적인 발전을 하면서 사회적인 활용을 한다면 세운의 뜻을 수용하는 결과가 되므로 발전할 수 있는 개운을 만들 수 있는 것입니다.

년지 寅木과 대운 午火 그리고 세운 戌土가 합하여 寅午戌삼합을 만드니 일간의 역량이 증폭되지만 戌土는 火기를 마감하고 보호하는 역할을 담당하니 오히려 火기를 진정시키는 효과가 있습니다.

戌土는 火기를 보호하며 水기를 증폭시키고자 하므로 壬水의 발전을 도모하므로 결국 사주팔자를 돕는 결과를 가져오게 됩니다.

결국 개운을 실행한다면 丁酉년에 이어서 戊戌년에도 기업가치를 높이고 명예도 높아지는 세운이라고 할 수 있습니다.

또한 일지 巳火는 세운 戌土와 巳戌원진 귀문으로 인하여 다소 갈등이 예상되니 안정을 도모하는 개운이 필요하다고 할 것입니다.

시		일		월		년		구분
甲		丁		癸		壬		천간
辰		巳		丑		寅		지지
辛	庚	己	戊	丁	丙	乙	甲	대운
酉	申	未	午	巳	辰	卯	寅	

己未대운이 원하는 것

己未대운은 여름의 열기가 한창인 계절로서 木火기를 金水기로 전환하고자 하는 목적을 가지고 있습니다.

사주팔자는 조직을 다스려 기업 가치를 증대시켜 명예를 추구하는 것을 원하는 것이라면
대운에서는 명예를 희생하여 재물과 조직을 만들 것을 요구하고 있는 것이라고 할 수 있습니다.

대운에서 시간의 甲木을 기반시켜 역할을 제한시키므로 丁火는 甲木의 지원을 받지 못하지만 대운에서 뿌리가 깊으므로 역량은 풍부하다고 할 것이며
甲己합으로 생산된 土기로써 재관을 만들 수 있는 여건을 대운에서 조성하고 있으므로 대운의 뜻에 부응한다면 己未대운에 쇠약해지는 조직을 살릴 수 있는 개운의 기회를 얻어 안정운세를 만들 수 있는 것입니다.

년지 寅木은 己未대운으로 인하여 기업의 이익실현을 추구하고자 하는 활동양상을 나타내지만 일간의 역량을 감당할 수 있는 만큼만 조절한다면 안정을 도모할 수 있는 최선의 개운이라고 할 수 있으며

일지 巳火는 己未대운로 인하여 비록 주변의 여건이 어려운 활동양상을 나타내지만 자신과 가정의 안정운세를 유지할 수 있도록 관리할 수 있는 개운이 필요하다고 할 것입니다.

己亥년 세운이 원하는 것

사주팔자는 조직을 다스려 기업 가치를 증대시켜 명예를 추구하는 것을 원하는 것이라면

己未대운은 명예를 희생하여 재물과 조직을 만들 것을 요구하고 있는 것이라고 할 수 있습니다.

己亥세운은 水기로써 木기를 기르는 것을 원한다고 할 수 있습니다.

세운에서는 사주팔자에 있는 甲木을 기르고자 하지만 대운에서 甲木을 기반시키므로 세운이 원하는 것을 대운으로 인하여 수용하기 어렵다고 할 것입니다.

그러므로 己亥세운은 壬癸水를 亥水로써 활성화시키면서 亥중 甲木을 기르고자 할 것입니다.

사주팔자나 대운으로서는 세운에서 쇠약해지는 壬癸水를 활성화시켜주므로 반대할 이유가 없습니다.

그러므로 비록 甲木이 기반되었지만 개인적으로 甲木의 지위를 발전시키면서 조직을 관리한다면 서로의 뜻이 일치하므로 세운의 요구에 부응하면서 조직을 발전시킬 수 있는 개운이 만들어지며 안정운세를 유지할 수 있는 것입니다.

그러나 세운에 의하여 기업이 활성화된다면 丁火일간의 설기가 심해지므로 무리한 기업 경영은 조직을 어렵게 하고 일간의 에너지 소모가 많아지므로 피로감이 누적되지 않도록 건강도 관리해야 할 것입니다.

년지 寅木은 己未대운에 사회적 이익을 추구하려고 할 것이지만 세운과 寅亥합으로 인하여 기반되므로 지체되는 활동양상이 나타나고

일지 巳火는 세운과 巳亥충이 되므로 개인과 가정에 어려움이 예상되고 있으므로 안정을 유지하기 위한 개운이 필요하다고 할 것입니다.

庚子년 세운이 원하는 것

사주팔자는 조직을 다스려 기업 가치를 증대시켜 명예를 추구하는 것을 원하는 것이라면 己未대운은 명예를 희생하여 재물과 조직을 만들 것을 요구하고 있는 것이라고 할 수 있습니다.

庚子세운은 金生水를 원하는 것이므로 대운이 원하는 것과 부합된다고 할 수 있습니다.
단지 대운은 木火의 기세를 설기하여 金水의 기세를 증진시키고자 하는 것이라면 세운은 金기로써 水기를 증진시키는 것이므로 다소 다른 면이 있다고 할 수 있는 것입니다.

그러나 여름 대운이라고 할지라도 壬癸水의 관살혼잡으로 인하여 水 기가 강하므로 木기로 설기하여 주어야 일간의 부담이 줄어들면서 흐름이 맑아지고 성장운세로 발전할 수 있는 것인데
대운에서 甲己합으로 甲木을 기반시키므로 壬癸水를 설기하기 어렵다고 할 것이며 壬癸水의 혼잡을 정리하고 관리하여야 하는 부담감이 있는데 세운에서 水기를 왕성하게 만들라고 요구하고 있으므로 조직을 관리해야 하는 일간으로서는 어려움이 있다고 할 것입니다.

다만 己未대운은 金기를 기르고자 하는 뜻이 크므로 庚金의 등장을 매우 반기고 있습니다. 丁火일간을 독려하여 재물을 생산하라고 합니다. 하지만 庚金을 돕고자 한다면 조직의 기세가 더욱 커지므로 일간으로서는 조직을 다스리기 어렵다고 할 수 있습니다.

년지 寅木은 대운에 의하여 재물을 추구하지만 세운 子水에 의하여 활성화된 조직이 탁해지므로 재물운이 좋다고 할 수 없습니다.

일지 巳火는 대운에 의하여 어려움이 있는데 조직 관리로 인하여 과부하가 생길 수 있으므로 건강에 유의해야 합니다.

❸ 투자가의 사주팔자

시		일		월		년		구분
庚		丁		甲		戊		천간
戊		卯		子		申		지지
壬	辛	庚	己	戊	丁	丙	乙	대운
申	未	午	巳	辰	卯	寅	丑	

사주팔자가 원하는 것

丁火일간이 子月에 태어나 지지에 申子합을 하며 칠살격의 격용신을 갖지만 천간에 투출하지 못하므로 戊土상관이 庚金재성을 생하며 월령을 지원하고 甲木인성은 일간을 지원하며 사주팔자의 균형을 이루니 칠살용인격의 맑은 격국을 만들게 됩니다.

인성으로 상관을 견제하고 일간은 재성을 견제하면서 칠살격이 인성으로 화하고 상관이 재성으로 화하므로 전문가와 기업가의 재능을 모두 겸비한 투자가의 자질로서 능력이 있다고 할 수 있습니다.

겨울에 甲木인성을 길러 丁火의 열기로써 庚金을 숙성시키고자 하는 것이 사주팔자가 원하는 것입니다. 다만 甲木이 丁火일간을 지원한다고 하여도 丁火일간 자체가 뿌리가 약하므로 대운의 도움을 받아야 성장할 수 있으며 庚金을 효과적으로 숙성시킬 수 있는 것입니다.

동방 木대운은 인성을 기르며 실력을 배양하는 성장운세로서 전문가로서의 역량을 갖추는 대운이지만 木기의 태과로 인하여 일간의 기세가 위협을 받으므로 건강에 유의해야 할 때입니다.

남방 火대운은 일간의 기세가 강하여지면서 결실의 성장과 숙성을 하여야 하므로 성장운세로서 활약하는 시기가 될 것입니다.

시		일		월		년		구분
庚		丁		甲		戊		천간
戌		卯		子		申		지지
壬	辛	庚	己	戊	丁	丙	乙	대운
申	未	午	巳	辰	卯	寅	丑	

년월은 사회적 물상으로서

년주 戊申은 金기를 숙성시키고 水기를 만들면서 조직을 새롭게 만들어 성장시키며 재물을 추구하는 성향을 나타내고

원숭이의 지혜로움으로 안정적으로 재물을 모으고자 하는 사회적 성향을 나타내고 있습니다.

월주 甲子는 水기로써 木기를 성장시키고 있는 것이며 甲木의 적극적인 투자성향을 가지고 조직에서 우두머리로 성장하고자 하는 의지가 강하다고 할 것입니다.

왕성한 水기로서 기업을 조직하고 쥐의 영리한 지혜로써 재물을 취하고자 하는 활동양상으로 작용하게 됩니다.

일시는 개인적 물상으로서

일주 丁卯는 왕성한 木기의 생을 받는 丁火의 열기로써 꽃을 피우고 결실을 숙성시키고자 하는 뜻을 가지고 있으며

왕성한 木기로서 진취적인 추진력을 가지고 있으므로 토끼의 완고한 성향으로 야망을 실현하는 고집으로 작용하게 될 것입니다.

시주 庚戌은 火기의 지혜로써 水기를 발전시키면서 庚金을 활용하여 재물을 추구하고자 하는 뜻이 있으며

노련한 火기의 지혜를 가지고 있으므로 재물을 통하여 조직을 장악하고 명예를 지키려는 개의 활동양상을 나타낸다고 할 수 있습니다.

시	일	월	년	구분
庚	丁	甲	戊	천간
戌	卯	子	申	지지

壬	辛	庚	己	戊	丁	丙	乙	대운
申	未	午	巳	辰	卯	寅	丑	

戊辰대운이 원하는 것

늦은 봄에 戊土상관이 木生火를 하고자 하는 뜻이 있습니다. 水기를 보호하면서 木기로써 火기를 발전시키고자 하는 것입니다.

사주팔자가 甲木인성을 길러 丁火의 열기로써 庚金을 숙성시키고자 하는 것이므로 대운의 뜻과 부합된다고 할 수 있습니다.

戊辰대운은 甲木의 기세로써 丁火의 기세를 증대시켜주면서 水기 조합으로 결성되는 조직을 다스리는 역량을 만들어 주므로

사주팔자와 대운이 도와 조직의 가치를 증대시키면서 성장운세를 만들어 기업의 가치를 증대시키면서 庚金재성을 만들 수 있는 여건을 조성해야 할 것입니다.

甲木의 기세는 봄 대운에 왕성한 활동을 하고는 辰土에서는 쇠약해지기 시작하므로 마지막 남은 여력으로 일간을 도와야 할 것입니다.

년지 申金은 대운 辰土로 인하여 월지 子水와 함께 申子辰의 삼합을 만들어 조직을 만들고자 하는 의욕을 드러내지만

사주팔자의 목적은 庚金재성을 숙성시키는 것이므로 甲木의 투자성향을 적극적으로 활용하면서 기업 가치를 높이며 안정운세를 유지하는 개운이 매우 필요하다고 할 수 있습니다.

일지 卯木은 戊辰대운에 조직을 통한 이익을 실현하고자 에너지를 급속하게 소모시키므로 건강에 이상이 올 수 있으므로 안정운세를 유지하는 개운이 필요한 시기가 되는 것입니다.

甲申년 세운이 원하는 것

사주팔자는 甲木을 성장시켜 일간을 도와 庚金을 숙성시키는 것이며
戊辰대운은 甲木으로써 丁火의 기세를 증진시켜 조직을 다스려 기업 가치를 증대시켜 재물을 추구하도록 도와주고 있습니다.

甲申년은 甲木의 기세가 끊어지는 절지이므로 甲木을 절처봉생하고자 하는 의지를 가지고 있습니다.
대운이 사주팔자와 함께 申子辰의 합을 통하여 조직을 결성하고 있으므로 세운은 申子辰의 조직을 통하여 甲木을 성장시키고자 합니다.

사주팔자와 세운은 甲木을 성장시키는 면에서 서로 일치하지만
대운은 甲木을 소모시켜 일간을 돕게 하므로 뜻이 달라 문제가 생길 수 있습니다.
甲木에 대한 서로의 시각이 다르므로 조직에서 합의점을 찾아야 할 것입니다.

세운은 申金에서 甲木을 절처봉생시키고자 하고
사주팔자는 子水로써 甲木을 성장시키려고 하며
대운은 甲木으로써 火기를 증진시키려고 하므로
서로의 뜻이 다르지만 申子辰조직에서 합의점을 찾는다면
조직에서 甲木의 기세를 증진시켜 일간을 돕게 하고
일간은 조직을 다스리면서 기업 가치를 증대시켜 자신이 원하는 재물을 추구한다면 이상적인 합의점이 될 수 있는 것입니다.

일지 卯木은 戊辰대운에서 이익실현을 위한 행동에 나서며 조직에 참여하여 가치를 증대시키고자 하지만
세운과 卯申으로 원진 귀문이 만들어지며 정신적으로 갈등을 일으키는 문제가 야기되므로 가정적으로 어려운 문제가 발생할 수 있으며 개인의 건강에도 문제가 발생할 수 있으니
조직의 가치 성장을 위한 적극적인 참여도 중요하지만 안정운세를 유지하는 개운이 무엇보다 필요하다고 할 것입니다.

丙戌년 세운이 원하는 것

사주팔자는 甲木을 성장시켜 일간을 도와 庚金을 숙성시키는 것이며
戊辰대운은 甲木으로써 丁火의 기세를 증진시켜 조직을 다스려 기업 가치를 증대
시켜 재물을 추구하도록 도와주고 있습니다.

丙戌년은 丙火가 서산에 지는 물상으로 丙火를 입고시키고자 하는 뜻이 있습니
다. 그러므로 火기가 저물고 水기가 새로이 등장하는 것으로 戊土는 火기를 보호
하고 金生水의 임무를 수행하고자 합니다.
대운은 木生火를 하고자 하며 세운은 金生水를 하고자 하므로
서로의 뜻이 달라 사주팔자로서는 곤혹스러운 세운이 될 것입니다.

사주팔자는 戊辰대운에서 甲木을 조직에서 성장시켜 일간의 기세를 도와 조직을
다스리며 기업 가치를 증대시켜 庚金 재물을 숙성시키고자 합니다.
그러나 세운은 庚金으로 水기 조직을 왕성하게 만들고자 하므로 서로의 뜻이 달
라 갈등이 예상되고 있는 것입니다.
戊辰대운은 상관패인을 하여 火기를 발전시키고자 하지만 세운에서는 火기를 저
장하려고 하므로 서로 뜻이 다르다고 할 수 있습니다.

丁火는 세운을 무시하고 庚金을 단련하는데 모든 노력을 기울이다보면 몸에 무리
가 생기면서 질병이 발생하게 됩니다.
그러므로 재물을 추구하기 보다는 대운에서 甲木의 지원을 받으면서 세운이 원하
는 대로 조직을 발전시키려는 노력을 한다면 건강에는 이상이 없을 것입니다.

일지 卯木은 세운 戌土와 卯戌합으로 기반되므로 개인적인 면에서는 움직일 수
없으므로 답답한 마음으로 서두르다보면 어려움을 당할 수 있으므로 안정을 취하
면서 조심스럽게 행보하는 것이 최선의 개운이라고 할 수 있는 것입니다.

4 직장인의 사주팔자

시		일		월		년		구분
丁		甲		戊		辛		천간
卯		戌		戌		酉		지지
丙	乙	甲	癸	壬	辛	庚	己	대운
午	巳	辰	卯	寅	丑	子	亥	

사주팔자가 원하는 것

가을에 태어나 辛金의 기세가 강하며 戊土는 金生水로써 甲木을 키워 丁火의 열기를 만들어 재관을 다스리고자 합니다. 그러나 水기가 불급하여 운에서 기대할 수밖에 없습니다.

戊土에서 戊土재성 辛金관성 丁火상관이 모두 투출하고 있습니다.
이와 같이 상관과 재관이 모두 투출하여 기세가 치우쳐져 있다면 종세격의 격국으로서 운에서 지원만 하여준다면 전문가의 적성과 능력을 발휘할 수 있습니다.

대운이 겨울과 봄으로 흐르면서 종세격으로서 작용을 하지 못하므로 전문가의 능력을 발휘하지 못하고 직장인의 삶을 살아야 하는 것입니다. 다만 가을의 서늘한 기후에 丁火의 따스함이 있으니 조후를 구비하여 주므로 쾌적하고 안정된 삶을 살 수는 있을 것입니다.

북방 겨울 대운에 안정적인 환경에서 학업운세를 유지하며 공부를 하였고 관살의 기세로 의료전문직의 기술을 습득하여 전문가로서의 역량을 갖추지만 관살의 기세를 제대로 발휘하기 어려우므로 병원에서 직장인으로 근무하게 됩니다.

동방 봄 대운에 들어서면서 일간의 기세가 강한데 丁壬합으로 木기를 도우니 직장생활에 염증을 느끼게 되면서 독립하고자 하는 의지가 강하게 작용하면서 다른 직업을 찾고자 방황하게 됩니다.

시	일	월	년	구분
丁	甲	戊	辛	천간
卯	戌	戌	酉	지지

丙	乙	甲	癸	壬	辛	庚	己	대운
午	巳	辰	卯	寅	丑	子	亥	

년월은 사회적 물상으로서

년주 辛酉는 金기를 완성하여 수확하므로 辛金을 水기에서 저장하고자 하는 뜻이 있으며 왕성한 金기로서 닭이 알을 품듯이 성실하게 실리를 취하고자 하는 성향이 있습니다.

월주 戊戌은 火기를 보호하고 金기로써 水기를 성장시키고자 하는 뜻이 있으며 戊土가 주도하여 중개역할을 하고자 하며 火기를 마감하고 水기를 발전시키면서 자신의 영역을 보호하고 안정된 실리를 추구하는 개의 활동양상이 있습니다.

일시는 개인적 물상으로서

일주 甲戌은 지혜로써 어려움을 극복하고 甲木의 새로 시작하는 마음으로 선두에 앞장서서 실행하고자 하는 뜻이 있으며 火기를 마감하고 水기를 발전시키면서 자신의 영역을 보호하고 안정된 실리를 추구하는 개의 성향이 있습니다.

일주 丁卯는 왕성한 木기로써 丁火의 꽃을 피우고자 하는 뜻이 있으며 왕성한 木기로서 진취적인 추진력을 가지고 있으므로 토끼의 완고한 활동양상으로 야망을 실현하는 고집으로 작용하게 될 것입니다.

시	일	월	년	구분
丁	甲	戊	辛	천간
卯	戌	戌	酉	지지

								대운
丙	乙	甲	癸	壬	辛	庚	己	
午	巳	辰	卯	寅	丑	子	亥	

壬寅대운이 원하는 것

봄이 시작하는 계절에 壬水를 지원하며 甲木이 왕성하게 일을 하는 것을 원하게 됩니다. 사주팔자에서 원하는 것도 金生水로써 甲木을 키우고자 하는 것이므로 대운에서 오는 壬水가 반가울 수밖에 없습니다.

그러나 壬水는 시간의 丁火와 합을 하며 기반이 되어버리므로 사주팔자의 실망이 대단히 크다고 할 것입니다. 다행히 丁壬이 합을 하여 木기를 생산하여 일간에게 기운을 불어넣어주므로 사주팔자는 대운에 의하여 甲木의 기세가 강하여지게 됩니다.

戊土재성과 辛金관성으로 재왕생관의 격국 형태를 만들고 있지만 동방 木대운에 丁壬합으로 인하여 일간 甲木의 기세만 강해지므로 직장에서 독립하여 자영업을 하고자 하는 마음이 강하게 들어오는 대운으로서 직장생활을 하기 어렵다고 할 수 있습니다.

그러므로 壬寅대운에는 직장생활보다는 자영업으로 전환하여 재관을 다스리고자 하는 욕망이 강해지고 있는 것입니다.

년지 酉金은 지혜로써 위기를 극복해 나아가는 조심스런 행보가 필요한 시기입니다. 성실한 행동으로 안정운세를 유지하여야 할 것입니다.

일지 戊土는 남에게 의존하기 보다는 지혜를 발휘하여 스스로 새로운 영역으로 나아가며 자신의 발전을 위한 노력을 하여야 할 것입니다.

己亥년 세운이 원하는 것

사주팔자는 金生水로써 甲木을 키워 재관을 다스리고자 하는 것이며
壬寅대운은 왕성한 木기로서 재관을 다스리고자 하는 것입니다.
丁壬합으로 인하여 甲木의 기세가 강해지므로 독립하고자 하는 의지가 강하게 작
용한다고 할 수 있습니다.

己亥의 세운은 木기가 亥水의 품안에서 성장시키고자 하는 뜻을 가지고 있습니
다. 己土는 甲木을 키우고자 하는 것입니다.
甲木을 키우고자 하는 사주팔자와는 뜻이 일치하지만 대운은 甲木이 왕성하게 일
을 하면서 재관을 다스리기를 바라는 것이므로 대운으로서는 다 자란 甲木을 세
운에서 키운다는 것은 납득하기 어려운 것입니다.

대운에서 丁壬합으로 壬水가 기반이 되어있으므로 세운 己土는 壬水를 활성화시
키며 甲木을 기를 수 없습니다.
다만 대운에 의하여 성장한 甲木에게 丁壬이 합하여 木기를 제공하여 주므로 왕
성한 甲木을 보면서 세운 己土는 甲木을 기반시켜 재관을 다스리는 일이 지체가
될 것입니다.

그러므로 己亥세운에는 대운에서 강해진 甲木일지라도 세운의 뜻에 따라 자신의
발전을 위한 인성개발에 노력하는 한해가 된다면 성장할 수 있는 기반을 마련할
수 있는 좋은 개운의 기회가 될 것입니다.

세운에서 보호하며 성장하기를 바라므로 대운에서 요구하는 재관을 다스리는 일
보다는 자신의 적성과 능력을 기르는 일에 매진한다면 세운에서 도와주므로 성공
할 가능성이 많다고 할 수 있습니다.

일지 戌土는 대운에서 새로운 영역을 개척하고자 하는 마음이 강하게 들어오지만
개인적인 발전을 위하여 새로운 영역으로 나아가고자 한다면 성장운세를 만들 수
있는 개운의 기회가 되는 것입니다.

庚子년 세운이 원하는 것

사주팔자는 金生水로써 甲木을 키워 재관을 다스리고자 하는 것이며
壬寅대운은 왕성한 木기로서 재관을 다스리고자 하는 것입니다.
丁壬합으로 인하여 甲木의 기세가 강해지므로 독립하고자 하는 의지가 강하게 작용한다고 할 수 있습니다.

庚子세운은 庚金을 수원으로 하여 水기가 발전하고자 하는 뜻을 가지고 있습니다. 사주팔자의 입장에서 보면 水기가 발전하므로 甲木을 키울 수 있는 여건이 되므로 좋은 것이며 대운의 입장에서 보면 壬水를 강화시켜 재관을 다스리는 역량을 크게 하여주므로 세운을 반기는 것입니다.

그러나 대운에서 丁壬을 합하여 기반시키고 있어 水기를 쓰지 못하고
사주팔자에서는 水기가 불급하므로 金生水를 요구하고 있는 세운의 기대에 부응하기 어렵다고 할 수 있습니다.

庚子년에는 사주팔자와 대운에서 세운의 뜻을 수용하기 어려우므로 대운의 뜻에 의하여 재관을 다스리고자 한다면 어려움을 겪을 것이니
己亥년에 이어서 인성 개발을 위한 노력을 계속하는 것이 전문가의 길을 개척하는 개운의 기회가 되는 것입니다.

년지 酉金은 세운에서 子水가 오면서 子酉파가 형성되므로 사회적 활동은 장애가 발생할 것이므로 사회적 활동을 자제하고 인성의 개발을 위한 노력을 하여야 하는 것입니다.

일지 戌土는 火기를 보호하고 水기를 발전시키고자 하는 것은 진로를 위하여 인성의 자격을 개발하겠다고 하는 것입니다.
사주팔자에 水기가 불급하여 인성개발에 어려움을 느낀다 할지라도
세운의 뜻에 따라 일간의 적성과 능력을 개발하여야 할 것입니다.

5 정치인의 사주팔자

시		일		월		년		구분
丁		辛		己		乙		천간
酉		丑		丑		未		지지
辛	壬	癸	甲	乙	丙	丁	戊	대운
巳	午	未	申	酉	戌	亥	子	

사주팔자가 원하는 것

혹한의 추위인 丑월 酉시에 태어나 辛金일간의 기세가 매우 강합니다.

己土인성이 월간에 투출하고 있으므로 인수격이 년간의 乙木재성을 상신으로 하여 인수용재격으로 성격되고 丁火칠살을 함께 쓰면서 일간을 제어하므로 균형과 조화가 이루어지며 맑은 격국으로서 정치인의 적성으로 능력을 발휘하며 성장하는 사주팔자라고 할 수 있습니다.

사주팔자가 원하는 것은 춥고 어두운 세상을 개혁하여 밝고 환한 세상으로 만들고자 하는 것이므로 木火로 발전하고자 하는 것입니다.

재생살의 기세는 사회의 비리를 고발하면서 사회를 정화시키고자 노력하고 정치인으로 성장하는 계기가 됩니다. 혹한의 추운 겨울에 丁火의 따스함으로 조후를 구비하므로 쾌적하고 안정된 삶을 살 수 있을 것입니다.

북방 水대운에는 어려운 환경에서 밝은 희망과 꿈을 기르는 학업운세로서 성장하는 계기를 만들었으며

서방 金대운은 일간의 기세가 강해지면서 개혁을 실현하고자 사회를 고발하는 프로그램을 만들어 세상을 밝게 만들고자 하는 뜻을 실현하면서 성장운세를 만들고

남방 火대운으로 진입하며 이상세계를 건설하고자 정치가의 길을 택하며 안정운세를 유지하게 됩니다.

시	일	월	년	구분
丁	辛	己	乙	천간
酉	丑	丑	未	지지

辛	壬	癸	甲	乙	丙	丁	戊	대운
巳	午	未	申	酉	戌	亥	子	

년월은 사회적 물상으로서

년주 乙未는 木기를 마무리하면서 지혜로써 丁火의 열기를 만들어 사회를 개혁하고자 하는 뜻이 있으며 양이 절벽을 타고 정상에 오른 모습으로 고고한 권위를 나타내는 성향으로 사회적 역량을 키워주게 됩니다.

월주 己丑은 金기로써 水기를 모아 木기를 성장시키고자 己土가 주도하여 중개역할을 하고자 하는 뜻이 있으며
비축된 에너지로서 사회적 역량으로 작용하는 한편
소가 먹이를 위에 저장하여 천천히 되새김질을 하듯이 에너지를 축장하여 천천히 소모시키는 활동양상으로 자신의 뜻을 실현하기 위한 에너지로서 작용하게 되는 것입니다.

일시는 개인적 물상으로서

일주 辛丑은 지혜로써 단련을 하면서 辛金의 혁신적인 마음으로 세상을 개혁하겠다는 뜻이 있으며 소의 성실한 습성이 작용하여 혁신적인 개혁을 하나하나 일구어나가는 끈기가 있다고 할 수 있습니다.

시주 丁酉는 丁火의 열기로써 왕성한 金기를 숙성시켜 성실하게 수확하고자 하며
일간의 기반으로 제공하겠다는 의지가 있으며
왕성한 金기로서 닭이 병아리를 돌보듯이 성실한 마음으로 자신과 가정을 돌보는 활동양상을 가지고 있다고 할 수 있습니다.

시	일	월	년	구분
丁	辛	己	乙	천간
酉	丑	丑	未	지지

								구분
辛	壬	癸	甲	乙	丙	丁	戊	대운
巳	午	未	申	酉	戌	亥	子	

癸未대운이 원하는 것

사주팔자가 원하는 것은 춥고 어두운 세상을 개혁하여 밝고 환한 세상으로 만들고 자 하는 것이므로 木火로 발전하고자 하는 것입니다.

癸未대운에서 癸水는 열기를 식히는 역할로서 적합하므로 사주팔자는 癸水의 방 문을 반가워하게 됩니다. 사주팔자는 더운 여름철의 대운을 맞이하였으므로 癸水 로써 냉방장치를 가동할 수 있기 때문입니다.

그러나 己土인성이 癸水를 잡아 丑土에 입고시키므로 냉방장치의 가동이 여의치 않지만 丑土의 에너지로써 냉방장치를 충분히 가동시킬 수 있으므로 삶의 환경에 큰 문제는 없다고 보아야 하는 것입니다.

그러므로 癸未대운은 癸水가 입고되면서 오히려 丁火의 기세는 강해지므로 효과 적인 사회개혁을 실현할 수 있는 여건이 만들어지고 사주팔자가 원하는 木火의 밝은 이상세계를 건설하는 동력으로 작용하며 성장하면서 안정운세를 만들어 가 는 것입니다.

년지 未土는 사회적 활동을 지혜롭게 수행하고자 하므로 노련한 정치인의 모습을 보이는 것이 개운의 요소이며

일지 丑土는 배우고 익히는 자세로서 겸손한 마음을 견지하면서 자신의 발전을 위한 노력을 계속하여야 발전 할 것입니다.

己亥년 세운이 원하는 것

대운이 원하는 것은 열기를 식혀가면서 쾌적한 환경을 만들어 가는 것이지만 사주팔자에서 癸水를 입고시키면서 丁火의 열기를 증폭시켜주므로 춥고 어두운 세상을 밝고 따뜻하게 만드는 이상세계에 대한 건설의 실현의지가 더욱 강해진다고 할수 있습니다.

己亥세운은 水기로써 木기를 키우고자 하는 뜻이 있습니다.
亥水가 어린 木기를 성장시키기 위하여 준비한다고 보면 될 것입니다.
그러므로 己土는 水기를 취하여 木기를 성장시키고자 할 것입니다.
이것이 己亥년 세운의 뜻입니다.

그러하지만 癸未대운에 木기를 키운다는 것은 어려운 것이며
사주팔자에서도 乙木은 이미 늙은 木기이므로 키우지도 못하는 것입니다.
더구나 癸水는 木기를 키우는 생명수이지만 己土가 취하여 입고시키므로 세운으로서는 간섭을 하는 것이 어렵게 됩니다.

亥水는 년지와 亥未합을 하며 木기의 목적을 상기시키지만 대운에서 화개살의 활동양상을 취하는 년지 未土는 木기의 성장보다는 丁火를 돕고자 하는 마음이 우선이므로 세운의 뜻을 수용하기 어렵습니다.

따라서 사회적으로 갈등이 예상되는 세운이라고 할 수 있으므로 지혜로써 갈등을 극복하여야 할 것이며 개혁하고자 하는 열정을 잠시 멈추고 세운의 뜻에 따라 새로운 영역을 만든다면 안정운세를 유지하는 개운의 비결이라고 할 것입니다.

일지 표土는 자신의 발전을 위하여 노력하지만 세운 亥水는 새로운 영역을 만들기 위한 에너지로서 작용할 것을 요구하고 있으므로
따라서 새로운 영역을 구축하기 위한 에너지로서의 역할을 자처한다면 세운의 뜻에 협조하는 개운으로 안정운세를 유지하게 될 것입니다.

庚子년 세운이 원하는 것

대운이 원하는 것은 열기를 식혀가면서 쾌적한 환경을 만들어 가는 것이지만 사주팔자에서 癸水를 입고시키면서 丁火의 열기를 증폭시켜주므로 춥고 어두운 세상을 밝고 따뜻하게 만드는 이상세계에 대한 건설의 실현의지가 더욱 강해진다고 할 수 있습니다.

庚子세운은 庚金을 수원으로 활용하여 水기를 활성화시키고자 하므로 水기가 미흡한 사주팔자에게는 세운의 水기를 활용할 수 있는 좋은 기회이지만 대운에서 이미 癸水를 입고시켜 에너지로 쓰고 있기 때문에 큰 필요성은 느끼지 않는다고 할 수 있습니다.

더구나 사주팔자에서는 丁火의 열기를 증폭시켜 이상세계를 건설하려는 의지가 강하게 작용하고 있으므로 水기의 활성화는 오히려 도움이 안된다고 할 수 있습니다.

대운에서도 癸水가 사주팔자에 의하여 입고가 되었지만 庚子세운이 水기를 활성화시킨다면 열기를 식히는 면에서는 좋아하겠지만 사주팔자를 발전시킬 수 없으므로 곤혹스러워 할 것입니다.

庚子세운에서 庚金의 金生水작용이 어렵다면 乙木을 기반시켜 丁火를 생하고자 하는 기운을 빼앗으려고 하므로 개혁으로 이상세계를 실현하려는 의지을 실행하기는 어렵다고 할 것입니다. 그러므로 세운의 뜻을 수용하면서 개혁의 의지를 조절하여야 하는 것이 개운의 비결이 되는 것입니다.

년지 未土는 세운지 子水와 子未원진이 되므로 사회적 일에 갈등을 일으키지만 지혜로써 안정할 수 있는 개운이 필요하다고 할 것입니다.

시지 丑土는 세운지 子水와 子丑합으로 기반되므로 아무런 역할도 할 수 없으므로 안정을 취하는 것이 최선의 개운이라고 할 수 있습니다.

❻ 연예인의 사주팔자

시	일	월	년	구분
壬	辛	戊	丁	천간
辰	亥	申	未	지지

대운								
丙	乙	甲	癸	壬	辛	庚	己	
辰	卯	寅	丑	子	亥	戌	酉	

사주팔자가 원하는 것

초가을 아침에 태어난 사주팔자가 원하는 것이 무엇일까?

戊土인성이 丁火로써 辛金을 완성하여

壬水로써 단련시키는 것이라고 할 수 있습니다.

申월에서 壬水상관이 투출하여 상관격을 이루고 있으며 일간은 丁火칠살의 생을 받는 戊土인성으로 상관패인의 격국이 성격되고 있으므로 격국의 기세가 맑아 연예인으로서의 적성과 자질이 우수함을 나타내고 있습니다.

申월의 기운은 庚金이 왕성한 기세로서 辛金의 형질을 키워나가는 시기이므로 火土의 개입이 필요하다고 할 것입니다.

마침 년월간에 火土의 기세가 강하게 형성되어 일간을 도우므로 사회적 활동이 도움이 되는 것이며 시간에 壬水가 투출하여 일간을 맑게하여 주므로 격국의 질이 높아지는 것으로 운의 도움이 있다면 성장운세로서 성공할 수 있습니다.

서방 가을 대운에는 일간의 기세를 키우며 적성과 능력을 기르는 학업운세로서 성장하는 계기를 만들었으며

북방 겨울 대운에서 辛金이 맑음을 유지하는 시기이지만 火土가 기반되면서 사회적 활동에 어려움이 있다고 할 것이며 동방 봄 대운에 재기하는 기회가 될 것입니다.

시		일		월		년		구분
壬		辛		戊		丁		천간
辰		亥		申		未		지지
丙	乙	甲	癸	壬	辛	庚	己	대운
辰	卯	寅	丑	子	亥	戌	酉	

년월은 사회적 물상으로서

년주 丁未는 木기를 마무리하면서

지혜와 열정으로 金기의 결실을 숙성시키기 위한 뜻이 있으며

양이 절벽을 타고 정상에 오르는 모습으로 지혜와 열정으로써 권위를 차지하려는

성향이 있다고 할 수 있습니다.

월주 戊申은 金기를 성장시키고

水기를 생산하고자 하는 뜻이 있으므로 戊土는 중개역할을 자처하는 것이며

원숭이가 지혜로써 자신의 영역을 지키며 무리를 보호하듯이 자신의 입지를 구축

하는 활동양상을 나타내고 있습니다.

일시는 개인적 물상으로서

일주 辛亥는 새로운 출발을 만들어가며

辛金의 성실한 마음으로 명예를 빛내고자 하는 뜻이 있으며

돼지의 저돌적인 성품으로 밀어붙이는 성향으로

자신의 뜻을 실현하고자 노력하는 모습이라고 할 수 있습니다.

시주 壬辰은 水기의 지혜로서 발전하고자 하며

壬水로써 열정을 조절하는 여유가 있으며

용이 승천하듯이 만인의 인기를 모으는 활동양상이 있다고 할 수 있습니다.

시		일		월		년		구분
壬		辛		戊		丁		천간
辰		亥		申		未		지지
丙	乙	甲	癸	壬	辛	庚	己	대운
辰	卯	寅	丑	子	亥	戌	酉	

甲寅대운이 원하는 것

사주팔자는 戊土인성이 丁火로써 辛金을 완성하여 壬水로써 단련시키고자 하는 것이라고 할 수 있습니다.
甲寅대운은 겨울 대운에 응축된 水기의 에너지를 설기하여 木기를 발전시키고 영역을 확보하고자 합니다.

겨울 대운에 壬水로써 辛金일간을 깨끗이 도세하여 맑고 아름다운 빛을 내고자 하지만 丁壬합 戊癸합으로 인하여 지체가 되면서 사회활동에 약간의 지장을 초래하지만 甲寅대운에 들어서며 겨울 대운에 응축된 水기를 설기하니 흐름이 맑아지며 성장운세를 만들어 주는 대운이 될 것입니다.

격국으로는 재성이 왕성하게 활성화되면서 상관생재격으로 변화하고 자신의 입지를 넓히는 좋은 계기를 만들어 주게 됩니다.
사주팔자에 木기 재성이 불급하여 상관은 패인을 하면서 자신의 능력을 최대한 발휘하였지만 대운에서 甲寅으로 재성이 강하게 들어오므로 상관생재의 격국으로 자신의 영역을 확보할 수 있는 것입니다.

년지 未土는 甲寅대운에서 지혜로써 어려움을 극복하면서 자신의 활동영역을 넓히고자 하는 것입니다.

일지 亥水는 甲寅대운에서 새로운 영역으로 나아가며 활발하게 추진하는 동력으로 작용을 하면서 명예를 추구하고 부를 이루고자 하는 것입니다.

戊戌년 세운이 원하는 것

사주팔자가 상관패인의 격국으로 일간을 단련하여 재능을 펼치면서 명예를 추구하는 것이라면

甲寅대운은 상관생재의 격국으로 명예를 빛낼 영역을 확보하는 것이라고 할 수 있습니다.

그러므로 사주팔자에서 추구하는 것을 대운에서 영역을 확장하여 발전시키므로 서로 뜻이 맞아 발전하는 성장운세를 만들어 주는 기간이 될 것입니다 .

戊戌세운은 金生水로써 木기를 키우고자 하므로

일간의 기운을 설기하여 壬水를 생하고 壬水로 하여금 甲木을 생하라고 요구하고 있는 것입니다.

대운으로서는 상관생재의 격국을 운용하고 있으므로 손해 볼 것이 없으며 사주팔자 역시 흐름이 원활하여 맑아지며 명예를 빛낼 수 있으므로 손해 볼 것이 없다고 할 것입니다.

따라서 戊戌년의 세운은 사주팔자와 대운과 세운이 서로 뜻이 맞으므로 성장운세로서 발전하는 한해가 될 것입니다.

강한 水기를 설기하는 甲寅대운으로 인하여 정체되었던 흐름이 원활하게 흐르며 맑아지기 때문입니다.

년지 未土는 세운과 戌未형을 이루면서 火기가 증폭되므로 丁火의 역할이 활발해지면서 열정을 다하여 사회적 활동을 하게 될 것입니다.

활발한 사회활동으로 인기를 만회하고 대상을 차지할 수 있는 좋은 기회로 작용하게 되는 것입니다.

일지 亥水는 세운과 戌亥해로 작용하면서 갈등이 생길 수 있지만

甲寅대운에 왕성한 활동을 통하여 자신의 영역을 확대하면서 壬水를 통하여 자신의 능력을 최대한 발휘할 수 있는 개운의 기회를 가진다면 성장하고 발전하는 한해가 될 것입니다.

己亥년 세운이 원하는 것

사주팔자는 戊土인성이 丁火로써 辛金을 완성하여 壬水로써 단련시키고자 하는 것이라고 할 수 있습니다.

甲寅대운은 겨울 대운에 응축된 水기의 에너지를 설기하여 木기를 발전시키고 영역을 확보하고자 합니다.

己亥세운은 水기로써 木기를 기르고자 하는 것이므로
戊戌년에 이어 木기를 기르고자 하는 목적이 같으므로 발전하는 성장운세를 이어갈 수 있는 것입니다.

그러나 세운의 己土가 대운의 甲木을 합하여 기반되므로 영역을 확보하는 일이 지체될 수 있습니다.

사주팔자와 대운에서 상관생재의 격국을 운용하고 있는데 세운에서 甲木을 기르겠다고 달라고 하므로 격국을 제대로 운용할 수 없기 때문입니다.

따라서 己亥세운에는 영역을 추가로 확장하기 보다는 확보된 영역을 관리하면서 안정운세를 만드는 개운이 필요한 한해가 되어야 할 것입니다.

년지 未土는 세운과 亥未합으로 목적이 같음을 인식하지만 시작과 끝이라는 괴리가 발생할 수 있으므로 서로가 협조하여 영역을 관리하는 것만이 개운으로 안정운세를 만들 수 있는 것입니다.

일지 亥水는 세운 亥水와 복음이 되면서 개인적인 면에서는 甲木의 기반으로 인하여 壬水상관의 활동성이 다소 지체되는 일이 발생할 수 있으므로 자신의 재능을 펼치는 것보다는 안정적인 관리를 하면서 기회를 엿보는 것만이 안정운세를 만드는 개운이라고 할 수 있습니다.

庚子년 세운이 원하는 것

사주팔자는 戊土인성이 丁火로써 辛金을 완성하여 壬水로써 단련시키고자 하는 것이라고 할 수 있습니다.

甲寅대운은 겨울 대운에 응축된 水기의 에너지를 설기하여 木기를 발전시키고 영역을 확보하고자 합니다.

庚子세운은 庚金이 수원으로 작용하며 水기를 발전시키고자 합니다.

甲寅대운에 상관생재를 하므로 세운에서 壬水를 발전시켜준다는데 반대할 이유가 없는 것입니다.

오히려 세운의 요구에 의하여 상관이 활성화되므로 재능을 펼칠 수 있는 좋은 기회가 될 것이며 대운에 의하여 영역을 확보하며 발전하는 성장운세를 만들 수 있기 때문입니다.

그러나 庚金이 壬水를 설기하는 대운의 甲木을 극하며 甲木의 활동을 방해하므로 대운의 뜻에 의한 영역확장에 지장이 생기게 됩니다.

그러므로 己亥년에 이어서 영역을 확장하기보다는 기존의 영역을 지키면서 안정운세를 유지하는 것이 개운의 비결인 것입니다.

년지 未土는 세운지 子水와 子未원진이 되므로 사회적 일에 갈등을 일으킬 소지가 있는 만큼 매사에 조심하면서 안정을 유지할 수 있는 개운의 필요성이 있다고 할 수 있습니다.

일지 亥水는 세운지 子水와 한 식구이므로 서로가 돕지만 亥水는 木기의 목적이 있고 子水는 水기의 목적이 있으므로 자칫 갈등으로 이어질 수 있으므로 내 것만 내세우기 보다는 서로 협력하면서 겸손한 태도를 가진다면 안정운세를 유지할 수 있는 개운이 되는 것입니다.

개운開運이란 운을 여는 것입니다.

지금 나의 운세가 어떠한 가를 안다면
개운을 통하여 행복하고 즐거운 삶을 살 수 있습니다.

운을 연다는 것은 새로운 운을 맞이하는 것입니다.
새로운 운은 자신이 만드는 것이므로
대운이나 세운에서 만들어지는 것이 아닙니다.

사주팔자나 대운 그리고 세운은 이미 정하여져 있는 것입니다.
그래서 운명은 정하여져 있다고 하는 것입니다.
정하여진 운명을 바꿀 수는 없습니다.
운명을 바꾸기 위하여 사주팔자를 바꿀 수 없기 때문입니다.

사주팔자를 바꾸어서 운명을 바꾸려고 하는 사람도 있습니다.
그러나 태어난 시간을 바꿀 수는 없는 것입니다.
정해진 사주팔자이기에 사주팔자대로 살아야 하는 것입니다.

운명을 바꿀 수 없으므로
부적이나 이상한 주문들을 외워가며 개운을 시도해보지만
그것은 일시적인 방편이지 근본적인 개운이 되지 않습니다.
마치 두통이 있는데 근본적인 치료를 하지 않고 일시적으로 통증을 완화시키려고
두통약만 찾는 식입니다.

섣부른 개운으로 운명을 바꾸고자 많은 비용과 시간을 소모하지만
사주팔자를 바꾸고 운명을 바꿀 수는 없는 것입니다.
진정한 개운은 인간의 자유의지에 있습니다.

자유의지는 인간의 고유권한입니다.

사주팔자와 대세운의 정해진 운명을 읽을 수 있다면
운세의 변화에 대처하여 스스로 개운을 할 수 있는 것입니다.
이것이 사주명리를 공부하는 이유입니다.

자유 의지란 자신의 행동과 의사 결정을 외부적인 요소들에 의한 방해를 받지 않고 스스로 조절하고 통제할 수 있는 능력을 말합니다.

창조주가 인간을 창조할 때 자신의 모습으로 만들고 입김을 불어넣어 생명을 주면서 인간에게 신도 간섭하지 못할 자유의지를 주었다고 합니다. 자유의지를 인간의 고유권한으로 부여한 것입니다.

창세기에서는 아담이 선악과를 먹는 선택을 하고 그 선택에 대한 책임을 지도록 하며 인간이 자유의지를 가진 존재임을 보여주고 있습니다.

오이디푸스 신화에서는 오이디푸스가 아버지를 죽이고 어머니와 동침할 것임을 신이 예언함으로써 운명론적 요소를 통해 인간의 미래가 이미 결정되어 있다는 점을 보여주고 있습니다.

성경에서는 인간에게 자유의지를 부여하였음을 이야기하고
그리스 신화에서는 인간의 운명은 정해져 있다고 하는 것입니다.
심리학자들이 논쟁하고 있는 자유의지론과 운명결정론입니다.

사주팔자와 대세운은 운명결정론이라고 할 수 있습니다.
그러나 개운은 자유의지로서 인간이 할 수 있는 능력입니다.

개운은 운명이나 신에게 의지하는 것이 아니라
인간 스스로 자유의지로서 선택하는 것입니다.

무공 드림

 乙木이 甲木을 만나면 등라계갑藤蘿繫甲이라고 합니다.
등라는 등나무 넝쿨이며 계갑은 甲木에 매달린 형상으로 잎과 가지로
서 甲木나무의 생기를 받고 번성하고 또한 큰 나무를 타고 오르며 사
는 넝쿨이라고도 하여 주위의 도움으로 살아가게 됩니다.